文學研究叢書‧古典詩學叢刊

將心託鴻爪，到處一留痕
——黃景仁交遊考

程光敏　著

序

　　黃景仁是乾隆年間名動一時的詩人，他的詩歌，絕對可以打動不同年齡、不同際遇的讀者。年輕的戀人，會有感於「記得酒闌人散後，共牽珠箔數春星」的甜蜜、「似此星辰非昨夜，為誰風露立中宵」的悵惘、「別後相思空一水，重來回首已三生」的無奈、「珊瑚百尺珠千斛，難換羅敷未嫁身」的懊悔。同是年輕人，奮發向上者遭遇挫折，讀到「忽然破涕還成笑，豈有生才似此休」、「請將詩卷擲江水，定不與江東向流」，自信心又回來了。飽經世故的讀者，對他「十有九人堪白眼，百無一用是書生」的憤慨、「慘慘柴門風雪夜，此時有子不如無」的欲哭無淚，定必寄予無限同情。至於「將心託鴻爪，到處一留痕」、「夕陽知在那山紅」，他就以短短三十五年的生活體驗，道出了遲暮者的無限滄桑之感。所以，我覺得每一個用心讀《兩當軒集》的，都可找到一些自己喜愛的作品。

　　《黃景仁交遊考》之作，旨在細繹這位天才詩人的交遊心態如何影響他的際遇，與此同時，我亦希望讀者能透過本篇，盡量欣賞黃景仁的名篇佳句，所以，我在正文及附註中多引多錄，務使這位「遺棄一世之務，留連身後之名」的天才詩人，作品能更廣泛的流布。「請將詩卷擲江水，定不與江東向流」，黃景仁有這樣的自信，絕非敝帚自珍的啊！

目次

序 1

弁 言 1

第一章 黃景仁生平及詩風 1

　第一節 性格與際遇 4

　　一 黃景仁的性格 5

　　　（一）縱情酒色 5

　　　（二）野性難馴 7

　　　（三）傲岸不群 8

　　　（四）堅毅不屈 11

　　二 黃景仁的際遇 13

　第二節 立志與實踐 16

　　一 建功疆場──黃景仁的最終理想 17

　　二 消極退隱──黃景仁的無奈 21

　　三 憤懣不平──黃景仁的控訴 22

　　四 體羸放浪──黃景仁落魄的原因 26

　第三節 詩歌特色及主要題材 28

　　一 詩歌特色 28

　　二 詩歌主要題材 31

　　　（一）自傷不遇 31

　　　（二）自傷漂泊 39

（三）自傷衰颯 47

（四）自傷孤獨 51

（五）自傷貧賤 55

（六）鄙視流俗 58

第四節　詩派紛陳，此身何屬 63

第二章　黃景仁求學階段之交遊 67

第一節　邵齊燾──亦師亦友 67

第二節　城東諸子──弱冠之交 71

一　左　輔 72

二　蔣青曜 77

三　孫星衍 79

四　趙懷玉 81

五　楊芳燦 83

六　馬鴻運 84

第三節　龔梓樹與萬黍維──同學少年 85

第三章　黃景仁遊歷階段之交遊 89

第一節　汪中──狂氣相投 89

第二節　顧文子──同病相憐 93

第三節　朱筠──憐才愛士 95

第四章　黃景仁在京之交遊 99

第一節　撲朔迷離的交情──黃景仁與翁方綱 99

一　翁方綱與肌理說 99

（一）生平及性格 99

（二）肌理說的政治意義 101

（三）肌理說的主張 103

（四）翁方綱的詩歌特色 103

（五）肌理說對當代詩壇的影響 106

二 《悔存詩鈔》的編訂 107

（一）黃景仁對自己詩集的重視 107

（二）翁方綱缺乏編訂黃集之動機 109

（三）翁方綱刪訂《悔存詩鈔》的真正用意 109

三 翁、黃兩人的關係 111

（一）翁黃兩人關係疏離 112

（二）黃景仁性格高傲 113

第二節　畏友吳蔚光 114

第三節　驛路成傾蓋，霜天各敝裘——施晉與余鵬翀 ... 117

一 施晉與黃景仁 118

二 余鵬翀與黃景仁 119

三 黃景仁、施晉、余鵬翀三人之交往 121

第四節　鴻爪不留痕——蔣士銓、吳錫麒、張塤 122

一 蔣士銓 122

（一）生平及性格 123

（二）詩歌特色 126

（三）蔣、黃兩人的關係 155

二 吳錫麒 158

（一）生平及性格 158

（二）詩歌特色 158

（三）吳、黃兩人的關係 167

三 張　塤 168

（一）生平及性格 168

（二）詩歌特色 168

（三）張、黃兩人的關係 172

第五章　至死不渝的友情——黃景仁與洪亮吉 173

第一節　洪亮吉之生平及性格 173

第二節　洪亮吉之詩歌特色 180

一　詩歌主張 180

二　詩歌的主要題材 181

（一）寫友情 182

（二）紀　遊 203

三　洪亮吉與性情詩 206

第三節　洪、黃兩人的關係 209

後　記 211

參考文獻 212

弁言

　　五四運動以來，瞿秋白、陳毅、章依萍、郁達夫、唐弢、阿英等，都鍾情於《兩當軒詩》；章依萍、伍合兩人，皆撰有《黃仲則評傳》；郁達夫更激賞黃景仁的「傲」，隔代神交。到了九十年代，適逢黃景仁逝世二百周年，李國章、嚴迪昌、治芳、錢璱之、金性堯等也相繼發表探討《兩當軒詩》之文章。較近期的，臺灣曾惟文有《黃景仁竹眠詞研究》、臺灣姜淑敏有《黃景仁詩研究》、香港林瑞明也有《黃仲則感遇詩之探究》，但總的來說，他們都是圍繞著黃景仁作品中的戀情、言志、多愁多病、反映現實等方面著筆，至於黃景仁之性格、立志及交遊如何影響他的際遇，則未有專論作過研討。

　　黃景仁是乾隆時期享譽極隆之詩人，他於太白樓賦詩後，名動京華，先後得到翁方綱、朱筠、王昶等名人、士大夫賞識，按常理說，他的前途是無可限量的。不過，黃景仁往後的發展，卻不那麼順利了，他在短短的三十五歲生命中，雖然不斷應考，但始終不得一仕，最終被債家所迫，客死異鄉，直到他去世的一刻，仍只是個候補的縣丞！黃景仁卒於乾隆四十八年（1783），是年冬天，翁方綱率先編訂《悔存詩鈔》，但把他作品中有涉風月的篇章一概刪削。嘉慶四年（1799），趙希璜搜得黃詩八百多首，刻成《兩當軒集》；其後鄭炳文、吳修、許玉彬、蔣光煦等皆有刻《兩當軒集》，惟皆非足本；直至咸豐八年，即黃景仁歿後七十五年，他的過繼孫兒志述才為他刊成《兩當軒集》全稿。

　　不少人把黃景仁的失意歸咎於「生不逢時」，不過，我認為他的不遇跟他本身的性格有極大關係。黃景仁之立志，在於建功疆場，他

的體質雖不佳，但他的意氣卻是十分豪邁的。在他的遊歷階段，他沒有把碌碌之輩放在眼內，與共事者不合，便不辭而別，尋找下一個立足處；當他「自嫌詩少幽燕氣」，便「故作冰天躍馬行」；不過，在作客流離中，他便未必能夠為科場舉業作好準備了。黃景仁十六歲的一年，在童子試中以第一名拔貢，可見他是具科場天分的，不過，若要更進一步，就得在經學及制義體裁上多下工夫了。他的好友洪亮吉，自小便讀經、學制義，一生以讀書為務，立志做個學者，最後，亦有經學著作傳世。至於黃景仁，則對詩歌情有獨鍾，對制義體不感興趣，所以，他在往後日子屢試不第，實在是他自己一手造成的。在析論黃景仁的立志後，則進入本文之研究重點，探討黃景仁的交遊如何左右他的際遇。

黃景仁之交遊，若按時間、地域而論，可分三個時期：

一　乾隆三十三年邵齊燾卒前，這是他的求學階段

黃景仁十七歲開始在宜興汃里讀書，十八歲到常州龍城書院就學，足跡都在家鄉常州一帶；直至他二十歲秋應江寧鄉試，跟老師一別，即成永訣，自此他亦結束了求學階段，開始了在外為人幕客的生涯。黃景仁在這時期的交遊，都是他的同里玩伴或同學少年。

二　乾隆三十四年至四十年，這是他的遊歷階段

黃景仁在二十一至二十七歲的七年裏，到處遊歷，實是為人幕客以謀生計。在這段期間，黃景仁活動於湖南、安徽一帶，結識了王太岳、鄭虎文、沈業富、朱筠等名公，也結交了邵晉涵、汪中等學者、狂士。

三　乾隆四十一年至四十六年，這是他在京求仕的階段

黃景仁二十八歲入京，開始與都中名流交遊，當中又與王昶、翁方綱過從最密，繼而認識了以翁方綱為中心的一眾京師名流。

黃景仁卒於乾四十八年，我沒有將他最後兩年的日子視作他的交遊時期，因為他在三十四、三十五歲時，基本上已無交遊可言。按年譜所載，他在這兩年裏放浪形骸，聊落無偶，「日惟從伶人乞食」；再加上，他這時期又無甚詩作流傳，我只能把這兩年視作他獨嘗苦果的階段了。

雖說要明確劃分黃景仁的交遊階段並不困難，不過，要按他每階段的交遊分析他與儕輩的關係，卻不容易，因為在他一生中，跟他交遊最密、維時最久的，都是他求學階段時的同學、玩伴。黃景仁曾說自己「將心託鴻爪，到處一留痕」，此語用以形容他遊歷及求仕階段的交遊，貼切不過。

黃景仁在遊歷及求仕時期認識的，可分兩大類，其一為學者、名流、鉅公，其二為萍水相逢的同病相憐者。在黃景仁而言，自己跟那些學者、名流、鉅公格格不入，所以，他們的交情隨生隨滅，自可想見；他在遊歷期間，也遇上不知凡幾的同病相憐者，合得來的，偶爾會贈以片言隻字，但別後便如水流雲散，各自西東，再沒聯絡了。在《兩當軒集》中，有不少人是僅獲黃景仁贈詩一、兩首，此後便沒有被提及的，主要是這兩類人物。

黃景仁在遊歷階段雖結交了一些名公、學者、狂士，但這時期的他，大部分時間都跟洪亮吉在一起，投贈最多的，也還是少年求學時期之友伴，至於新相識，黃景仁跟他們的文字來往為數甚少。汪中、顧文子、朱筠三人，是黃景仁在遊歷最初兩年所結交的，除此以外，他在此時期結交者，為數極少。至於洪亮吉，可謂黃之生死之交，相

識亦最久，故作專章論述。

《兩當軒集》詩中涉及的人，著實不少，但有些人只在一兩首詩中出現，有些人更只在朋友聚會中露過名字，我認為這些人都難以稱為黃景仁的交遊；本文只選取那些在《兩當軒集》中有三首或以上作品中被提及過，或可明確看出黃景仁跟他們有較深厚交誼的人物，加以探究。某些當代名人如畢沅，黃景仁集中只有一首《和畢中丞悼亡詩》；王昶與程晉芳的名字，各在三首聚會題跋類作品中出現，但個人投贈之作，則付闕如；我認為，這些只是應酬之作，難以窺見他們的交情，所以，這類人物不在討論之列。不過，當中亦有例外的，例如翁方綱，黃景仁只贈他幾首應酬之作，當中絕無涉及個人交誼，但翁方綱既謂黃景仁對己執禮甚恭，本文自要詳加分析，澄清疑點。又如蔣士銓、吳錫麒、張塤三個，黃景仁並沒有寄贈他們的作品，亦不見得與他們有深厚交情，但他們既與黃景仁認識，為人性格上跟黃頗有相類之處，又對黃之遭際深感惋惜，本文若要論證黃景仁在個人心態上抗拒那些官場中人，便不能置而不論了。

黃景仁賦性孤傲，他的交朋結友，完全取決於個人主觀意願。十六歲時的他，就以「上視不顧」對待那些想與他結交的一般士子；到他二十八歲入京後，雖不得已跟名師名流周旋，但他也只與翁方綱等一小撮人交往。黃景仁的交遊宗旨，就如他自己說的「平生求友志，休作世情看」，性情、立志相近的，他樂意結交，至於對那些「市道之交」，他是完全不感興趣的；所以，當他進京後要與一眾名流打交道，他便感到無比痛苦了。

總結黃景仁一生的交遊，我會以「率性而行」四字概之。黃景仁曾與孫星衍、汪中過從甚密，因為孫、汪兩人在早年都以「狂」著名，跟黃景仁甚為相似；但及後孫、汪折節鑽研經學，黃與他們的交往便轉疏了。黃景仁這個「率性而行」的詩人，詩風隨著個人成長遭

際逐步形成，整體而言，都在表現他在該時該地的切身感受；所以，當他入京以後，雖然翁方綱等京師名人對他詩歌的怨懟之氣太盛、題材有傷風雅，頗有微言，但他仍是我行我素。由此可見，黃景仁視創作為表達個人感情之工具，別人根本無置喙之餘地。黃景仁的性格、思想、詩風，是不會受儕輩左右的！不過，黃景仁的交遊宗旨，為他帶來的只是一生落魄吧！

第一章
黃景仁生平及詩風

　　黃景仁於《清史列傳》及《清史稿》皆入文苑傳，但所記頗略。
《清史列傳》說他「生平於功名不甚置念」[1]，我認為未必符合事實。至
於《清史稿》，則把他附載於蔣士銓傳，只述他少年早慧，賦詩太白
樓一舉成名，以及為債家所迫，抱病出關，最終卒於運城數事[2]，復於
趙翼傳附帶交代了他是「毗陵七子」之一，記載就更簡略了。若只看
這些零碎記載，就只顯示出黃景仁是個頹廢的天才，若這是事實，那
他的一生落拓就不會令人感到意外的了。

　　我們要對黃景仁有較深入的瞭解，就當參考他的摯友洪亮吉為他
撰的〈國子監生武英殿書籤官候選縣丞黃君行狀〉[3]了：

> 君諱景仁，字漢鏞，一字仲則，系出宋祕書丞庭堅。……君美
> 風儀，立儔人中，望之若鶴，慕與交者，爭趨就君，君或上視
> 不顧，於是見者以為偉器，或以為狂生，弗測也。……
> 歲辛卯，大興朱先生筠奉命督安徽學政，延亮吉及君於幕中。
> 先生賓客甚盛，越歲三月上巳，為會於采石之太白樓，賦詩者
> 十數人，君年最少，著白袷，立日影中，頃刻數百言，遍視坐
> 客，坐客咸輟筆。時八府士子，以詞賦就試當塗，聞學使者高

---

[1]　周駿富：《清史列傳》，《清代傳記叢刊》第104冊（臺北市：明文書局，1985
　　年），頁991。
[2]　（清）趙爾巽：《清史稿》第19冊（臺北市：洪氏出版社，1981年），頁13391。
[3]　（清）黃景仁：《兩當軒集》（上海市：上海古籍出版社，1983年），頁604。

會，畢集樓下，至是咸從奚童乞白袷少年詩競寫，一日紙貴
焉。……居半歲，與同事者議不合，遽出使院，質衣買輕舟，
訪秀水鄭先生虎文於徽州。越日追之，已不及矣。其標格如
此。……

君性不廣與人交，落落難合，以是始之慕與交者，後皆稍稍避
君，君亦不置意。……

在洪亮吉心目中，他這位摯友是個不廣與人交，落落難合的人，
是個對慕與交者或上視不顧的狂生。在朱筠幕中時，黃景仁因與同事
者意見不合，便自行離開使院，質衣買輕舟，不辭而別，根本沒有向
朱筠交代一句；他的舉措，雖可顯示他的特立獨行，但對朱筠而言，
他就是太不留情面了。黃景仁系出名門，加上美風儀，又詩才卓著，
事實上，他是絕對有資格傲視同儕的；不過，來自貧窮家庭的他，偏
偏缺乏了有助他獲取功名的家世和社會地位，所以，他便以狂傲的態
度，冷對世人，但正是他這種性格，為自己的前途帶來了難以估計的
負面影響啊！

黃景仁雖命途多蹇，但詩歌卻風行一時，張維屏在《國朝詩人徵
略》[4]中，說他是一代無幾的天才；郁達夫去黃景仁之歿已過百年，他
在一九三二年撰寫的〈關於黃仲則〉[5]文中，除表達出對《兩當軒詩》
的喜愛，也道出黃景仁詩歌復興之事實；到了一九八二年，黃景仁在

4　古今詩人，有為大造清淑靈秀之氣所特鍾而不可學而至者，其天才乎？……夫是之
　　謂天才，夫是之謂仙才，自古一代無幾人。近來之百餘年以來，其惟黃仲則乎！錢
　　仲聯：《清詩紀事‧乾隆朝卷》（南京市：江蘇古籍出版社，1989年），頁7407。

5　要想在乾、嘉兩代的詩人之中，求一些語語沈痛、字字辛酸的真正具有詩人氣質的
　　詩，自然非黃仲則莫屬了。……最近十年，《兩當軒集》居然也成了一種復興的樣
　　子。黃葆樹：《黃仲則研究資料》（上海市：上海古籍出版社，1986年），頁259。

常州的故居更被政府列為文物保護單位[6]。由此可見，黃景仁的詩歌在他生前死後一直深受讀者歡迎。

霍有明在《清代詩歌發展史》[7]中認為，黃景仁身處的時代，雖號稱乾、嘉盛世，但那只是社會的表面現象。在那個時候，有不少像黃景仁般有識見的知識分子，早已洞察承平社會背後的陰暗面，但他們可能未有黃景仁的才情，難以寫出引人共鳴的詩句；進一步而言，就算他們有黃景仁般的才情，若為前途設想，也未必會像黃景仁般不顧當權者的喜惡，暢所欲言，縱有百般鬱結，也只得盤積於胸。《兩當軒詩》一出，不啻為一眾不遇於時卻噤口不敢言的知識分子吐一口烏氣，所以，黃景仁的詩作能風靡一時，絕非偶然。

張仲良在〈清代詩歌的兩大特點〉[8]一文，也認為黃景仁能道出乾隆盛世背後隱藏的社會問題；就因為他「只知獨夜不平鳴」，為一般知識分子發出「百無一用是書生」的感嘆，所以，他的詩歌自乾隆年

6　明年為詩人黃仲則先生景仁逝世兩百周年，政府將其常州故居列為文物保護單位，爰成一絕。黃葆樹：《黃仲則研究資料》，頁503。

7　乾隆後期至道光前期，是一個令人窒息的時代。……許多詩人屈服於朝廷的箝制壓力，迷惑於「盛世」的表面承平，脫離社會現實生活而侷限於形式上的追求，致使形式主義、擬古主義的詩風流行詩壇。……在這種情況下，則先後有黃景仁、王曇、彭兆蓀、陳沆等著名詩人奏出「盛世」的不諧和之音，從不同側面透視出封建末世的本質。……在黃景仁的詩中，這種磊砢不平之氣時與幽苦之情交織在一起，從而使幽苦之情的程度彌深。黃氏的詩歌之所以能引起那些對封建社會不滿、長期處於下層的知識分子的共鳴，其一重要原因正在於此。霍有明：《清代詩歌發展史》（臺北市：文津出版社，1994年），頁298。

8　雍正、乾隆時期是清朝的「盛世」，社會經濟由恢復進入發展階段，呈現出繁榮景象。但社會上貧富懸殊，統治階級窮奢極欲，生活極端腐化，廣大勞動人民生活十分困苦。儘管統治階級實行高壓政策，還是有不少作家敢於面對現實，大膽揭露社會矛盾。……黃景仁的詩寓發個人愁苦的生活，飽含辛酸憤激的淚水，襯托出人間的不平，也有一定的現實意義。張仲良：〈清代詩歌的兩大特點〉，《江漢論壇》第2期（武漢市：湖北省社會科學院，1987年）。

間開始流傳，是合理不過的。

　　我個人認為，黃景仁一生的際遇，與他的根本立志有不可分割的
關係，他有的可能是「書生之見」，但他立的並不是「書生之志」！
本章將對黃景仁的性格、際遇以至詩風作深入的探討。

第一節　性格與際遇

　　黃景仁一生，詩名甚籍，但他求仕之途，卻不平坦，直到辭世的
一刻，他仍只是個候補縣丞；當代之達官貴人，愛其才者甚多，而願
意加以提攜者，卻寥寥可數。在當時對黃景仁最為欣賞的，畢沅是
其中一個，當他讀到〈都門秋思〉，即謂作品可值千金，並先寄五百
金，促黃到西安見面，但畢沅對黃景仁的幫助，就止於贈金。另一個
翁方綱，聲稱黃景仁對其執禮甚殷，但翁方綱對黃景仁，卻沒有像
對凌廷堪般多方指點、提攜，反而在黃歿後，把黃的詩歌刪個七零
八落，編訂成一本令識者為之痛心的《悔存詩鈔》。嚴迪昌在《清詩
史》[9]中，認為黃景仁的「怨尤之習生而蕩僻之志作」，使一輩名臣顯
宦、儒雅耆宿都只能對他投以欣賞的目光，但不願意伸出援引之手，
那是十分接近事實的。我在下文先據《兩當軒集》詩歌對黃景仁的性

9　事實是，他那「一身墜地來，恨事常八九」（〈冬夜左二招飲〉）的情懷不只是難被
　　人理解，究其實乃不為世俗所容忍。即以當時素稱愛其才而憫其遇的那些名臣顯
　　宦、領袖文苑的儒雅耆宿如畢沅、朱筠、王昶、翁方綱等人，雖則深為賞嘆黃仲則
　　猶如哀猿叫月、獨雁啼霜的才調，但一當涉及他那類似「怨尤之習生而蕩僻之志作
　　矣」的襟懷時，總是既曲為其辯又甚多微辭。所以，他們不是在其生前規箴以「願
　　子養痾暇，時復御緼繐；博聞既可尚，平心亦有助」，就是在他歿後仍喟嘆其「卒
　　以不自檢束，憔悴支離，淪於丞卒」。似乎詩人的「高才無貴仕」純係不能「平
　　心」、「不自檢束」的咎由自取！雖然，他們對黃仲則其人及其詩並非「不詳其意
　　之所屬」。嚴迪昌：《清詩史》（杭州市：浙江古籍出版社，2002 年）。

格作概括分析。

一　黃景仁的性格

（一）縱情酒色

　　自古以來，文人在功名不就，意興闌珊之際，往往縱情酒色，但黃景仁的縱情酒色，來得比別人更早，他的「不自檢束」，從他二十一、二歲時的〈感舊雜詩〉[10]就可見一斑：

　　　　柘舞平康舊擅名，獨將青眼到書生。輕移錦被添晨臥，細酌金
　　　　卮遣旅情。
　　　　此日雙魚寄公子，當時一曲怨東平。越王祠外花初放，更共何
　　　　人緩緩行。

（其三）

　　　　非關惜別為憐才，幾度紅箋手自裁。湖海有心隨潁士，風情近
　　　　日逼方回。
　　　　多時掩慢留香住，依舊窺人有燕來。自古同心終不解，羅浮塚
　　　　樹至今哀。

（其四）

　　「其三」首句寫「柘舞平康」便點出了黃景仁流連在風月場中的背景！那個女子應是黃景仁在客途寂寞中邂逅的妓女，「輕移錦被添晨臥」、「細酌金卮遣旅情」，是寫他與妓女的繾綣生活，可惜，他就像漢代的東平王未能迎娶王政君一般，兩人之戀情終不能結果；想到前事，他便只能生發出「不知對方在百花初放之時，與誰在攜手同

---

[10] （清）黃景仁：《兩當軒集》（上海市：上海古籍出版社，1983 年），頁 35。

行」的感慨了。按年譜所載，黃景仁在十九至二十一歲時在杭州一帶遊歷，從「越王祠外」一語，可見詩歌所記的是這個時候的事。「其四」首句寫的「憐才」，不難想到，那個妓女是賞識黃景仁的才華，並願意相隨左右的，但黃景仁因功名未就，加上漂泊無依，所以只能像宋代詞人賀鑄般以「深恩縱似丁香結，難展芭蕉一片心」回絕對方了。黃景仁對這個（甚或這些）妓女很可能是付出了真感情，但在當時那些「只許自己納妾，嚴批他人狎妓」的士大夫眼中，黃景仁絕對是個行為不檢的浪子呢！

在《兩當軒集》中，我們也可知道黃景仁有嗜酒的毛病。他說自己功名不就，而且華髮早生，既然古聖先賢們也是借酒消愁的[11]，自己又何妨效法呢？他只有在沈醉之中，才能忘掉自己窮困飄零之苦啊[12]！可惜，這始終是治標不治本的，一年復一年，他的愁消不了，而且每到酒醒的良夜，他的愁便愈發濃烈[13]。他意識到，縱能把酒消憂，可奈時難暫駐，那跟蹉跎歲月根本就沒有分別[14]！有酒有月之夜，也只是個可憐宵而已[15]。

黃景仁的縱酒，若是為了排遣自己對早衰、漂泊、困窮的感觸，尚算情理中事，不過，當他在感懷遭際之時，就算抱恙在身，還是

---

[11] 〈城南晚步〉：「身計無一成，少壯已二毛。……所以古先哲，相勉惟濁醪。」（清）黃景仁：《兩當軒集》，頁54。

[12] 〈步從雲溪歸偶作〉：「惟應付沈醉，何須嗟困窮。」（清）黃景仁：《兩當軒集》，頁58。

[13] 〈中秋夜游秦淮歸城南作〉：「城南好酒如春泉，醉榻酒家樓下眠。醒來露重蔦衣冷，正見皓月當中天。……懷人中酒自年年，此時愁煞天涯客。」（清）黃景仁：《兩當軒集》，頁56。

[14] 〈把酒〉：「名豈身能待，愁將歲共過。由來著書願，禁得幾蹉跎。」（清）黃景仁：《兩當軒集》，頁38。

[15] 〈夜與方仲履飲〉：「……細酌向明月，含情問柳條。春人俱欲去，直是可憐宵。」（清）黃景仁：《兩當軒集》，頁39。

杯不離手，那便是縱酒無節了[16]。若撇開詩歌風格不說，黃景仁的耽飲，跟李白倒頗為相似。他在〈二十三夜偕稚存廣心杏莊飲大醉作歌〉一首[17]，說自己願與酒生死相依，夜夢仙人招飲，醒後仍在回味夢中爛醉之樂，而且酒興一來，便可由酉時喝到子時，那顯示出黃景仁在一事無成之下，變得縱酒放曠，這般行事，自是不容於當時的「儒雅耆宿」的了。

（二）野性難馴

黃景仁的一生行事，即使是他的知己洪亮吉，都不大欣賞。他的志向並不是做個如杜甫說的「致君堯舜上，再使風俗淳」的名臣，而是做個馳騁沙場的健兒；雖然他的先天體質限制了他的發展，但他的不羈性格，卻頗類古代遊俠。他在〈送余伯扶之太原序〉[18]說自己「結客幽燕，各有悲歌之伴」、「我氣未馴」，二十二歲時的〈對月詠懷〉[19]又自稱「讀書擊劍好身手，野性束縛難為堪」，試問一個野性難馴，而且具備讀書擊劍好身手的青年，又怎會願意被世俗的繁文縟節束縛？他仰慕遊俠，放浪形骸，並不介意世人罵他輕薄，但他的「意氣」卻使他與朋輩漸多齟齬；不過，儕輩與他疏遠，也不能使他「浪子回頭」，沒有朋友，便乾脆與酒為伴！此際的黃景仁，似乎已預期此生難有出頭之日了，他並不想自暴自棄，但捨此以外，他還有其他

16　〈微病簡諸故人〉：「連晨泥飲已千場，觸忤文園舊渴腸。燈下故衫交酒淚，風前羸骨戰冰霜。」（清）黃景仁：《兩當軒集》，頁62。

17　安得長江變春酒，使我生死相依之。不然亦遣青天作平地，醉踏不用長鯨騎。……
迅猋騰我沙拍面，此際爛醉真相宜。旗亭閧飲酉達子，萬斛瀉盡紅玻璃。……
下窮重泉上碧落，人間此樂誰當知？此時獨立忽大笑，正似夢裏一吸瓊漿時。
（清）黃景仁：《兩當軒集》，頁62。

18　（清）黃景仁：《兩當軒集》，頁481。

19　（清）黃景仁：《兩當軒集》，頁79。

選擇嗎？可是，以黃景仁這麼一個才華橫溢的人，卻生長於一個限制了他發揮才華的時代，他的怨尤又顯得合理不過了，他二十四歲時的《獨酌感懷》[20]，正好道出了他此際的內心鬱悶！

（三）傲岸不群

　　黃景仁是個性格高傲的詩人，他在少年求學時期，已自負不凡，左輔〈黃縣丞狀〉[21]說他「狂傲少諧，獨與詩人曹以南交，餘不通一語」，王昶〈黃仲則墓誌銘〉[22]又說他少時「儔人爭慕與交，仲則或上視不顧」，在安徽追隨朱筠時，「居半歲，與同事者不合，遂出使院，質衣買輕舟，訪秀水鄭編修虎文於徽州」，他與同事者不合，與朱筠無關，但他說走就走（甚或不辭而別），就是不給朱筠留一點面子了。

　　黃景仁的少年好友們對他的性格應該有更深入的瞭解。孫星衍在〈黃二景仁遊黃山歸索贈長句〉[23]中說：「黃生骨格何軒軒，擺脫羈紲辭籠樊。俯視世俗中心煩，悵然欲與山鬼言。」可見他為人自負，寧與賦性高潔，「披薜荔兮帶女蘿」的山鬼晤言，也不屑與世俗中人交往。他另一位好友趙懷玉在〈歲暮懷人二十首．黃景仁漢鏞〉[24]一首，更有「知君才似禰」之句，把他比作三國時的禰衡；禰衡之狂，終為自己招來殺身之禍，黃景仁之狂，就使他鬱鬱而終，比禰衡也好

20　昔讀遊俠傳，不恥輕薄名。……暴棄豈自甘，舍此亦無成。……（清）黃景仁：《兩當軒集》，頁173。

21　（清）黃景仁：《兩當軒集》，頁607。

22　（清）黃景仁：《兩當軒集》，頁608。

23　（清）孫星衍：《孫淵如先生全集》，《續修四庫全書》第1477冊（上海市：上海古籍出版社，1995年），頁590。

24　（清）趙懷玉：《亦有生齋集》，《續修四庫全書》第1469冊（上海市：上海古籍出版社，1995年），頁283。

不了多少。以此觀之，少年時代的黃景仁，除與少數好友保持良好關係外，與朋輩的相處並不見得融洽呢！

　　若說黃景仁的狂傲只是少年自負，那他頂多是在成長過程中開罪儕輩而已，但若他在入都求晉身之階時，面對一輩達官貴人而不願放下這份高傲，那著實為自己的前途加上一道障礙。據王昶〈黃仲則墓誌銘〉[25]所記，黃景仁在入都後是願意與翁方綱、紀昀、溫汝适、潘有為、李威、馮敏昌等訂交的，但翻閱《兩當軒集》，黃景仁與他們卻沒有多少酬唱之作，而當其他的「貴人招之」時，他是「拒不往」的，可知他只視這些達官貴人為晉身之階，黃景仁在無可奈何之下，希望他們伸出援手，才不得已與他們保持著一段疏離的朋友關係吧！

　　在友儕方面，與黃景仁少年相識而且最能相知的，首推洪亮吉。黃景仁在臥病山西時，自忖享年不永，臨終致書，託之以後事；黃身後蕭條，也有賴洪亮吉經紀其喪，並安頓其家眷；兩人交情之厚，於斯可見，而洪對黃瞭解之深，亦可想而知。在黃景仁三十三歲的一年，洪亮吉有〈關中送黃二入都待選〉一作，詩中有「莫更高視輕同儕」[26]之句。在洪眼中，自己的摯友三十多年來都是這種性格的了，他就是自視甚高，看不起他人，所以，洪勸他得稍稍調節心態，以免延續他不遇於時的惡運。黃景仁去世後，洪亮吉在〈出關與畢侍郎箋〉[27]一篇記云：「此君平生，與亮吉雅故，惟持論不同，嘗戲謂亮吉曰：他日余不幸早死，集經君訂定，必乖余之旨趣矣！」據此推測，洪、黃雖屬生死之交，但兩人在對詩歌創作的觀點以至處世態度上，都有著頗大分歧，所以，在洪亮吉結識孫星衍之後，孫跟洪交往之親厚，就絕非黃景仁可比了。

---

[25]（清）黃景仁：《兩當軒集》，頁608。

[26]（清）洪亮吉：《洪亮吉集》（北京市：中華書局，2001年），頁515。

[27]（清）洪亮吉：《洪亮吉集》，頁344。

　　黃之另一好友，是被視為「狂士」的汪中。陳康祺在〈郎潛紀聞二筆〉[28]中對汪中的兩則記載，可略見汪中的狂放：

> 汪容甫少狂放，肄業安定書院，每一山長至，輒挾經史疑難數事請質，或不能對，即大笑出。孫編修志祖、蔣編修士銓，皆為所窘。時僑居揚州者，程太史晉芳、任禮部大椿、顧明經九苞，皆以讀書該博負盛名。容甫眾中語人：「揚州一府，通三人，不通三人。通者高郵王念孫、寶應劉台拱與己是也。」不通者即指程、任諸人。適有薦紳家居者，請容甫月旦，容甫大言曰：「君不在不通之列。」其人喜過望，容甫徐曰：「君再讀三十年書，可以望不通矣。」其詼諧皆此類。
>
> 稚存太史、容甫明經，同肄業揚州書院。一日，偕至院門外，各跨一石狻猊，談徐氏《讀禮通考》得失。忽一商人，冠服貴倨，肩輿訪山長。甫投刺，適院中某生，趨出足恭，揖商人述連日趨謁狀，商人微頷不答。容甫憤甚，潛往拍商人項大聲曰：「汝識我乎？」商人逡巡曰：「不識。」「識向之趨揖者乎？」曰：「亦不識也。」曰：「我汪先生，趨揖者某先生。汝後識之乎？」曰：「識之矣。」曰：「汝識之，即速去，毋溷吾事。」商人大懊喪，登輿去。……

　　以上兩節，可見汪中對深負時名的學者也以一副嬉笑怒罵的態度待之，觀其友足以知其人，黃在友儕中之人際關係，亦可想見。不過，汪中其後專意經術，並於乾隆四十二年拔貢，《清史列傳》亦置之於儒林傳；至於黃景仁，則一生蹭蹬，客死異鄉，他的比汪中更難羈絆，可想而知。

28　（清）陳康祺：《郎潛紀聞初筆二筆三筆》（北京市：中華書局，1984年），頁465。

《卷施閣集》中，洪亮吉有〈自西安至安邑臨黃二景仁喪奉輓四首〉[29]，詩中有「交空四海惟餘我」之語，由此可知，黃景仁在去世前的日子，除洪亮吉外，便再沒多少談得來的朋友了。

（四）堅毅不屈

黃景仁性格高傲，三十歲前不屑攀附權貴，到環境迫人，稍作妥協，又不齒自己的所為，故放浪形骸以自遣；不過，他愈是放浪形骸，便愈難博得權貴們的援引，所以，他的潦倒終身，與他的高傲性格有莫大關係。黃景仁敢於在一眾名流的冷眼下放浪形骸，並能做到如洪亮吉所說的「貧仍不受憐」[30]，也是他堅毅不屈的性格使然的。他對個人自尊的執著，反映在他對古代堅毅不屈者的仰慕上，以下幾個，是很好的例子。

洪皓

南宋使臣洪皓，出使金國被拘禁，但仍矢志不移，在冷山度過了十餘年艱苦歲月，結果全節而歸，被譽為「宋之蘇武」，廣為後人傳頌。黃景仁在〈洪忠宣祠〉[31]稱讚他在極度難熬的日子裏鐵骨錚錚，不向金人屈服，雖在南歸後沒有得到甚麼封贈，閑居終老，但氣節堪與岳飛相比，可見他在黃景仁心目中的地位。

姜埰

崇禎年間的姜埰（私諡貞毅先生），為辟結黨之謠，在談辯間言辭過激，觸怒思宗，結果，被杖得死去活來；不過，姜埰始終沒有屈

---

[29]　（清）洪亮吉：《洪亮吉集》，頁561。

[30]　（清）洪亮吉：〈過臨淮關憶亡友黃二景仁〉，《洪亮吉集》，頁1246。

[31]　（清）黃景仁：《兩當軒集》，頁219。

服，沒有求饒，思宗數欲誅之，惟在朝臣諫止下，未有下旨；最後，思宗下令把他謫戍宣州，但他未到貶所，明朝就亡了。儘管思宗蓄意要把姜垵置諸死地，但姜垵卻毫無怨言，聽到思宗縊死煤山的消息後，他哭得昏死過去，從此之後，他就自稱「宣州老兵」，直到臨死還叮囑兒子把他葬在宣州的敬亭山，死也要執行思宗託付的職務。姜垵的做法，近乎迂腐，但黃景仁還是欣賞他骨氣的。在〈姜貞毅墓〉[32]兩首，黃景仁說他雖被思宗杖打（松楸幾點斜陽入，絕似朝衫棒血痕），但他仍以忠君愛國為念（君父之間心有諾），就算國已破亡，但君恩未泯（生前抔土故君恩）啊！黃景仁將姜垵比作不屈膝於劉邦的田橫（起家忠義田橫島）、以死諫吳王夫差的伍子胥（萬目興亡伍相門），他的風義將永遠為人傳頌（昨從念祖堂邊過，故老流傳尚有悲）。姜垵在有明一代，可謂無甚功績，最合評價他的，就只是「倔強」和「迂腐」吧，他真正值得黃景仁欣賞的，恐怕就只有這點不肯屈服的精神了！

余闕

最後一個，是元明之際的色目人余闕。按《續資治通鑑》[33]所載，元順帝至正十八年，趙普勝、陳友諒等攻安慶，余闕在外無一甲之援下，徒步提戈，身先士卒，斬首無算。城陷之際，余闕知大勢已去，引刀自刎，妻兒亦赴井死，城中百姓在余闕感召下，大都寧死不從賊。黃景仁的〈余忠宣祠〉[34]讚美他「將軍許國何堂堂」、「一死直是張睢陽」，在苦守城池六年，經歷多番沙場濺血後（斗大城猶守六

32　（清）黃景仁：《兩當軒集》，頁155。

33　（清）畢沅：《續資治通鑑》，《續修四庫全書》第346冊（上海市：上海古籍出版社，1995年），頁600。

34　（清）黃景仁：《兩當軒集》，頁162。

年，百戰身經中三矢），雖然最終無力回天，但他的氣節、堅毅，已令黃景仁極為欣賞。

也許黃景仁認為以上各人在面對長期拘禁以至死亡威脅的時候，仍能從容以赴，而自己只不過是生活匱乏，況且，在不得已之下還可以向真正賞識自己的畢沅求助，所以，他寧堅守氣節，也不獻媚於京師諸名流吧！

二　黃景仁的際遇

黃景仁一生中最得意的日子，可能就是他在求學階段結識到邵齊燾、洪亮吉等人的日子；但他從十九歲開始，便四處遊歷，為人幕客，他的傲岸性格，自然使他屢受挫折，所以，他在風華正茂之時，已作自傷之語。黃逸之《清黃仲則先生景仁年譜》[35] 錄載了他填於乾隆三十七年的一闋自壽詞〈沁園春〉，他一開始便問蒼天為何要把他生到人間（生余何為）！他當時只是二十四歲而已，不過，多年來的人生歷練，已使他「一寒至此，辛味都嘗」，而且，二十來歲的他已兩鬢微霜（怪二十何來鏡裏霜），早衰得令人意外。最使他難堪的，就是自己的功名不就，使母親難得溫飽！「六旬老母，苦節宜償」，但他偏偏辦不到。可是，自怨自艾是沒有用的，在往後的日子，貧病與落第仍是長年與黃景仁為伴。

黃景仁在乾隆四十一年（二十八歲），「春赴津門應上東巡召試，取二等，……充武英殿書籤官」[36]，這是他一生中第一次看到前程的一線希望；而且，他「詩書畫三絕。餘技旁通篆刻，以是遨遊都中

35　黃逸之：《清黃仲則先生景仁年譜》（臺北市：臺灣商務印書館，1970 年），頁 24。
36　（清）毛慶善、季錫疇纂：《黃仲則先生年譜》，《兩當軒集》，頁 620。

名流間，皆重視之」[37]，所以，他次年即把全家接到京師，希望使家人
能一嚐久違了的闔家團圓的滋味。不過，這個時候的黃景仁是根本
沒有經濟能力負擔一家使費的，他這樣做，最終只是為自己增添了
「全家都在風聲裏，九月衣裳未剪裁」[38]的名句吧！朱筠的學生李威在
〈從遊記〉[39]的一節記載，把黃景仁當時的窘況描述得淋漓盡致：

> 武進黃景仁，夙負才名，落拓來京師，從先生（指朱筠）遊，
> 常以老母在籍，貧不能養為憂。先生乃為區畫舉家入都。既
> 至，於所居之西，賃屋數椽以處之，告諸名士愛才者釀金若
> 干，月餽薪米。歲暮，則為母製寒衣，於是景仁得從容翔翔日
> 下。名益起，及先生再出視學，景仁復飄泊遠遊，老母南歸，
> 家徒四壁如故。

　　黃景仁舉家在北京的生活並不好過，是有跡可尋的，據李威所
述，黃景仁一開始便沒有能力負擔一家幾口在京的生活，只是在朱筠
及一眾「憐才之士」的幫助下，才使他暫時安頓下來，但長貧難顧，
不到半年，他便「家室累果大困，館穀不足以資給養」[40]了。若說要
靠自己，黃景仁在這些日子裏接連應順天鄉試未售，所以經濟情況也
不能有甚麼改善，乾隆四十五年八月（三十二歲），他終要把家人送
回家鄉。總括而言，他與家人這幾年在京的生活，是窮愁潦倒的。
　　在這幾年的日子裏，黃景仁是嘗試過妥協的。年譜說他在乾隆
四十四年加入都門詩社[41]，與詩社諸名流交往；雖然據現有資料難以

37　黃逸之：《清黃仲則先生景仁年譜》，頁44。

38　（清）黃景仁：《兩當軒集》，頁318。

39　黃葆樹：《黃仲則研究資料》，頁124。

40　黃逸之：《清黃仲則先生景仁年譜》，頁47。

41　黃逸之：《清黃仲則先生景仁年譜》，頁55。

證明詩社是否曾經成立，但參諸《兩當軒集》詩作，可見他在乾隆四十四年前後，確實出席了一些都中名人聚集的場合，也結識了不少京師名人（有關黃景仁在此時期之交遊，下文另有章節交代）；但對於這種仰人鼻息的日子，他是難以釋懷的，所以他自乾隆四十五年四月起，便再沒有參加此類聚會，並寫下〈圈虎行〉[42]一篇，以舒胸中憤懣。在該篇中，他筆下的餒虎，被市井游手好閒之輩役使，作出千般媚人之態，為的只是博觀者一笑，投以幾個銅錢；他覺得自己在周旋於諸名流間的日子，就如一隻任人頤使的餒虎，想到自己的不智、不武，便羞愧得無地自容，所以，寧願放浪形骸，也不做隻行藏不如鼠的依人虎，免得被友儕恥笑。

　　黃景仁參與當時的詩酒聚會，與翁方綱等人開始稔熟，可說為自己的前途帶來一絲曙光；但他的性格主導了他的際遇，他的交遊沒有為他的前程帶來寸進，他依舊是那個在四庫館充校錄的黃景仁，他依舊貧困，因為他依舊是那個傲岸的黃景仁！不過，黃景仁對自己的選擇是沒有後悔的。

　　楊掌生《京塵雜錄》[43]，記載了黃景仁當時的一些行事：

> 昔乾隆間，黃仲則居京師，落落寡合，……權貴人莫能招致之。日惟從伶人乞食，時或竟於紅氍毹上現種種身說法。粉墨淋漓，登場歌哭，謔浪笑傲，旁若無人。……才人失意，遂至踰閑蕩檢等云。

---

[42] ……依人虎任人頤使，伴虎人皆虎唾餘。我觀此狀氣消沮，嗟爾斑奴亦何苦。
　　不能決踜爾不智，不能破檻爾不武。此曹一生衣食汝，彼豈有力如中黃，復似梁鴦能喜怒。
　　汝得殘餐究奚補，倀鬼羞顏亦更主。舊山同伴倘相逢，笑爾行藏不如鼠。（清）黃景仁：《兩當軒集》，頁354。
[43] 黃逸之：《清黃仲則先生景仁年譜》，頁66。

　　這段文字，記載的應該是黃景仁自乾隆四十五年四月至病歿於運城官廨幾年間的事，在《兩當軒集》中，黃景仁在此期間並沒有甚麼詩作流傳，若說他放浪形骸，詩興驟減，未必是事實，想是他的作品怨謗之意太深，為當代名流所刪吧！

第二節　立志與實踐

　　尚永亮在〈黃仲則的心態及其詩詞的深層意蘊〉[44]一文，認為黃景仁意向豪邁，他的目標是做個游俠，要擺脫一切世間束縛，那頗能道出黃景仁的心態。黃景仁一生，似不汲汲求仕，所以洪亮吉為他撰的〈行狀〉[45]也說他「平生於功名不甚置念」；不過，事實上他對自己是有期盼的，他想做個「作健向沙場」的勇將[46]，退而求其次，也想做個如尚永亮所說的「橫行」的游俠。由《兩當軒集》中他對古賢豪俠的仰慕，可見他是希望自己能有一番作為的，可惜，他的自身條件限制了他的發展；到他經歷了不止一次的希望幻滅，他也曾消極的自我開解，想到追隨古代隱逸之士，過點清靜恬退的生活。《兩當軒集》集中，亦有一些對古代懷才不遇者或失敗者深表同情的詩歌，那就是黃景仁借哀憫古人以抒胸中憤懣的體現了。下文將透過黃景仁這類詩歌探討他複雜的內心世界。

44　尚永亮：〈黃仲則的心態及其詩詞的深層意蘊〉，《文學評論》第5期，中國社會科學院（文學研究所），1988年。

45　（清）黃景仁：《兩當軒集》，頁604。

46　《少年行》：「男兒作健向沙場，自愛登台不望鄉。」（清）黃景仁：《兩當軒集》，頁3。

一　建功疆場──黃景仁的最終理想

生於乾隆盛世，作為知識分子，當然希望有一番作為，黃景仁亦不例外；從他的詩作中，我們可窺見他的積極進取精神。以〈池陽杜牧祠〉[47]一篇為例，他對杜牧的文學才華表示欣賞，但他更欣賞杜牧像〈燕將錄〉般意氣豪邁的文章，至於杜詩中「今日鬢絲禪榻畔，茶煙輕颺落花風」的悠閒境界，黃景仁只視之為「無聊」，由此可知，黃景仁是有志用世的。

黃景仁在《兩當軒集》中，對先秦循吏孫叔敖表達敬意[48]，又對諸葛亮、文天祥等為國謀畫、鞠躬盡瘁之宗臣敬譽有加[49]，不過，若說他想做個循吏、謀臣，又未必是事實，因為在他更多的作品中，可見他的志向是建立戰功。

〈少年行〉[50]是黃景仁二十歲前的作品，「男兒作健向沙場」就是他的志向了；同是二十歲前的作品，他在〈擬飲馬長城窟〉[51]一首，又說「秦皇築城非不仁，漢武開邊亦可人」。秦皇、漢武之築城與開邊，與儒家「故遠人不服，則修文德以來之」的宗旨是大相逕庭的，雖然我們不能據此斷定黃景仁是個好戰分子，但從黃對他們的歌頌，可見他不甘做個講仁義治國的廊廟之器，他對建立軍功是極為渴望的。此外，他對時人王東田的戰功，也深表佩服。他欣賞王東田的「步行荷戟隨征西」，更欣賞他的「功成不受賞」，所以不禁生發出

---

[47] 我讀先生燕將錄，鬢絲禪榻太無聊。（清）黃景仁：《兩當軒集》，頁137。

[48] （清）黃景仁：〈孫叔敖祠〉，《兩當軒集》，頁272。

[49] （清）黃景仁：〈三忠祠〉，《兩當軒集》，頁329。

[50] （清）黃景仁：《兩當軒集》，頁3。

[51] （清）黃景仁：《兩當軒集》，頁5。

「意氣平生真我師」的讚嘆[52]！綜合以上各例，可見黃景仁建功疆場之志向早於二十歲左右已然訂立。

從《兩當軒集》詩中，我們可看得出黃景仁最傾慕的，是那些勇武超群、戰功彪炳之士：

（一）勇武超群

張飛是三國期間勇猛絕倫之戰將，黃景仁在《兩當軒集》中，表達對諸葛亮仰慕的，可說只有三分之一首，那就是上文所引的〈三忠祠〉，但他讚頌張飛的，就有〈飛騎橋〉、〈張桓侯故里〉[53]兩首；黃景仁除讚揚張飛在長阪坡擊退曹軍，亦讚賞他打敗東吳大將凌統、賀齊。他對張飛的忠義、神勇，表達出衷心的佩服，雖然張飛最終未能助劉備完成大業，但他手執長矛的馬上英姿，在黃景仁心目中，就是堂堂男子漢的典範。

另一個使黃景仁一再詠嘆的，就是荊軻，他在〈雜詠〉及〈荊軻故里〉兩首[54]，激賞荊軻明知性命朝夕不保，仍為實踐承諾而身入強秦的勇氣，他雖然劍術不精，以至「一擲全燕失」，自己送掉性命，又將燕國推向萬劫不復的境地，但他仍不愧為「壯士」。

總結荊軻與張飛的生平事跡，我們可看到兩人有三處明顯相類，

---

52 （清）黃景仁：《兩當軒集》，頁82。
53 〈飛騎橋〉：「鼓吹聲沈樓櫓消，紫髯幾兩困雄梟。半生意氣三篙水，一騎飛騰兩版橋。」
〈張桓侯故里〉：「小店猶名義，居民半姓張。……英姿見矛馬，無命亦堂堂。」（清）黃景仁：《兩當軒集》，頁195、380。
54 〈雜詠〉：「朝行燕市中，夕宿夷門道。酒徒既寂寥，信陵亦荒草。
壯士重一言，千金失其寶。萬里擁頭顱，朝在暮不保。
當其悲來時，天地亦為老。……」
〈荊軻故里〉：「一擲全燕失，悲哉壯士行。」（清）黃景仁：《兩當軒集》，頁6、381。

第一是義，第二是勇，最後是悲壯。世人論及義，多言關羽而少及張飛，關羽放過曹操，對曹而言是義，對劉備而言，則是不義！張飛對結拜兄弟可謂盡忠盡義，所以黃景仁讚他「小店猶名義，居民半姓張」。至於荊軻之入秦，也是基於對燕太子丹的承諾，所以黃景仁讚他「壯士重一言，千金失其寶」，黃景仁對他們的讚美，其實亦是對自己的期許。

張飛之勇，不待多言，至於荊軻，他隻身入秦，「萬里擁頭顱，朝在暮不保」，自知不論成敗，都不可能全身而退，非有過人之勇，難以至此。

最後說到悲壯，張飛率眾伐吳為關羽報讎時，為部下所殺；荊軻刺秦王政失敗，死前尚箕踞以罵；兩人之結局，都是以身殉義，極盡悲壯。他們兩個，雖然大事不成，但其立志行事，都深為黃景仁仰慕，由此可見，黃景仁之立志，應是「寧為百夫長，勝作一書生」的！

另一個值得黃景仁仰慕的，是三國時的賀齊。據《三國志・吳志・賀全呂周鍾離傳》[55]載，賀齊是個率吏民為地方除姦的郡吏，黃景仁在〈賀齊廟在淳安〉[56]讚他「掃除山越瘡痍合」，使後人可以安居樂業。賀齊與荊軻、張飛相比，知名度略遜，但他警惡懲奸的行事，卻比兩人更直接。黃景仁聲稱時人「十有九人堪白眼」，他的為賀齊喝采，說不定就是宣洩個人憤慨的表現。

（二）戰功彪炳

雖然黃景仁本身終生不遇，但他並不是只欣賞悲劇英雄的，他對

---

55 （晉）盧弼：《三國志集解》（臺北市：藝文印書館），頁1119。

56 （清）黃景仁：《兩當軒集》，頁228。

謝玄、虞允文、劉錡、賀齊等戰功彪炳之士，亦表達出由衷的敬佩。

　　謝玄在東晉風雨飄搖，又值前秦苻堅親率百萬大軍南下之際，臨危受命，率北府兵八萬迎戰。謝玄施「草木皆兵」之計，使苻堅在登城觀望時，懷疑八公山上的草木都為晉軍，在心理上先輸一陣。雙方大軍最後遇於淝水，謝玄請前秦軍隊稍退，以便渡河決戰，苻堅重蹈宋襄公覆轍，軍隊一退不止，全軍大敗。黃景仁在〈壽陽懷古〉[57]詩中，對謝玄推崇備至，他把謝玄描畫為翩翩儒將，可比三國周郎；而他用的草木皆兵之計，也與「火燒連環船」、「破釜沉舟」之計不相上下，對謝公表示由衷的仰慕。不過，謝家子姪輩人才輩出，周瑜、項羽，則智勇功業止於其身，謝玄的成就，比周、項二人就更勝一籌了！

　　與謝玄一般以文人身分而立下重大戰功的，虞允文是另外一個。南宋紹興三十一年，完顏亮傾全國之師，分五道南侵，欲一舉而滅宋。宋人偏安多年，準備不足，金兵勢如破竹，兵臨采石；虞允文作為參贊軍事，重加鼓勵，整編佈署，結果大敗金兵。其後完顏亮轉攻揚州，虞允文早料京口必有危急，即調一萬六千人赴援，金兵見宋舟師之盛，相顧駭愕，也不敢輕舉妄動了。最後，完顏亮軍中叛變，亮死，金兵遂退。雖然，金兵並非被虞允文率師打敗，但若沒有虞的部署，戰果便不難改寫了。黃景仁在〈虞忠肅祠〉[58]中，說「再造居然賴此人」！在南宋與外族對抗的歷史中，居然要賴這個「儒生」穩定局面，還有誰敢說「百無一用是書生」？

---

[57] 紫毾香囊白練裙，翩翩儒將掃邊氛。重名不借燒船火，奇陣何殊背水軍。亡國魚羊應共喜，戰場風鶴尚難聞。穩教了得東山局，可仗兒曹破敵勛。（其三）（清）黃景仁：《兩當軒集》，頁188。

[58] 黃景仁：《兩當軒集》，頁108。

劉錡是南宋抗金名將，黃景仁也寫過〈順昌劉武穆祠〉[59]一篇。謝玄、虞允文都是「儒將」，劉錡則為名副其實的武將。劉錡最有名的戰功，是順昌之捷。紹興十年，劉錡被任為東京副留守，並奉命率八字軍等近兩萬人，帶同全軍家屬沿水路北上。到達順昌府，他得悉金人毀約，要重佔開封，在跟知府商議後，他決定守城禦敵。劉錡把家口安置在廟裏，並準備在危急時全家縱火自焚，以示必死決心。結果，宋師在劉錡領導下，全軍士氣高漲，再加上以逸待勞之利，故雖以寡敵眾，亦能大敗金兵。於本詩中，黃景仁在歌頌劉錡之餘，亦未忘點出「鄂國英雄更可悲」，那就是岳飛壯志未酬，身遭誣陷而被誅戮之事了。黃景仁的話，既為岳飛叫屈，另一方面，亦有點為自己的不遇而怨忿的味道呢！

黃景仁渴望建功立業，似乎就是做個梟雄，也在所不計，所以，他對桓溫的北伐大業未成，也有一絲絲的感慨。在〈桓溫墓〉[60]一篇，他未有對桓溫的自主廢立、專擅朝政作太嚴厲批評，而只以「一生功罪總難論」一語輕輕帶過。他似乎覺得，梟雄有機會一展抱負，總算不枉此生，那絕對勝過無用武之地的英雄啊！

總結而言，黃景仁對勇武者之佩服，對戰功赫赫者之仰慕，充分顯示出他對建功疆場的嚮往，所以，他詩歌中有「自嫌詩少幽燕氣，故作冰天躍馬行」之句，也是可以理解的。

二　消極退隱──黃景仁的無奈

黃景仁既有志建功立業，又不願向權貴乞援，結果自然是困頓終

---

[59]　悲風蕭蕭潁水湄，魂來戰處神鴉隨。莫傷老去壯心負，鄂國英雄更可悲。（清）黃景仁：《兩當軒集》，頁178。

[60]　（清）黃景仁：《兩當軒集》，頁106。

身的了，所以，在他極少數詩歌中，曾流露出消極遁世的心態。在
〈雜詠〉[61]中，他說連桃花源也懶得去找，寧願過著像無懷氏、葛天氏
般逍遙自適的生活。

　　黃景仁也仰慕不食人間煙火的林和靖，在〈夢孤山〉[62]中，他落
筆便說出自己「昔慕林和靖，平生亦愛梅」，在自己一無所成時，他
絕對願意「山空我獨來」。他更仰慕不受漢光武帝徵召而隱居富春山
的嚴陵，他願意像嚴光般隱居釣臺，「更酌十九泉，飽看桐江水」[63]，
只要過著閒適的生活，已可一快平生，若為爭逐世間名利而與世人
「鶩利日來往」[64]，一旦立足不堅，便為自己帶來難以彌補的遺憾了。

　　黃景仁處身於乾隆盛世，嚴光則處身於光武中興之世，在時代
背景方面，有其相似之處。黃景仁羨慕嚴光在盛世之下「空山寄偃
仰」，更不齒世人「鶩利日來往」，似乎，他也想做個乾隆盛世下的
「閒人」。不過，黃景仁在這寥寥幾篇流露出的消極退隱態度，只是
他一時間的牢騷，因為，在《兩當軒集》中，他還有更多自傷不遇的
作品，由此可見，他是不甘心於以「閒人」身分終此生的。

三　憤懣不平——黃景仁的控訴

　　黃景仁的自傷不遇，我們可從他對失敗英雄和懷才不遇者的同
情、惋惜略見一隅。在《兩當軒集》中，黃景仁詠及的古人，出現次
數最多的是項羽，共有四首。項羽在楚漢相爭中，是徹底的失敗者，

61　千載桃花源，想象遺民宅。自崖詎能從，問津信何益。無懷與葛天，吾將共晨夕。
　　（清）黃景仁：《兩當軒集》，頁7。
62　（清）黃景仁：《兩當軒集》，頁80。
63　（清）黃景仁：〈過釣臺〉，《兩當軒集》，頁211。
64　（清）黃景仁：〈過釣臺〉，《兩當軒集》，頁15。

但他的遭遇，似乎最能引起黃景仁的共鳴。在討論黃景仁對項羽的同情之前，大家不妨先看看黃景仁對勝利者的「讚美」：

> 掩釜何如轢釜來，區區恩怨事堪咍。可知大度輸臣叔，肯向軍前乞一杯。
>
> 〈羹頡侯塚〉[65]

按《史記・楚元王世家》[66]所載，劉信原是劉邦兄子，劉邦微時，常帶同一班「賓客」到他家裏吃飯，使他的母親不勝其煩。有一回，他母親在廚房刮打飯鍋，表示飯已吃光，藉以驅逐劉邦的「賓客」；劉邦懷恨在心，於是在分封諸王時封他為「羹頡（刮打飯鍋）侯」。黃景仁以諷刺口吻取笑劉信的母親器度不及劉邦，因為劉邦在父親被項羽所擒，並聲稱要烹之以為羹時，竟豁達大度得不與項羽計較，只求分一杯羹！

劉邦這種無賴行徑，使他成為最後勝利者，但在讀書人眼中，還是不屑為之的。至於項羽這位失敗者，雖然至死不悟地高呼「天亡我也，非戰之罪也！」為保最後的尊嚴，寧自刎也不東渡烏江，但比起劉邦，他的遭遇卻更值得同情。黃景仁對劉邦的讚美，其實是對那些不擇手段而得高位者的無聲抗議；而他對項羽的同情，也是對自己無路請纓的控訴。此外，黃景仁在〈英布墓〉[67]一首，亦對翻臉無情的劉邦暗作批判。英布在漢初被封為異姓諸侯王，本無異心，但在劉邦相繼誅除韓信、彭越後，英布豈能安枕？故他只能造反。雖然他最終

65　（清）黃景仁：《兩當軒集》，頁204。

66　（漢）司馬遷：《史記》，《續修四庫全書》（上海市：上海古籍出版社，1995年），頁622。

67　奮跡驪山事已虛，一生刑王意何如？去留楚漢興亡際，倔強韓彭斧鑕餘。下計已教歸掌握，間行生悔為驅除。淮南尚有遺封在，寂寞誰為弔廢墟？（清）黃景仁：《兩當軒集》，頁173。

被長沙哀王誘殺，但他的倔強，仍是值得後人尊重的。

　　黃景仁在《兩當軒集》中，詠及項羽的計有四首，當中〈陰陵〉[68]寫項羽在大澤迷路一事。按《史記・項羽本紀》[69]，項羽在陰陵失道，在他向田父問路時，田父有意騙他，結果使他陷身大澤，致被漢軍追及！到東城後，項羽以僅餘的二十八騎力敵數千漢軍，在項羽的調動下，楚軍仍能三戰三勝，證實了項羽本來就有能力戰勝劉邦，他的敗亡，只是天意如此吧！最後，他自知不免，在與虞姬訣別後，便自刎身亡了。黃景仁在詩中避談項羽兵敗、迷路、被騙諸事，而選「帳中餘泣」寫他的兒女情長，以「上馬星馳」寫他成功突圍，以「如大王言空斬將」寫他的武功蓋世，以「大澤常多失道人」寫一般人皆會失道，最後，項羽雖敗，猶可算是「英靈」，仰慕之情，溢於言表。

　　另一首〈烏江弔項羽〉[70]，黃景仁在為項王兵敗深感悲憤之餘，亦有自我開解之語。他認為項王之敗，就正如項羽所說的「天亡我也」，因為當時東南王氣未盛，就是項羽能東渡，最終亦未必有所作為；但到孫策出現（自有獅兒作替人），便據江東之地，以武力稱雄天下，強如魏武，亦須避其鋒，項羽若知道自己的霸業有孫策這位繼承者，亦當告慰了。至於〈東阿項羽墓〉[71]，則讚美項羽之慷慨就死，而且在死前將頭顱贈予故人呂馬童，讓對方領賞。黃景仁覺得，項羽之舉才是真正英雄的所為，他對項羽之忿忿不平，也感同身受；最後，他以「多少英雄末路人」作結，既是勸慰項羽，亦是自我開解。

68　（清）黃景仁：《兩當軒集》，頁185。

69　（漢）司馬遷：《史記》，《續修四庫全書》，頁123。

70　憤王遺像黯承塵，已事空悲五裂身。百二山河銷赤炬，八千子弟走青燐。
　　好尋鬼母揮餘淚，自有獅兒作替人。王氣東南來尚早，不須亭長在江濱。（清）黃景仁：《兩當軒集》，頁194。

71　（清）黃景仁：《兩當軒集》，頁284。

　　至於〈烏江項王廟〉[72]一首，則最能顯出黃景仁對項羽的迴護，因為，他把項羽的失敗歸咎於諸侯背叛，若非如此，劉邦絕非項羽敵手。況且，劉邦在完成大業後高歌「大風起兮雲飛揚」的臺址，消沉已久，反而項王廟卻不斷有後人憑弔，項羽在九泉之下，亦堪告慰矣！

　　另一位英雄無敵的廉頗，在小人作梗下，最終被投閒置散，也令黃景仁忿忿不平，不過，當中給黃景仁最大感觸的，就是世間的人情冷暖。按《史記‧廉頗藺相如列傳》[73]所載，廉頗失勢時，舊有賓客悉皆棄之而去，但到他再被起用，賓客又紛紛回歸，到廉頗欲斥退此等勢利小人時，反被譏為沒見識，原來在那些賓客眼中，「趨炎附勢」是理所當然的！黃景仁在〈廉頗冢〉[74]中，感慨「終古人情只如此」，只好「試將杯酒與澆君」，憐人自憐，於斯可見。黃景仁對這種「市道之交」的反感，使他一生不屑奔走豪門，最終落得客死異鄉的下場；不過，我相信他絕不會為自己的決定而後悔的。

　　除了項羽和廉頗兩位武將外，一些知識分子的懷才不遇，亦使黃景仁感同身受。屈原處身於楚國衰落之際，賈誼則生於漢文盛世，時代背景大異，但被放逐之遭遇卻如出一轍；不過，兩人還有一處極為相似的地方，就是當朝的勝利者已被歷史遺忘，他們卻仍被立祠供奉，而且不斷有後人憑弔，〈屈賈祠〉[75]中「天遣蠻荒發文藻，人間何處不相思」，既是弔古之辭，也是自傷之語。

---

[72] 誰言劉季真君敵，畢竟諸侯負汝深。莫向寒潮作悲怒，歌風臺址久消沉。（清）黃景仁：《兩當軒集》，頁528。

[73] （漢）司馬遷：《史記》，《續修四庫全書》，頁133。

[74] （清）黃景仁：《兩當軒集》，頁271。

[75] 崔窺虛幌草盈墀，日暮誰來弔古祠。楚國椒蘭猶自化，漢庭絳灌更何知？
千秋放逐同時命，一樣牢愁有盛衰。天遣蠻荒發文藻，人間何處不相思。（清）黃景仁：《兩當軒集》，頁33。

在漢武帝盛世之下的另一個不遇之士，就是董仲舒了。黃景仁想到董以王佐之才，卻只能「老逐經生游」，不禁感觸滿懷[76]。黃景仁既然自覺具董仲舒般的見識，卻難覓得如平原君般愛才之士[77]，便只好像杜甫一樣，「埋才當亂世，併力作詩人」[78]了。

四　體羸放浪——黃景仁落魄的原因

按上文分析，黃景仁的最終理想是建功疆場，可是，他自小便身體羸弱，那使他不能透過考武舉而晉身，甚至不能勞神苦讀。

邵齊燾是黃景仁最尊重的師長，他對黃景仁的健康情況瞭如指掌，《玉芝堂詩文集》中的幾首作品，顯示出他最擔心的，是黃的身體狀況。他在〈勸學一首贈黃生漢鏞並序〉[79]中，說黃景仁「家貧孤露，時復抱病」，在詩中又勸他「願子養痾暇，時復御絺素」，他深知學生多愁多病，所以開解他道：「王粲由來患體羸，陳平終不長貧賤。」[80]事實上，以黃景仁的才華，若能調養好身體，又怎會長貧賤呢？

邵齊燾雖然口裏說黃景仁終不長貧賤，但始終擔心「體羸」有礙他的發展。〈和漢鏞對鏡行〉[81]一首，他對黃景仁的身體狀況就有更詳

---

[76] 〈董子讀書臺〉：「感激士不遇，此意良悠悠。」（清）黃景仁：《兩當軒集》，頁32。

[77] 〈平原〉：「風塵想象出群才，公子平原似掌開。馬磨牛醫天下士，買絲今日繡誰來？」（清）黃景仁：《兩當軒集》，頁362。

[78] 〈耒陽杜子美墓〉：「得飽死何憾，孤墳尚水濱。埋才當亂世，併力作詩人。遺骨風塵外，空江杜若春。由來騷怨地，只合伴靈均。」（清）黃景仁：《兩當軒集》，頁37。

[79] （清）邵齊燾：《玉芝堂詩文集》，《四庫全書存目叢書》（臺南市：莊嚴文化事業有限公司，1997年），頁557。

[80] （清）邵齊燾：〈漢鏞以長句述余衡山舊遊賦示〉，《玉芝堂詩文集》，頁557。

[81] （清）邵齊燾：《玉芝堂詩文集》，頁558。

細的描述了。他說黃景仁在少年時已「疾疢來相纏」，不僅旁人見其消瘦也為之嘆息，就是黃景仁眼見自己的憔悴，也為之驚訝呢！邵齊燾勸他不要再自生怨尤，要「輕狂慎戒少年習」，以免過度傷懷，徒惹不快。不過，從詩中「功名富貴真外物」、「年華一過豈再得，四十五十須臾期。此時對鏡頭如雪，少壯蹉跎悔已遲」等句，可知邵齊燾是確切擔心黃景仁會一事無成的。

黃景仁在廿二歲時，有〈寒夜檢邵叔宀師遺筆因憶別時距今真三載為千秋矣不覺悲感俱集〉[82]一首，詩中說及邵曾致書勸勉自己要加餐，更曾親書養病方相贈，但結句云：「料得夜臺聞太息，此時憶我定徬徨。」他設想若老師泉下有知，亦會為自己的身體狀況而徬徨太息，由此可見，他是多病如舊的！

黃景仁的體羸，使他未能一遂建功疆場之志，而他的放浪，也使他難以透過科舉晉身。他既不愛受束縛，則不可能接受那種被形式緊緊約束著的制義，而熟於制義，就偏偏是晉身的必備條件！這個道理，我們可以從洪亮吉的學習過程中看出端倪。

洪亮吉與黃景仁自少齊名，他母親深知制義對他的將來具有決定性作用，所以自洪亮吉十六歲開始，便要他讀經、學制義。按呂培《洪北江先生年譜》[83]，洪亮吉從十六至二十二歲，先後從四位塾師學習寫制義，洪亮吉花了七年時間學習，尚且要到四十五歲才登第。

至於黃景仁，黃逸之《年譜》[84]稱其「於制舉文，自幼即『心塊然不知其可好』。」黃景仁於二十一歲的一年開始客王太岳幕中，王

---

[82] （清）黃景仁：《兩當軒集》，頁61。

[83] （清）呂培：《洪北江先生年譜》。洪亮吉：《卷施閣集》，收入《四部備要》（上海市：中華書局）。

[84] 黃逸之：《清黃仲則先生景仁年譜》，頁3。

太岳在〈與鄭誠齋書論黃仲則〉[85]有云：「且欲勸之頹首下心，勤舉子業矣。」可知黃在二十一歲後仍對制義不感興趣，與洪亮吉相較，黃景仁的一生不得一第，又顯得理所當然了。

嚴迪昌在《清詩史》[86]中，說出了清代中期「詩壇」的一個特殊現象。他認為當時的詩壇盟主，不必具備過人的詩學造詣，而是要有隆盛的官位聲望作支持；他們收納弟子，並非看重其才華，而是看重其政治前途，他們希望弟子最終能踏上仕途，然後藉座主與門生之關係，互相倚仗，謀求更大發展。若推嚴氏所說，則弟子拜師，很可能是希望仰仗老師之聲望，開展政治前途，老師亦樂得培植一眾政治新星，為自己搖旗吶喊，嚴迪昌把這種所謂文學集團稱為「權勢淵藪」。以詩論詩，黃景仁絕對是超群絕俗，但以他的的放任性格，又怎會仰人鼻息？而王昶等「文壇領袖」，又怎會提拔一個說不定為自己招來事端的狂生，所以，黃景仁能從他們身上得到的，便只有經濟上的援助了。

第三節　詩歌特色及主要題材

一　詩歌特色

關於黃景仁詩歌的風格，論者大都偏向於他學李白之說，黃葆樹等所輯的《黃仲則研究資料》[87]收錄了不少有關黃景仁的詩評，其中袁枚、吳錫麒、延君壽、劉嗣綰、鄭大漠、吳頡鴻、陳裴之、莊敏、潘瑛、吳嵩梁等人，不約而同的都認為黃景仁詩學李白。《中國文學

85　黃葆樹：《黃仲則研究資料》，頁141。
86　嚴迪昌：《清詩史》，頁699。
87　黃葆樹：《黃仲則研究資料》，頁109～231。

講話》[88]論清代文學時亦認為黃景仁「才氣縱橫，作詩尊崇李白，但因本身身世淒涼，……沒有太白那種曠達飄逸的人生觀」，所以看來始終跟李白有一段距離。洪亮吉是黃景仁摯友，對黃認識最深，他似乎不認為黃景仁在學李白，他在《北江詩話》[89]中多次對黃詩作評點，在洪亮吉眼中，黃景仁是個多愁善感的詩人，雖有「太白高高天尺五，寶刀明月共輝光」的豪語，但畢竟是少年之作，隨著個人遭遇的改變，代之而來的便是酸苦語、怨懟語，所以，《北江詩話》亦未將黃景仁詩與李白詩相比較。

　　當時被目為詩壇盟主的翁方綱，亦未同意黃景仁學李白之說，他在〈編次黃仲則詩偶述五首〉其二[90]亦只是說「君才似太白，同輩無其豪。……其實非摹仿，清絕自滔滔」，他才似太白，但在詩作上，他是自成一格的。

　　我以為，黃景仁仰慕李白是事實，但他只是仰慕李白的才華與個性，因為李白縱酒放逸，仕途蹭蹬，在這方面與黃景仁是頗為相似的。不過，李白擅長的雜言歌行，在《兩當軒集》中，卻絕少見，所以我並不認同黃景仁學李白之說。一般人之所以指黃景仁學李白，與以下一作有極大關係：

> 束髮讀君詩，今來展君墓。清風江上灑然來，我欲因之寄微慕。……
>
> 與君同時杜拾遺，窆石卻在瀟湘湄。我昔南行曾訪之，衡雲慘慘通九疑。

88　中華文化復興運動推行委員會　國家文藝基金管理委員會主編：《中國文學講話》（臺北市：巨流圖書公司，1987 年），頁 51。

89　（清）洪亮吉：《洪亮吉集》（北京市：中華書局，2001 年），附錄。

90　（清）翁方綱：《復初齋詩集》，《續修四庫全書》（上海市：上海古籍出版社，1995 年），頁 603。

即論身後歸骨地，儼與詩境同分馳。終嫌此老太憤激，我所師
者非公誰？

人生百年要行樂，一日千杯苦不足。笑看樵牧語斜陽，死當埋
我茲山麓。

《太白墓》[91]

「束髮讀君詩」、「我所師者非公誰」，驟眼看來，黃景仁是以李
白為師法對象的。不過，黃景仁雖對李白深表敬佩，但他在說「我所
師者非公誰」之前，是在說杜甫墓前「衡雲慘慘通九疑」，而在太白
墓前，卻是「清風江上灑然來」，他是說兩人性格不同，所以歸骨之
地也給人截然不同的感覺；最後，他「終嫌此老太憤激」，倒不如學
李白的「人生百年要行樂，一日千杯苦不足」了！由此可見，黃景仁
師法的，是李白的人生態度，而不是詩歌風格。可惜，他的生活擔子
實在太沉重了，就是他想學李白的曠達，也是學不來的。

此外，亦有人認為黃景仁是兼學杜甫、韓愈、李賀、蘇東坡的，
不過，我認為說黃景仁學任何一個都不恰當，因為他的詩歌風格，是
隨著題材與生活體驗而變化，就算是師法古人，他也是能做到「轉
益多師」的。例如他的〈少年行〉（男兒作健向沙場），與王昌齡的
邊塞詩相似；〈別意〉（別無相贈言）與李白的〈怨情〉（美人捲珠
簾）相似；〈感舊〉（大道青樓望不遮）與杜牧〈遣懷〉（落魄江湖載
酒行）相似；〈秋夕〉（桂堂寂寂漏聲遲）、〈綺懷〉（幾回花下坐吹
簫）與李商隱的無題詩相似。所以，我認為我們應視黃景仁為一個寫
真情、寫個性的性情詩人，而不必斷斷於他師承那位古人，否則，他
的〈屈賈祠〉（鵩窺虛幌草盈墀）與劉長卿的〈長沙過賈誼宅〉（三
年謫宦此棲遲）也有相似之處，莫非我們又得細繹他的詩歌與「五言

---

91 （清）黃景仁：《兩當軒集》，頁76。

長城」有何淵源了嗎？張維屏《國朝詩人徵略》[92]說黃景仁「天分極高，無所不學，亦無所不能至」，讚他能鎔鑄前人作品，再以己意道出，可算是最接近事實的了。

　　胡樂平〈試論黃仲則的詞〉[93]指出，黃景仁的詞多寫自己的懷才不遇、病弱之懷、羈旅之愁和貧苦生活，融合個人生活上的種種不愜意，發之為詞，所以情感深摯，其實，《兩當軒詩》又何嘗不是？綜張、胡二人之說，可知黃景仁是個集前人之筆，道個人之情的詩人，未應以學李白概之也。

二　詩歌主要題材

　　《兩當軒集》整部作品，就如胡樂平所說，道盡黃景仁的辛酸境遇和個性感情，可謂性情詩的代表；而集中詩歌的題材，可分為自傷不遇、自傷漂泊、自傷衰颯、自傷孤獨、自傷貧賤、鄙視流俗六大類，下文將詳為分析。

（一）自傷不遇

　　黃景仁的最大抱負，是馳騁沙場（此項已於上文詳論），但當他瞭解到自己根本不可能如願時，就只能像當時一般知識分子一樣，透過科舉以謀進身了。

　　黃景仁一生，只經歷了短短的三十五個寒暑，他多次赴試，皆以失敗告終。他在二十八歲的一年，曾藉乾隆東巡召試，得到一次晉身的機會，但要到他去世前一年，才得以在京候銓。但以他的經濟狀

---

[92] 錢仲聯：《清詩紀事・乾隆朝卷》（南京市：江蘇古籍出版社，1989 年），頁 7406。

[93] 胡樂平：《試論黃仲則的詞》，《華東師範大學學報》（哲學社會科學版）1989 年第 3 期。

況，根本未能負擔銓選的費用，黃逸之《清黃仲則先生景仁年譜》[94]
所說的「以謀選資再入秦」，就是說他這年要到西安向摯友洪亮吉、
孫星衍求助。最後結果是，他到病歿運城的一刻，仍只是個候選的縣
丞，所以，自傷不遇的作品就是《兩當軒集》中的主要題材了。不
過，雖同是自傷不遇之作，在黃景仁一生的不同時段，作品流露的感
情還是略有分別的，現分述如下：

二十四歲前（太白樓題詩前）

黃景仁之成名，始自乾隆三十七年三月在太白樓題詩，當時他在
安徽學使署，追隨朱筠[95]。他的成名，按洪亮吉為他撰的行狀[96]所記，
是他的〈笥河先生偕宴太白樓醉中作歌〉一篇，「頃刻數百言」，詩
成後，「遍視坐客，坐客咸輟筆」，更使在當塗候試的八府士子，爭
相抄寫他這首詩，既令一日紙貴，也使他自此名滿天下。不過，黃景
仁在成名之前，長年漂泊，加上體弱多病，故自傷不遇之作，俯拾即
是。

黃景仁「夙負黃童譽」[97]，又自覺是才足以經緯天下之士[98]，所以，
他對自己的前途是抱有極大期盼的。他自視既高，本就不屑於向人投
謁，但為前程著想，他又不得不這樣做，可惜，「十年懷刺侯門下，
不及山僧有送迎」[99]，他的低聲下氣卻換不來回報。在他眼中，這些已
飛黃騰達的侯門中人，其實是「十有九人堪白眼」[100]的，但自己這個

---

[94] 黃逸之：《清黃仲則先生景仁年譜》，頁64。

[95] 黃逸之：《清黃仲則先生景仁年譜》，頁24。

[96] （清）洪亮吉：《洪亮吉集》，頁213。

[97] 〈武昌雜詩〉：「可憐夙負黃童譽」（清）黃景仁：《兩當軒集》，頁49。

[98] 〈和容甫〉：「乃知天下士，定在風塵收。」（清）黃景仁：《兩當軒集》，頁75。

[99] （清）黃景仁：〈山寺偶題〉，《兩當軒集》，頁102。

[100] （清）黃景仁：〈雜感〉，《兩當軒集》，頁16。

百無一用的書生，又偏要向他們投謁，那便使黃景仁氣憤難平了。

在這些日子裏，他覺得在謀取功名上是「一無如我意」的，所以在〈遇伍三〉[101]時，他只能說句「君問十年事，淒然欲斷魂」，多年來的漂泊，換來了事事不如意，徒令人傷感。在百般感觸下，他忽發奇想，蘇軾說「明月幾時有」，他續以「人間何事無」，寫下一首〈月下雜感〉[102]，在他生長的年代，甚麼事情都可以發生，在這一刻，顧影自憐的絕色佳人、撫首自嘆的壯士，不知凡幾，失意者何止一個黃景仁？他在感謝一輪明月把清輝分照與他後，就把一腔怨氣排解掉了。

黃景仁這些自傷不遇的作品，雖對自己的不得意、不被賞識感到憤懣，但他對自己的才華還是肯定的。在〈遇伍三〉[103]一首，黃景仁說「刖屨足猶在，鞭多舌幸存」，雖然卞和被刖雙足，但只要他一息尚存，仍可使和氏璧本為稀世奇珍之事實大白於天下；只要張儀的舌頭沒有被割掉，他仍可憑一番唇舌建立自己的功業。黃景仁相信自己終可如和氏璧般受人賞識，如張儀般有所作為，他對自己的才華滿懷自信，所以，他雖有怨懟，但亦有自我開解。例如〈雜感〉[104]一首，他雖說「十有九人堪白眼」，並自嘲「百無一用是書生」，但接下來的「春鳥秋蟲自作聲」，又表明那只是他的牢騷而已。

我們從黃景仁這個時期的詩歌，可看到他對懷才不遇的憤懣，但細味詩歌的感情，也可知道他對自己的前境還是充滿信心的，例如在

---

[101]（清）黃景仁：《兩當軒集》，頁21。

[102] 明月幾時有？人間何事無。傾城顧形影，壯士撫頭顱。
　　方寸誰堪比，深宵我共孤。感君行樂處，分照及蓬廬。（清）黃景仁：《兩當軒集》，頁25。

[103]（清）黃景仁：《兩當軒集》，頁21。

[104] 仙佛茫茫兩未成，祇知獨夜不平鳴。風蓬飄盡悲歌氣，泥絮沾來薄倖名。
　　十有九人堪白眼，百無一用是書生。莫因詩卷愁成讖，春鳥秋蟲自作聲。（清）黃景仁：《兩當軒集》，頁15。

〈雜詩〉[105]，他雖感嘆「真賞難可遇」，但他也願意「努力待遲暮」，相信機會始終會出現；在〈途中遘病頗劇愴然作詩〉[106]，又問句「豈有生才似此休」，雖然作客作鄉，又抱病在身，他仍相信，以自己的才華，絕不會就此鬱鬱而終，自己是終會被賞識的。

二十四至二十五歲（太白樓題詩後至訪鄭虎文前）

黃景仁在太白樓題詩後，名滿天下，他對自己的未來，自然有更大的憧憬；不過，他是年雖從朱筠遊，但對前途還是看不到一點希望。洪亮吉為他撰的行狀[107]，說在他二十五歲時的夏天，因與在安徽學使署共事者意見不合，便逕自離去，到徽州訪鄭虎文去了。他在安徽學使署的心境，我們可從〈雜感四首〉[108]略窺一二，他在詩中說，自己心情總是不能平伏（抑情無計總飛揚），因為他已厭倦那種仰人鼻息的生活（繞指真成百鍊鋼），而且，他的痛苦是沒有人理解的（恐將冰炭置人腸）；長此下去，他恐怕壯志也被消磨淨盡（劇憐對酒當歌夜，絕似中年以後情），最終落得像屈原般侘傺一生（此生端合伴靈均）。我認為，與共事者不合只是他離開安徽學使署的一個誘因，他的離開，應是不欲再在朱筠幕下蹉跎歲月，想到外頭碰碰運氣吧！

黃景仁這個時期自傷不遇的作品，與太白樓題詩前的有著明顯分別，先前的作品，多少帶點樂觀，但此時之作，卻似乎在恐懼一生難

---

[105]（清）黃景仁：《兩當軒集》，頁74。
[106] 今日方知慈母憂，天涯涕淚自交流。忽然破涕還成笑，豈有生才似此休？
　　悟到往來惟一氣，不妨胡越與同舟。撫膺何事堪長歎，曾否名山十載遊？（其二）
　　（清）黃景仁：《兩當軒集》，頁31。
[107]（清）洪亮吉：《洪亮吉集》，頁213。
[108]（清）黃景仁：《兩當軒集》，頁158。

有出頭之日了。他想奮飛，但常恨身無翼[109]，縱使前途仍有桂樹，但恐已無實可採了[110]；他甚至認為自己已達暮途[111]，只能像屈原般終生失意了[112]。

他在這個時期的兩首〈雜詩〉[113]，很能道出他當時的絕望：

第一首，他將自己比喻為野性難馴的駿馬，但生不逢時，流落在只跨犀象的地方，故才無可用之處；既然有才不合當世所用，就只能期盼自己這匹千里馬能埋骨於黃金臺下了。詩中「不怨用違地，朽骨終就埋」一語，流露無限辛酸，他似乎已接受命運安排了。

至於第二首，他以隨珠暗投、干將沒地為喻，才華被埋沒，實屬可悲，但「物壽奇自耀，人命憂短修」，寶物終有被發掘的一天，但才人年壽有限，不比明珠寶劍之能待人賞識，黃景仁雖信自己可以「譽聲滿身後」，但若有生之年不被賞識，終是一大憾事呢！

二十五至二十八歲（乾隆東巡召試前）

黃景仁在二十六歲的一年應江寧鄉試不售，以他的性格，自是氣憤難平的，但他在這幾年間的作品，雖仍有自傷不遇之作，但卻是感慨多於怨怒的，可能是他經多年歷練，已被磨平稜角了吧！

洪亮吉與黃景仁，自少齊名，不遇之情況亦相似；黃景仁在二十六歲的一年，與洪同應鄉試，隨後同赴常熟謁邵齊熹墓，最後分

---

109 〈即事〉：「奮飛常恨身無翼，何事林烏亦白頭。」（清）黃景仁：《兩當軒集》，頁171。

110 〈淮上曉發〉：「前途縱有桂樹攀，多恐天寒已無實。」（清）黃景仁：《兩當軒集》，頁184。

111 〈潁州南樓〉：「飛揚無限意，奈此暮途何！」（清）黃景仁：《兩當軒集》，頁178。

112 〈雜感四首〉：「芳草滿江容我采，此生端合附靈均。」（清）黃景仁：《兩當軒集》，頁158。

113 （清）黃景仁：《兩當軒集》，頁112。

道揚鑣[114]。兩人分首之際，黃景仁有〈別稚存〉[115]一作，他勸好友「莫因失路氣如灰」，而且「一身未遇庸非福」，在湖海中逍遙過活，遊遍名山，亦是一大快事；如此自我開解，是在黃景仁先前作品中未有出現的。

這個時候的黃景仁，對功名其實是未死心的，「五夜壯心悲伏櫪，百年左計負窮耕」[116]，他壯心猶在，不願窮耕終老。此外，在〈重九後十日醉中次錢企盧韻贈別〉[117]中，他對自己的「讀書擊劍兩無成」，對世人的「風塵久已輕詞客」，深感不忿。他對目前境遇耿耿於懷，不過，既不能強求，他就以「莫羨悠悠世上名」、「身名已分同飄瓦」自解，以痛飲狂歌排遣憤懣了。

若說黃景仁這時期的作品感慨多於怨怒，就不得不看以下兩首。在〈旅館夜成〉[118]，他以「床頭聽劍錚成響」，表示壯心猶在，但「青山何處葬文章」，一第比登天，似又怨不了誰，所以，他唯有對燭垂淚，這種淒涼情景，是前所未見的。至於〈失題〉[119]，他以「鳳泊鸞飄

---

[114] 黃逸之：《清黃仲則先生景仁年譜》，頁35。

[115] （清）黃景仁：《兩當軒集》，頁237。

[116] 〈將之京師雜別〉（其一）：「翩與歸鴻共北征，登山臨水黯愁生。江南草長鶯飛日，遊子離邦去里情。五夜壯心悲伏櫪，百年左計負窮耕。自嫌詩少幽燕氣，故作冰天躍馬行。」（清）黃景仁：《兩當軒集》，頁250。

[117] 痛飲狂歌負半生，讀書擊劍兩無成。風塵久已輕詞客，意氣猶堪張酒兵。
霜滿街頭狂拓戟，月寒花底醉調箏。誰能了得吾儕事，莫羨悠悠世上名。（其二）
身名已分同飄瓦，涕淚何曾滿漏卮。幸有故人相慰藉，瀕行拋得是相思。（其三）
（清）黃景仁：《兩當軒集》，頁242。

[118] 斜月陰陰下曲廊，燕眠蝠掠共虛堂。床頭聽劍錚成響，簾底看星作有芒。
綠酒無緣消塊壘，青山何處葬文章？待和燭舅些須語，又恐添渠淚一行。（清）黃景仁：《兩當軒集》，頁254。

[119] 神清骨冷何由俗，鳳泊鸞飄信可哀！何處好山時夢到，一聲清磬每驚回。
定知前路合長往，疑是此身真再來。聞道玉皇香案下，有人憐我在塵埃。（清）黃景仁：《兩當軒集》，頁276。

信可哀」道出自己具備鸞鳳之質，但一直不為世用，以黃景仁一貫
性格，此際的他自當扼腕長嘆的啊！不過，他這時卻出奇地處之泰
然，並謂在「玉皇香案下」「有人憐我在塵埃」，既然「定知此路合
長往」，倒不如及早尋個名山，修道去也！似乎他已接受命運的安排
了。

二十八歲後（乾隆東巡召試後）

上節說過，黃景仁已接受不遇的命運，作品是感慨多於怨怒；不
過，乾隆四十一年，即是他二十八歲的一年，乾隆東巡召試，又為他
帶來一絲希望了。

黃逸之《清黃仲則先生景仁年譜》[120]載云：「乾隆四十一年　春
（黃景仁）赴津應東巡召試，始與都中名流遊。」黃景仁在這次東巡
召試中，取得二等，又於是年開始與都中名流結交，所以，他對自己
的前途又有所希冀了；可惜，不論有多大期望，都又以失望告終，所
以，他在此數年的作品，說到自己的際遇，便顯得百感交雜了。

黃景仁堅信自己是才堪大用的，個人不遇，只是天意人事使然，
在他的名作〈都門秋思〉[121]中，他自覺有千里馬之才，只是，當今世
上已沒有像燕昭王般的愛才之士，沒有人會延請郭隗為他求千里馬；
他也認為自己有司馬相如的才華，可惜，就算有長門賦般的名篇佳
作，已沒人懂欣賞了。他也渴望有像平原君般的好客者，可惜，平原

---

120 黃逸之：《清黃仲則先生景仁年譜》，頁42。
121 四年書劍滯燕京，更值秋來百感并。臺上何人延郭隗？市中無處訪荊卿。
　　雲浮萬里傷心色，風送千秋變徵聲。我自欲歌歌不得，好尋騄卒話生平。（其二）
　　（清）黃景仁：《兩當軒集》，頁318。

君再已難求[122]；不過，就算如董仲舒一般的有識之士，也不遇於時[123]，自己還能怨甚麼呢？他深信自己是上好琴材，但世上若無蔡邕，自己就準會被燒成灰燼，怎也不能被製成焦尾的了[124]。總而言之，若天意如此，激憤也無濟於事啊！

這個時候的黃景仁，對功名已不敢抱多大期望，他最大的遺憾，是因功名不就而累母親食貧。他在這幾年間的作品，提到愧對慈親的，比比皆是，如「道旁知幾輩，家有白頭親」[125]、「未了名心為老親」[126]、「一梳霜冷慈親髮」[127]、「最是難酬親苦節」[128]等，都顯出他對不能好好供養母親的內疚。黃景仁少孤，由母親撫養成人，所以他矢志報答慈親；但在母親白髮蒼蒼之際，他仍一事無成，他怎能不幽恨縈懷呢？

經過多次的挫折後，百感交雜的黃景仁不單在詩中自傷貧困，更在絕望中慷慨悲歌，與市井之徒為伍，他在〈都門秋思〉[129]中說自己在「四年書劍滯燕京」後，「更值秋來百感并」，但在當時的顯宦眼中，他只是其中一個落第狂生吧！黃景仁絕對不能指望他們瞭解，所以，就只有「好尋騶卒話生平」了。

---

[122] 〈平原〉：「風塵想象出群才，公子平原似掌開。馬磨牛醫天下士，買絲今日繡誰來？」（清）黃景仁：《兩當軒集》，頁362。

[123] 〈董子讀書臺〉：「感激士不遇，此意良悠悠。」（清）黃景仁：《兩當軒集》，頁362。

[124] 〈濟南病中雜詩〉：「中庭撫枯樹，太息此琴材。」（清）黃景仁：《兩當軒集》，頁368。

[125] （清）黃景仁：〈春感〉，《兩當軒集》，頁299。

[126] （清）黃景仁：〈丁酉正月四日自壽〉，《兩當軒集》，頁310。

[127] （清）黃景仁：〈都門秋思〉，《兩當軒集》，頁318。

[128] （清）黃景仁：〈移家南旋是日報罷〉，《兩當軒集》，頁359。

[129] 四年書劍滯燕京，更值秋來百感并。臺上何人延郭隗？市中無處訪荊卿。雲浮萬里傷心色，風送千秋變徵聲。我自欲歌歌不得，好尋騶卒話生平。（其二）（清）黃景仁：《兩當軒集》，頁318。

　　在這裏，我得補充一點，就是《兩當軒集》詩，有年月可考者，最後一首是他在乾隆四十七年元夜的〈元夜大雪飲石香齋〉，亦即是說，黃景仁自三十四歲的新春至去世時的十五個多月裏，竟沒有一首詩作傳世，那是不合情理的。黃逸之《清黃仲則先生景仁年譜》中曾引楊掌生《京塵雜錄》[130]以下一節文字：

> 昔乾隆間，黃仲則居京師，落落寡合。每有虞仲翔青蠅之感，權貴人莫能招致之。日惟從伶人乞食，時或竟於紅氍毹上現種種身說法。粉墨淋漓，登場歌哭，謔浪笑傲，旁若無人。……才人失意，遂至踰閑蕩檢等云。

　　黃景仁在這個時候的行徑，我相信就是他的摯友也不會欣賞的。以我之見，黃景仁自乾隆四十七年元夜至辭世間的十多個月裏，應該還有不少以「譏笑訕侮」口吻自傷之作，但遺稿既由「當世名儒」刪訂，他們又怎會讓這些「有傷風雅」的作品傳世？所以，這些作品的湮沒，亦屬理所當然了。

（二）自傷漂泊

　　按黃逸之《清黃仲則先生景仁年譜》所載，黃景仁自十九歲後，便長年客居在外，在家鄉度過的日子，可能只有以下幾段時間：

　　1. 黃景仁自十九歲的秋天離家，到二十一歲的秋天才回家，但冬天又出門了。所以，他自十九歲出門後，要到二十一歲才在家逗留了不到三個月。

　　2. 他在二十二歲時的夏天回到家鄉，並在秋天應鄉試，翌年春再出行，這年他在家過了大半年，算是較長的日子了。

---

[130] 黃逸之：《清黃仲則先生景仁年譜》，頁66。

3. 他在二十四歲時,只是回家度歲,所以他到翌年春天便返安徽學署了;到他二十五歲的年底回家,才逗留了大半年,待二十六歲的秋天再赴試江寧。不過,這已是他一生之中最後一段在家鄉度過的日子。換句話說,即是他自二十六歲秋天離家後,直至他病歿於山西,他再也沒有回常州居住。

總計而言,黃景仁自十九歲後,在家度過的日子只有兩年左右,所以,自傷漂泊也是《兩當軒詩》的主要題材;不過,細味詩歌表達的感情,同是自傷漂泊的詩歌,不同時期仍是有分別的。

二十四歲前(太白樓題詩前)

黃景仁自十九歲後至太白樓題詩前,亦即是他初離鄉里,但未成名的日子;這個時候,他可能未習慣孤身在外的生活,所以作品中較多表達出他思家、思親之感。

黃景仁幼年喪父,賴母親養育成人,在與母親分隔兩地的日子,他對母親便極其掛念了,例如在〈登千佛巖遇雨〉[131]中,他說「陟高曖親廬,犯險乖子職」,在思親之際,登高望遠,望不到親廬,已感惆悵,再想到登高犯險,會令母親擔心,有違為子之道,孝子的形象,極其鮮明。

每當黃景仁抱病在身之際,他對母親的思念就更深切了。在〈野望〉[132]中,他述說自己在客途中既貧且病,就是想託雁傳書,也不能做到,對母親的思念,表達得尚算含蓄。但在〈途中遘病頗劇愴然作詩〉[133],感情就濃烈得多了,他在第二首,起句便說「今日方知慈母

---

[131] (清) 黃景仁:《兩當軒集》,頁11。

[132] 〈野望〉:「思親無雁過,為客又鶯啼。貧病孤舟好,天南息鼓鼙。」(清) 黃景仁:《兩當軒集》,頁34。

[133] (清) 黃景仁:《兩當軒集》,頁31。

憂，天涯涕淚自交流」，他的涕淚交流，其實是對得到母親照顧的渴望。

　　黃景仁這時期的作品除寫思親之切，以思家、思鄉為題材之作亦俯拾即是，而當中流露的感情，都是十分深摯的。例如〈客中聞雁〉一首[134]，他「獨上高樓慘無語，忽聞孤雁竟思家」，獨上高樓，縱目遠眺，正是詩人營篇造句的絕佳環境，但他在高樓上先是「慘無語」繼而「竟思家」，將落句「山明落日水明沙」的景緻，演化成灰濛濛的思家場景。

　　漂泊在外的人，每見彷彿家鄉的景物，都會陡生思家之感，黃景仁亦不例外，例如「此間我亦思家苦，遠郭青山似白門」[135]、「棲遲聊自慰，風景似吾鄉」[136]等，都因眼前所見，勾起鄉愁。其實他在離家半年後，已是鄉愁難耐，「辭家今半年，感此涕如雪」[137]，就是這種心態的反應。所以，他寫到自己渴望接到家書時，是「日日愁凝望，鄉書滯遠筒」[138]，見到歸舟，便慨嘆「多少鄉關思，輸人一葉舟」[139]，就算已在歸途之上，也「自是歸心切，非關馬力遲」[140]，恨不得「願借晨風翼，翻然歸故鄉」[141]了。

二十四至二十九歲（太白樓題詩後至移家來京前）

　　黃景仁自太白樓題詩後，雖有自傷漂泊之辭，但可能他已習慣漂

---

[134]（清）黃景仁：《兩當軒集》，頁23。

[135]（清）黃景仁：〈客中清明〉，《兩當軒集》，頁17。

[136]（清）黃景仁：〈石鄉道中舟泛〉，《兩當軒集》，頁61。

[137]（清）黃景仁：〈中元僧舍〉，《兩當軒集》，頁89。

[138]（清）黃景仁：〈苦雨〉，《兩當軒集》，頁122。

[139]（清）黃景仁：〈青山道中聞稚存已至姑孰〉，《兩當軒集》，頁103。

[140]（清）黃景仁：〈秋思〉，《兩當軒集》，頁89。

[141]（清）黃景仁：〈春夜雜詠并序〉，《兩當軒集》，頁39。

泊的生活，所以思親、思家之辭已不多見；這個時期出現較多的，是
他透過「客中別友」以寫客中感受的作品。黃景仁一生，摯友不多，
若在旅途寂寞中結交上一些尚算投緣的友伴，自當倍加珍惜，不過，
若一旦分袂，箇中傷痛，就倍於尋常了。黃景仁跟蔣良卿的相交就是
很好的例子了。黃景仁與蔣良卿相隨半載後，蔣決定回鄉，但黃就得
繼續漂泊謀生，客中送別，分外淒然。在〈寄蔣耘莊〉[142]一首，黃景
仁寫兩人在相識半載後，便要匆匆作別，以蔣的清狂對比自己的寥
落，點出自己別友之愁，遠濃於蔣，以「淚珠紅入半江楓」寫離情別
緒，以「聚散渾疑一醉中」寫人生聚散無常，「聚散渾疑一醉中」一
語，道出黃景仁在客途中已不知經歷多少次別友滋味了。

　　黃景仁性情孤傲，友伴不多，左輔與他少年相識，且皆在綺年，
自然倍覺投分，一朝分袂，思念彌深。他在與左輔作別後得左來信，
答之以詩，就以「相望年如綺，離傷果不堪」[143]寫與友隔別的傷痛。
而更令他傷感的，就是身不由己的漂泊，使他平白失去與良朋共聚的
機會，〈廬州客舍寄宜興萬黍維時黍維將來而余又將之泗州矣〉[144]一首
中，他說「高齋日暮搴孤幌，客中楊柳垂垂長」，在黃昏時分百無聊
賴，搴起窗簾，察覺到楊柳已長得一天比一天修長了，他若是第一次
看柳，斷不能看出這不明顯的變化，由此可見，他的客中生活是在百
般無聊中度過的。這時的黃景仁，眼見春事漸闌，良辰難駐，好友將
至，自己又不及見之，在無奈中又帶點苦澀味了。

　　流離在外，總應該有個目的，但黃景仁在這時期的詩歌，似在告

---

[142] 蹤跡吟場半載同，水西樓下別匆匆。清狂好占溪頭月，寥落應憐澤畔鴻。
　　　屐齒青餘三逕草，淚珠紅入半江楓。酒痕檢點春衫在，聚散渾疑一醉中。（清）黃
　　　景仁：《兩當軒集》，頁152。
[143] （清）黃景仁：〈復得維衍書〉，《兩當軒集》，頁152。
[144] （清）黃景仁：《兩當軒集》，頁196。

訴讀者，他是在漫無目的地流浪。他說自己「客程常背伯勞東」[145]，總要跟自己的家人、好友各處一方；而且，他「遙程無計可停軒」[146]，這種生活似乎是不能終止，甚至是「今夕定知何處宿」般的居無定所。這種的生活，他其實早已厭倦，所以他說自己「歸心日夜壓征驂」[147]，不過，他功名未就，就只能「淮南行盡又江南」，繼續到處碰運氣了。

在此同時，我們亦可看到黃景仁對這種欲止難止的漂泊生涯的無奈，他在〈江館〉[148]中，以「征程次第間」表明自己對一次又一次的「征程」，已覺厭倦，以「舊約撫刀環」說舊友們都有還家之意，衰殘的柳樹，已「憔悴不勝攀」，朋友們要留也留不住，那麼，他在客途中又少了一些友伴了，所以，他在詩中流露的孤獨感，是極度濃烈的。不過最令他苦惱的，應是他不能像友儕般有鳥倦知還的一天，他根本不敢估計自己還要漂泊多久。黃景仁在這時期的作品，亦曾以「行路多憔悴，無為獨黯然」[149]，自我開解，他告訴自己，漂泊四方之人，大都是憔悴之身，本就無須黯然神傷的，但再看「行矣常含悽」[150]一句，便可見他深恐這種悽苦生活會追隨他一輩子的了。

---

[145]〈道中秋分〉：「萬態深秋去不窮，客程常背伯勞東。殘星水冷魚龍夜，獨雁天高閶闔風。瘦馬羸童行得得，高原古木聽空空。欲知道路看人意，五度清霜壓斷蓬。」（清）黃景仁：《兩當軒集》，頁164。

[146]〈即目〉：「遙程無計可停軒，暮景蒼蒼野色繁。破廟半將茅補屋，秋墳多插紙為幡。似曾見影人投磧，略不聞聲鳥下原。今夕定知何處宿？瞑天漠漠對忘言。」（清）黃景仁：《兩當軒集》，頁170。

[147]〈歸心〉：「歸心日夜壓征驂，霜雪殘年景不堪。多少重山遮不住，淮南行盡又江南。」（清）黃景仁：《兩當軒集》，頁190。

[148]〈江館〉：「賓館夢闌珊，征程次第間。新愁傾柏葉，舊約撫刀環。江上千帆雨，淮南一桁山。誰憐衰柳色，憔悴不勝攀？」（清）黃景仁：《兩當軒集》，頁169。

[149]（清）黃景仁：〈車中雜成〉，《兩當軒集》，頁169。

[150]（清）黃景仁：〈舟次潁上〉，《兩當軒集》，頁176。

〈發鎮陽〉[151]一首，頗能概括黃景仁這個時期的心境。在他筆下，一個二十七歲的年青人，要「又趁西風事薄游」，碰碰運氣，一個又字，可點出他先前的多番碰壁；他「淒涼道路看人面」，客途淒苦，還要仰人鼻息；正值壯年的他，竟已自覺「半生華髮戰高秋」，所以，他往後的遊歷，已不像先前的滿懷希望，而似是聽天由命了。

黃景仁之所以要延續這種漂泊生涯，主要目的是干祿養親，他在二十九歲時，雖對未來還未有多大把握，但也將家眷接到京師共同過活，不過，他的決定卻成為他難以承受的重擔呢！

二十九至三十五歲（移家來京後至病歿運城）

黃景仁自將家眷移到京華，不但在謀仕上苦無寸進，而且生計維艱，所以他們一家人在北京過了三年艱苦生活後，他終要在三十二歲的一年把家眷送回常州。黃景仁在這段日子，已不像先前般四處流離，故應該不再有自傷漂之作，可是，他的寥落不遇，使他的作品表現出一種人海漂泊，前路茫茫的途窮之慨。

按黃逸之年譜所記，在這段日子裏，黃景仁大都在京師居住，但自他三十二歲把家眷送回常州後，他每年一度都有外遊。他住京的日子，雖說不用四處漂泊，但客居之慨，仍不時湧現，例如他三十二歲時的「只送人歸不自歸，都門柳色故依依」[152]，他只管送人歸去，但都門之柳，似對自己百般不捨，所以，他便只能在繼續在京師耽擱了；而最令他惆悵的，就是「宮闕自天上，家山只夢中」[153]，若功名未就，

---

151 又趁西風事薄游，冷裝依舊撥吳鉤。淒涼道路看人面，浩蕩川原信馬頭。
終古遠山埋瘦日，半生華髮戰高秋。眼看如此淮南地，獨倚涼天寫四愁。（清）黃景仁：《兩當軒集》，頁269。
152 （清）黃景仁：〈送嵇立亭歸梁溪〉，《兩當軒集》，頁345。
153 （清）黃景仁：〈春感〉，《兩當軒集》，頁299。

要回鄉，可能是個永遠的夢想吧！

　　黃景仁在此時期的外遊，不是應「愛才之士」者之邀出行，便是外遊謀選資[154]，所以，他此時的作客辛酸，絕非先前任何時候可比，下文將按時序分述他的「外遊」概況：

乾隆四十五年（三十二歲）

　　按年譜[155]所載，乾隆四十五年八月，黃景仁應山東學使程世淳之邀，客其幕中，一直到入冬接到吳竹橋來信後，方回北京。他作於去程中的〈滄州晚泊〉[156]，說自己「煙波前路正無邊」，此行是否能為他的前路帶來轉機？他自己也不知道，他只知道這種漂泊生涯會是無止境的！

　　黃景仁這次投謁程世淳，是徒勞無功的，所以在他接到吳竹橋來信後，便回京去了，他在留別程世淳時，說自己「將心託鴻爪，到處一留痕」[157]，這種無耐的滄桑感，是在他無止境的漂泊中醞釀成的，在醞釀過程中，他自覺年華老去。所以，他在回京途中，寫了兩首〈車中雜詩〉[158]，當中有「何意號寒蟲，轉作流離鳥。一貧能驅人，環顧憂心悄」之句，他無奈地告訴我們，他的流離漂泊，只為一個「貧」字！

乾隆四十六年（三十三歲）

　　按年譜[159]，畢沅因見黃景仁〈都門秋思〉詩，故寄五百金速其西

---

[154] 編按：指黃景仁離開京城，找畢沅贊助應選（參加考試）費用。

[155] 黃逸之：《清黃仲則先生景仁年譜》，頁59。

[156] （清）黃景仁：《兩當軒集》，頁361。

[157] （清）黃景仁：〈得吳竹橋書趣北行留別程端立〉，《兩當軒集》，頁370。

[158] （清）黃景仁：《兩當軒集》，頁372。

[159] 黃逸之：《清黃仲則先生景仁年譜》，頁62。

遊，黃遂於入秋後起程往西安，至冬天回京。黃景仁在這幾個月的詩歌裏，不時表達出行路艱難的感嘆，他對這種漂泊生活，已覺厭倦。

客途之中，總有美景可怡人，但黃景仁漂泊多年，早已無心欣賞，他在〈安肅道中〉[160]，說自己因鄉心所繫，雖然「郎山青未了」，他已沒閒情細賞了；在〈柏井驛〉[161]中，他更明白道出自己「雀躍狂遊意漸慵」的心態。在另一方面，一些險鎮雄關，卻使他心驚膽戰，例如〈固關〉[162]所寫的「嚴城峇嶵」、「惡嶺長」，對戍兵而言，絕對是福地，但對身體素質本已不佳的黃景仁而言，簡直是噩夢！難怪他在〈井陘行〉[163]中，說自己被眼前險境嚇得淚墮魂消了。這個時候的黃景仁，彷彿已領悟到「世途夷險那可道，功名成敗安足論」[164]的道理，當他想到母親，想到家鄉，不禁生發出「誰與高堂寄消息」[165]、「回首燕山五年住，一聲如聽故鄉歌」[166]的感慨。此時期之作品，最能道出他客途辛酸的首推〈核桃園夜起〉[167]，他自謂「身似亂山窮塞長，月明揮淚角聲中」，范仲淹這個「窮塞長」，總算有為國效命的機會，但黃景仁這個「窮塞長」，卻仍是前路茫茫，他的淚，比范仲淹的「將軍白髮征夫淚」不啻辛酸千萬倍！

《兩當軒集》編年部分最後一首，是黃景仁於三十四歲時元夜寫的〈元夜大雪飲石香齋〉，補遺部分之作品，亦不似三十四歲後所

---

[160]（清）黃景仁：《兩當軒集》，頁381。

[161]（清）黃景仁：《兩當軒集》，頁386。

[162]（清）黃景仁：《兩當軒集》，頁384。

[163] 我生不識秦關蜀棧之險絕，對此已欲墮淚銷驚魂。（清）黃景仁：《兩當軒集》，頁384。

[164]（清）黃景仁：〈井陘行〉，《兩當軒集》，頁384。

[165]（清）黃景仁：〈曉發芹泉驛〉，《兩當軒集》，頁386。

[166]（清）黃景仁：〈徐溝蔡明府予嘉齋頭聞燕歌有感〉，《兩當軒集》，頁389。

[167]（清）黃景仁：《兩當軒集》，頁383。

作，說不定黃景仁已被沉重的生活擔子壓得詩思全消了。

（三）自傷衰颯

《清史列傳・文苑傳三》[168]說「景仁體羸」，黃景仁在〈城南晚步〉[169]亦說自己「少壯已二毛」，《兩當軒集》中傷病和傷早衰的作品，充分展現出黃景仁自傷衰颯的心態。

1　自傷早凋

黃景仁之成名，始於乾隆三十七年三月於太白樓賦詩，據畢沅《吳會英才集》[170]所記，黃景仁賦詩時「風儀俊爽，……時有神仙之望」，《清史列傳・文苑傳三》[171]則以「著白袷立日影中」突出他的形象。

單看這兩節文字，我們會想象當年只有二十四歲的黃景仁，「風儀俊爽」，穿著白色長衫，就像神仙中人。不過，這個推想是不符合事實的，因為黃景仁身體一向不好，他在太白樓賦詩的時候，已不像個翩翩少年了。

〈和仇麗亭〉[172]是黃景仁十九歲時的作品，他在那年完婚，秋應鄉試。十九歲的青年人，理應是豪情萬丈的，但他在詩中竟自嘆「一夕清霜似鬢絲」，可見他對自己的早衰是耿耿於懷的。

黃景仁的早凋，跟他的家庭環境有著不可分割的關係，他家有

168　周駿富：《清史列傳》，《清代傳記叢刊》第 9 冊（臺北市：明文書局，1985 年），頁 991。

169　（清）黃景仁：《兩當軒集》，頁 54。

170　錢仲聯：《清詩紀事・乾隆朝卷》（南京市：江蘇古籍出版社，1989 年），頁 7396。

171　周駿富：《清史列傳》，《清代傳記叢刊》第 9 冊，頁 991。

172　（清）黃景仁：《兩當軒集》，頁 27。

衰親，卻無兄弟，維持家計，就得靠他一人之力，在〈客中聞雁〉[173]，他明白道出自己早衰的一大原因：「我亦稻粱愁歲暮，年年星鬢為伊加」，如何籌措一家使費，是令他傷透腦筋的。正因為他的經濟緊絀，所以當他作客他鄉，欲遣旅懷時，也只能嘆句「黃金欲盡花枝老」[174]！

從他〈不寐〉[175]、〈城南晚步〉[176]、〈感舊雜詩〉[177]、〈當塗旅夜遣懷〉[178]等作，我們都可見到他自傷早見二毛之意。

以上各首，全是黃景仁二十三歲前之作，他雖自傷早衰，但語調仍是感慨居多的；但到二十三歲時的〈秋興〉[179]，他便說自己「徵衰非一端，淚下不可收」，說得十分沉痛了。他在詩序中說，潘岳在三十二歲時始有二毛，故作〈秋興賦〉，但自己僅僅在二十三歲便見二毛，「早凋如此，其何以堪」！再加上，「人之以白頭蓋棺者，十不得一」，他是深恐自己享年不永啊！在詩中，他感慨自己盛時已過，曹操說「烈士暮年，壯心不已」，但黃景仁卻人值壯年悲暮年，那是他在極度沉痛下說出的心底話呢！他之所以對前境抱持悲觀態度，只因他自覺「衰徵非一端」；在早衰之外，時復抱病亦令他感到困擾，在百感交集中，他的「淚下不可收」，便顯得十分正常了。

此後的黃景仁，飽經挫折，又多疾病，自傷早衰之作更是俯拾即是，他在二十七歲時，便有「半生華髮戰高秋」[180]之慨，只是二十七

---

[173]（清）黃景仁：《兩當軒集》，頁23。

[174]（清）黃景仁：〈當塗旅夜遣懷〉，《兩當軒集》，頁73。

[175]〈不寐〉：「明朝清鏡裏，應有二毛看。」（清）黃景仁：《兩當軒集》，頁98。

[176]〈城南晚步〉：「身計無一成，少壯已二毛。」（清）黃景仁：《兩當軒集》，頁54。

[177]〈感舊雜詩〉：「而今潘鬢漸成絲」（清）黃景仁：《兩當軒集》，頁35。

[178]〈當塗旅夜遣懷〉：「鏡裏二毛空裊裊」（清）黃景仁：《兩當軒集》，頁73。

[179]（清）黃景仁：《兩當軒集》，頁94。

[180]（清）黃景仁：〈發鎮陽〉，《兩當軒集》，頁269。

歲，便覺人生已走了一半路程。有俊逸之才而無俊逸之姿，難怪他在〈述懷示友人〉[181]中生出「自過中年厭此身」的歎喟了。

2 自傷多病

除了華髮早生及容顏上的蒼老，體弱多病亦一直困擾著黃景仁。邵齊燾是黃景仁最敬重的師長，從他認識黃景仁開始，黃的健康情況一直令他擔憂，他在〈勸學一首贈黃生漢鏞〉[182]，序中說黃「顧步軒昂，姿神秀迥」，但「時復抱病」，他甚至恐怕黃若太發憤用功，會使其精神疲敝[183]。黃景仁是邵齊燾最看重的弟子，邵自應對他有較大期望，可是他的體弱多病，使邵關顧他的健康情況多於他的學問與事業，邵叫他「輕狂慎戒少年習，沉靜更於養病宜」[184]，可見黃景仁的身體狀況確是令他擔心的。

在《兩當軒集》詩中，說到病的作品，數量不少，黃景仁自謂「作詩苦少病苦多」[185]，又感慨「江湖酒病與年深」[186]，尤其是在二十一歲時的〈病愈作歌〉[187]，他說「我曾大小數十病」，二十二歲時的〈步從雲溪歸偶作〉[188]又說自己「百病成一憊」，可見他一生與病早已結下不解之緣，我們可據有關作品尋繹他的病況、病中生活以及病痛對他的影響。

---

[181]（清）黃景仁：《兩當軒集》，頁532。

[182]（清）邵齊燾：《玉芝堂詩文集》，頁557。

[183]〈跋所和黃生漢鏞對鏡行後〉：「然以其體弱多病，又不欲其汲汲發憤以罷敝其精神，……」（清）邵齊燾：《玉芝堂詩文集》，頁516。

[184]（清）邵齊燾：〈和漢鏞對鏡行〉，《玉芝堂詩文集》，頁558。

[185]（清）黃景仁：〈味辛病愈兼示病中和章作歌歸之〉，《兩當軒集》，頁496。

[186]（清）黃景仁：〈錢塘舟次〉，《兩當軒集》，頁29。

[187]（清）黃景仁：《兩當軒集》，頁31。

[188]（清）黃景仁：《兩當軒集》，頁58。

　　黃景仁自小體弱,遇上疾病,往往令他飽受內外煎熬,當他作客
瘴濕之地,他會「遍體瘡潰流黃膏」[189],令他要頻頻搔癢,但這可能只
是皮膚病,要治癒並不難;最使他難熬的,就是天氣轉變時使他咳嗽
不止,在他三十二歲的一年,他說自己「鬱熱肺病舉……喘嗽雜嘅
吐」[190]、「肺病秋翻劇」[191],在除夕時,他更是「臥病同僵蠶」、「今如病
馬伏」[192],可見多年來的疾病煎熬,已大大耗損他的生命力了。

　　黃景仁的病是長時間與他為伴的,不過,他只能無奈地接受「藥
裹吟囊強自親」[193]的事實,長期的病,使他「病面照水愁水清」[194],不
忍看到自己的病容;在身體上,他是「野人新病足無力」[195],被疾病
折騰得如同虛脫,故在二十一歲時,他已有「雖脫鬼手生則殘」[196]之
慨。他的病是損耗心神的,所以在二十二歲時,他已自覺「百病成
一慵」[197],做事往往提不起勁,而最令他沮喪的,就是他覺得「病」正
使他的聰明才思日漸消磨,甚至連青年人的飛揚意氣,也消磨淨盡
了[198]!所以,二十三歲時的黃景仁已喪氣地自謂「我病甘搖落」[199]了。

　　對生性愛酒的黃景仁而言,病對他的最大打擊,就是要少喝點

---

[189]（清）黃景仁:《兩當軒集》,頁149。

[190]（清）黃景仁:〈即事〉,《兩當軒集》,頁342。

[191]（清）黃景仁:〈濟南病中雜詩〉,《兩當軒集》,頁367。

[192]（清）黃景仁:〈除夕述懷〉,《兩當軒集》,頁374。

[193]（清）黃景仁:〈再疊前（夜坐示施雪帆）韻〉,《兩當軒集》,頁323。

[194]（清）黃景仁:〈人日病癒強步觀城西水上合樂〉,《兩當軒集》,頁66。

[195]（清）黃景仁:〈人日病癒強步觀城西水上合樂〉,《兩當軒集》,頁66。

[196]（清）黃景仁:〈病癒作歌〉,《兩當軒集》,頁31。

[197]（清）黃景仁:〈步從雲溪歸偶作〉,《兩當軒集》,頁58。

[198]〈言懷〉:「不禁多病聰明減,詎慣長閒意氣消。」（清）黃景仁:《兩當軒集》,頁
258。

[199]（清）黃景仁:〈三十夜懷夢殊〉,《兩當軒集》,頁74。

了，他自稱「飲為病遊千里減」[200]、「酒人疏到酒杯時」[201]，他的減飲是迫於無奈的。病中無聊，酒也不能多喝，他便只得藉看花賞月以排遣時光，「久病倍添明月好」[202]、「病起閑門月倍新」[203]、「病眼愛芳菲」[204]，花月就是他在病中的良伴。洪亮吉〈法源寺訪黃二病因同看花〉[205]詩中，說「故人抱病居西齋，瘦影亭亭日三至」，可見他之看花，只為排遣病中無聊吧！

　　總結而言，黃景仁與病彷彿結下不解之緣，他的早凋，與他的多病有直接關係，他在二十九歲時說自己「未到中年病腰腳」[206]，故只能作臥遊了。容顏憔悴、早見二毛、筋骨疲累，結合種種，就可尋繹出黃景仁自傷衰颯的緣由了。

（四）自傷孤獨

　　乾隆四十八年，洪亮吉接到黃景仁遺札，趕赴運城為黃景仁辦理後事，在這個時候，他寫下〈自西安至安邑臨黃二景仁喪奉輓四首〉，第四首中，有「交空四海惟餘我，魂到重泉更付書」[207]之語。在黃景仁年譜中，黃逸之引《京塵雜錄》[208]的一節文字，說他在去世前一年寧從伶人乞食，也拒權貴之邀，可見黃景仁於一生中最後的階段，已是交遊零落了。

---

[200]（清）黃景仁：〈壬辰除夕〉，《兩當軒集》，頁191。

[201]（清）黃景仁：〈病中雜成〉，《兩當軒集》，頁307。

[202]（清）黃景仁：〈十八夜偕稚存看月次韻〉，《兩當軒集》，頁54。

[203]（清）黃景仁：〈三疊夜坐韻〉，《兩當軒集》，頁330。

[204]（清）黃景仁：〈十一夜〉，《兩當軒集》，頁87。

[205]（清）洪亮吉：〈法源寺訪黃二病因同看花〉，《洪亮吉集》，頁493。

[206]（清）黃景仁：〈足疾發不得登極樂峰〉，《兩當軒集》，頁316。

[207]（清）洪亮吉：《洪亮吉集》，頁561。

[208] 黃逸之：《清黃仲則先生景仁年譜》，頁66。

　　黃景仁性格孤傲，已於上文「性格與際遇」一節論之甚詳，而在
《兩當軒集》中，黃景仁除了在別友、念友時表達出濃濃的傷感，還
道出知音難遇之慨。

　　黃景仁一生，對求友是極為渴望的，在他二十三歲時，他告訴
左維衍道：「我生篤求友，識子非等閒。」[209]表明自己十分重視朋友相
交，絕未視之為等閒事；在同一時期。他又曾跟汪中說：「長此求友
心，六合何悠悠！」[210]他求友之心，充塞於六合之內；可見青年時的
黃景仁，已對尋覓知音抱有極大期望。不過，到他閱歷漸深，他便意
識到在世途上遍是「市道之交」，就是你付出真友情，別人也只會報
以應酬式的交往，要找個「金蘭投分」的朋友，絕不容易，所以在他
二十七歲留別正陽院諸生時，就以「生平求友志，休作世情看」[211]相
勉，要學生們追求純真的友情，不要把世俗逐利之心摻雜其中。

　　性格孤傲的黃景仁，事實上不易結交朋友，所以他對投分者就更
加珍惜了。黃景仁在二十歲前，師友輩中與他較投契的似乎只有邵齊
燾和洪亮吉，所以，當他在客途中滿腔鬱結，又苦無傾訴對象，便
頓生「同調閑巖岑，秦越罕投贈。長歌闋以再，傾耳誰與應」[212]的感
嘆，知音者跟自己一般不遇於時，且分隔兩地，魚雁難通，那種「不
惜歌者苦，但傷知音稀」的傷感，躍然紙上。

　　乾隆三十三年，邵齊燾過世，黃景仁少了一個既關心自己，又了
解自己的知音，沉痛自不待言。他作於這時期的〈月下雜感〉[213]，說自

---

[209]（清）黃景仁：〈和杏莊贈別〉，《兩當軒集》，頁69。

[210]（清）黃景仁：〈和容甫〉，《兩當軒集》，頁75。

[211]（清）黃景仁：〈留別正陽書院諸生并懷邵二雲編修〉，《兩當軒集》，頁278。

[212]（清）黃景仁：〈舟中詠懷〉，《兩當軒集》，頁1。

[213] 明月幾時有？人間何事無。傾城顧形影，壯士撫頭顱。
　　方寸誰堪比，深宵我共孤。感君行樂處，分照及蓬廬。（其一）（清）黃景仁：《兩
　　當軒集》，頁25。

己「方寸誰堪比，深宵我共孤」，他的自覺「方寸誰堪比」，是他性格孤高的反應，也是他難遇知音的關鍵。到黃景仁二十一歲時的冬天，他辭家遠遊，又與洪亮吉分隔兩地，那種知音難遇的孤獨感，就更為濃烈了，「交稀病更疏」[214]，就是黃景仁在這個時候交遊情況的最佳寫照；難怪稍後黃、洪兩人客中相遇，黃景仁在與摯友晤談之際，就有「舊遊零落似晨星」[215]之嘆，不過，這種慨嘆出自一個二十二歲年輕人之口，是來得太早了。

　　黃景仁二十二歲的上半年，在王昶幕中度過，當時作客幕中的，大不乏人，要結交朋友，自非難事，但按年譜載[216]，黃景仁因「狂傲少諧」，與署中眾人格格不入，所以在閒暇時都是「獨遊名勝」，能與他溝通的，就只有一個詩人曹以南！

　　乾隆三十五年後，黃景仁大部分時間在外遊歷，二十二歲的他，在客途孤獨中，動輒想到洪亮吉、汪中、左維衍幾個朋友。

　　黃景仁與洪亮吉是少年相識，相交最深，相思最切，自不待言，兩人相失於道，黃說「多時相失萬重雲，忽又相逢不相顧」[217]，說得尚算含蓄。汪中之狂，與黃景仁性格更為接近，在〈金陵待稚存不至適容甫招飲〉[218]中，他說自己與汪中「偶然持論有齟齬」，但「事後回首皆相思」，與汪中分別時，他更說要「生別新知」，別後憶及汪中，

---

[214]〈對月〉：「鍵戶謝人事，茅堂夜色虛。月明經客久，風意逼秋初。親老貧猶健，交稀病更疏。還遲卜居願，吾亦愛吾廬。」（清）黃景仁：《兩當軒集》，頁53。

[215]〈（舟泊偕稚存飲江市）三疊前韻〉：「柳外長橋水上亭，舊遊零落似晨星。懷人有恨蒼葭白，照客無眠夜火青。幾度塵衣淚霑灑，多時短鐵氣餘腥。漁翁未識風波苦，一曲滄浪去窈冥。」（清）黃景仁：《兩當軒集》，頁55。

[216]黃逸之：《清黃仲則先生景仁年譜》，頁15。

[217]（清）黃景仁：〈稚存從新安歸而余方自武陵來新安相失於道作此寄之〉，《兩當軒集》，頁229。

[218]（清）黃景仁：《兩當軒集》，頁92。

他又說「故人回首重城外，為報離腸已九迴」[219]，可能是兩人結識不久，旋即分袂，故黃景仁說得更直接吧！最後一個是左輔，在《兩當軒集》中，黃景仁與友儕贈答之作，除洪亮吉外，寄懷左輔的就為數最多了。他說自己與左輔的友情，已親如兄弟[220]，兩人雖分兩地，卻不相忘，那才是交情親摯之見證[221]。

此外，我們不妨再看〈冬日憶城東諸子〉[222]，他在詩中感慨「東城舊有消寒會，幾輩依然共往還」，按洪亮吉〈城東酒壚記〉[223]，城東諸子是洪、黃及馬鴻運、左輔、蔣青曜等人，他們是弱冠時的相識，黃景仁在客途寂寞中，便想到舊日與好友們作消寒會的情境了。

以上各首，都是黃景仁在客途中懷念友儕之作，我們仔細想想，假若黃景仁當時有友伴同行，可解客途寂寞，他又何須苦苦相憶分隔天涯的洪亮吉、汪中、左維衍諸人？若他在客途中能遇上新知，他又何須追憶當日在鄉里時同遊的「城東諸子」，依此觀之，二十二歲時的黃景仁，還是沒有甚麼投契的朋友。

黃景仁的孤獨，可以在他三十二歲時寫的〈元夜獨登天橋酒樓醉歌〉[224]得到進一步的證實，他在詩中說「古人不可作，知交更零落。少年里閈同追歡，拋我今作孤飛鶴。」知交零落的他，在離鄉十多年後，念到可與同歡的，竟然仍是少年時的同伴！《兩當軒集》中，黃景仁寄贈最多的是洪亮吉、左維衍、汪中三人，他們都是黃景仁在廿

---

[219] （清）黃景仁：〈將至蕪湖憶文子容甫〉，《兩當軒集》，頁101。

[220] 〈舒城道中九日懷左二〉：「本無兄弟同佳節，略有知交更離群。」（清）黃景仁：《兩當軒集》，頁169。

[221] 〈復得維衍書〉：「不因離別苦，那見舊交真。」（清）黃景仁：《兩當軒集》，頁152。

[222] （清）黃景仁：《兩當軒集》，頁183。

[223] （清）洪亮吉：《洪亮吉集》，頁345。

[224] （清）黃景仁：《兩當軒集》，頁341。

二歲前結識的朋友。至於余少雲，雖亦在黃景仁的六首詩中被提及，但他應是黃景仁三十歲時才結識的；黃景仁寄余少雲的最早一首，是〈六疊前韻和余少雲作〉[225]，他落筆便說：「故交零落感參辰，青眼相逢訝許親。」可見他在外多年，結交朋友的機會雖多，但他仍是覺得難覓知音的。

　　黃景仁二十二歲時有「十年以來朋舊稀」[226]的感慨，二十八歲時就說自己「旅食謀歡少，清遊覓伴難」[227]，再加上不繫年的「千古幾知音」[228]，可見黃景仁奔走多年，始終是不改脾性，難覓新知的。離家漂泊，友伴乖離，再加上知音難遇，他的孤獨難以排遣，也是可以理解的。

（五）自傷貧賤

　　黃景仁一生，可說與貧賤結下不解之緣，在他四歲時，父親去世，即開始了「家貧孤露」的生活[229]；不過，在乾隆三十四年冬天前，不到二十二歲的他還在求學階段，所以他只在怨自己生計上的「貧」。

　　黃景仁在二十一歲時，自傷貧困之作，已俯拾即是，例如「殊悲生事薄」[230]、「至今典卻相如裘」[231]、「我亦稻粱愁歲暮」[232]、「為報飢寒

---

[225] （清）黃景仁：《兩當軒集》，頁332。

[226] （清）黃景仁：〈春日獨居得閱二季心近狀卻寄一首〉，《兩當軒集》，頁67。

[227] （清）黃景仁：〈十月一日獨遊臥佛寺逢吳次升陳菊人……得詩六首〉，《兩當軒集》，頁303。

[228] （清）黃景仁：〈潤州道中〉，《兩當軒集》，頁489。

[229] （清）洪亮吉：〈候選縣丞附監生黃君行狀〉，《洪亮吉集》，頁212。

[230] （清）黃景仁：〈舟中詠懷〉，《兩當軒集》，頁1。

[231] （清）黃景仁：〈曉雪〉，《兩當軒集》，頁16。

[232] （清）黃景仁：〈客中聞雁〉，《兩當軒集》，頁23。

驅又來」[233]、「風雪衣單知歲晚」[234]等，但這些作品都出之以輕描淡寫，不覺有太濃的傷感，「一樣蘆中作窮士，卻教人避子胥靈」[235]，更是戲作！只有在客途臥病之時，他才有較深的感慨[236]。

　　黃景仁自二十一歲時的冬天開始，便要向貴人投謁，開始過仰人鼻息的生活，所以他在「傷貧」之外，亦開始自傷身分上的「賤」，自怨身世上的「落拓」。眼見他人風雲得意，他便不禁掩卷長嘆[237]，若以才論，他自信可以傲視同儕，但事實上，他卻是「于世一無用」[238]，甚至可被視為「游民」[239]！在這時候，黃景仁也曾以「敢以無才說數奇」[240]自我開解，對一己之不遇一笑置之[241]，將一切歸咎於自身的不濟。他對個人的未遇，初則「閑經坊曲避豪驄」[242]，避見豪家的高車駟馬，以免在對比下顧影自憐，繼而「淡到名心氣始平」[243]，放下追逐科名的念頭；不過，一些他必須面對的問題，他是避不了的。

　　衣食住行等日常生活基本需要，黃景仁是不能不作打算的，所以，他也常在感慨生計艱難。若他孤身在外，就算衣食所需無處張

---

233 （清）黃景仁：〈和仇麗亭〉，《兩當軒集》，頁26。

234 （清）黃景仁：〈錢塘舟次〉，《兩當軒集》，頁29。

235 （清）黃景仁：〈江行避潮戲成〉，《兩當軒集》，頁25。

236 〈途中遘病頗劇愴然作詩〉（其一）：「搖曳身隨百丈牽，短檠孤照病無眠。去家已過三千里，墮地今將二十年。事有難言天似海，魂應盡化月如煙。調糜量水人誰在，況值傾囊無一錢！」（清）黃景仁：《兩當軒集》，頁31。

237 〈十月一日獨遊臥佛寺逢吳次升陳菊人……得詩六首〉：「六街飛蓋滿，獨客廢書歎。」（清）黃景仁：《兩當軒集》，頁303。

238 （清）黃景仁：〈濟南病中雜詩〉，《兩當軒集》，頁367。

239 〈偕少雲雪帆小飲薄醉口占〉：「若繩三尺法，我輩是游民。」（清）黃景仁：《兩當軒集》，頁336。

240 （清）黃景仁：〈聞鄭誠齋光生主講崇文書院寄呈二首〉，《兩當軒集》，頁321。

241 〈一笑〉：「一笑陶然醉，無聊失路人。」（清）黃景仁：《兩當軒集》，頁71。

242 （清）黃景仁：〈都門秋思〉，《兩當軒集》，頁318。

243 （清）黃景仁：〈直沽舟次寄懷都下諸友人〉，《兩當軒集》，頁360。

羅，他也盡可高眠[244]，因為，朋輩們要照顧一個黃景仁，還是應付得
了的，更何況，一些惜才、愛才的達官貴人們，一定願意接待、接
濟這個狂得可以的奇才。不過，當黃景仁把全家接到京師後，他的
生計便令他難以負荷了。他的〈移家來京師〉[245]，說到自己「烏金愁晚
爨，白粲困朝糜」，米、炭等基本生活需要，已是朝夕不繼，「支持
八口難」，一家生活的重擔，真的壓得他透不過氣來。在他把全家接
到京師後，只過了大約半年時間，黃景仁的經濟情況已是「全家都在
風聲裏，九月衣裳未剪裁」[246]，雖然他這兩句贏得畢沅激賞，謂之可值
千金，並先寄五百金，促其至西安見面；不過，那只可解他暫時的
「貧」，若身分上的「賤」依然故我，他仍是看不到未來的！

在這種仰人接濟的生活下，素來自負的黃景仁，自覺是「乞食
江湖客」[247]，是「乞食翁」[248]，所以他常常自比為於吳市吹簫乞食的伍子
胥，說「吹簫乞子行處有，⋯⋯年時我實深味此」[249]，說自己「歲歲吹
簫江上城」[250]。可惜他畢竟不是個豁達的人，所以當他受人白眼，初時
尚可以「素心雲外月，白眼道旁春」[251]自解，說自己是個不慕世俗榮
華的素心人，根本不會介意旁人的白眼；但隨著歲月流逝，而他「依
然著白隨行路」，他便隱隱發覺就是兒童也瞧自己不起了[252]。

黃景仁的自傷貧賤，除了對自己的懷才不遇深感不忿，還夾雜了

---

[244] 〈客齋偶成〉：「艱難衣食候，無計且高眠。」（清）黃景仁：《兩當軒集》，頁99。

[245] （清）黃景仁：《兩當軒集》，頁317。

[246] （清）黃景仁：〈都門秋思〉，《兩當軒集》，頁318。

[247] （清）黃景仁：〈得吳竹橋書趣北行留別程端立〉，《兩當軒集》，頁370。

[248] 〈醉歌寄洪華峰〉：「我今苦作乞食翁」（清）黃景仁：《兩當軒集》，頁494。

[249] （清）黃景仁：〈答和維衍二首〉，《兩當軒集》，頁149。

[250] （清）黃景仁：〈雜感四首〉，《兩當軒集》，頁158。

[251] （清）黃景仁：〈一笑〉，《兩當軒集》，頁71。

[252] 〈重至新安雜感〉：「依然著白隨行路，漸有兒童冷眼看。」（清）黃景仁：《兩當軒
集》，頁119。

連累慈親吃貧吃苦的愧咎。他在二十三歲時，作客朱筠幕下，歲暮
時，他有〈夜雨〉[253]一作，詩中說自己擔心未來的日子柴薪漲價，結
句是「歲暮柴門寒較甚，可堪此夜倍思親」，他的倍思親，就是恐怕
母親在歲暮買不了柴炭，要飽受寒冷煎熬了。

在往後的日子，他仍不時流露愧對慈親之意，「有子常若無，不
得相對貧」[254]、「親老何堪久貧賤」[255]，自己長期在外謀發展，但長期失
意，連最基本的菽水承歡也做不到，所以他在把母親接到京城後，就
算怎樣艱難，也一力承擔，不再讓母親憂心了[256]。總而言之，自傷貧
賤，愧對高堂的作品，也是貫徹整部《兩當軒集》的題材。

（六）鄙視流俗

黃景仁一生不得志，與他性格上的「狂傲少諧」有關，但他「狂
傲少諧」的性格，卻與他處身的年代有不可分割的關係，因為，從
《兩當軒集》詩歌中，我們可見黃景仁自少便對時流由衷地鄙視。

〈雜詠二十首〉[257]是他二十歲前的作品，透過這組詩歌，我們可以
看到尚在求學時代，仍未周旋於權貴之間的詩人，對世情的一些感
慨。在第一首，他描畫出一個具傾城之姿的美人，初擅專房之寵，但
芳華難駐，一旦「玉貌移」，便難逃被冷落命運。世人重色，不講恩

---

[253] 瀟瀟冷雨灑輕塵，僵臥空齋百感新。旱久喜滋栽麥隴，泥深恐阻寄書人。
希聲或變中宵雪，貴價先愁來日薪。歲暮柴門寒較甚，可堪此夜倍思親。（清）黃
景仁：《兩當軒集》，頁106。

[254] （清）黃景仁：〈春城〉，《兩當軒集》，頁121。

[255] （清）黃景仁：〈東阿道中逢汪劍潭〉，《兩當軒集》，頁284。

[256] 〈移家來京師〉：「長安居不易，莫遣北堂知。」（清）黃景仁：《兩當軒集》，頁
317。

[257] 〈雜詠〉：「東方月出皎，照見傾城姿。君寵正專房，不信能棄夷。梁塵飛更寂，璚
枝冷欲披。一朝繁華露，化為千淚絲。終知恩決絕，未免心然疑。詰旦理清鏡，方
知玉貌移。天長滄海闊，何以度蕭時！」（清）黃景仁：《兩當軒集》，頁4。

情，美人色衰與名士輕狂，皆被只重表面的時流棄如敝屣。

第二首[258]，他寫一雙賦性高潔的小鳥，為生活勞而不息，但結伴雙飛，總不寂寞。牠們在道途中遇到一隻文采極高的鸞鳥，牠萬里孤飛，直至毛羽摧殘，亦難找到一個知音，不過，牠仍是堅守「非梧實不食」的原則，不會為取悅世俗而改變的。這隻鸞鳥，正是黃景仁性格「狂傲少諧」，以致知交難遇的寫照，但與此同時，我們亦可想象出當時的流輩是如何使黃景仁敬而遠之的了。

第四首[259]，他寫海燕結巢廣廈，年年如是，可惜交情終經不起歲月考驗，主人竟把舊巢毀掉。海燕目睹「梁在無留泥」，不禁百感交集，牠自問「豈不懷新居，但感舊所知」，為甚麼自己珍視這段交情，主人卻可如斯決絕？黃景仁用主人之「忽忽恩變移」與海燕之「徘徊日云暮」作對比，道出世人之無情。

第五首[260]，寫燕市酒徒與信陵君已難再遇，帶出重承諾、重意氣之輩，已當世難求。想到荊軻為一個承諾，頭顱也可不要，他便熱血沸騰了。這種「重一言」的「壯士」，是黃景仁心目中的理想人格，但求之於當今之世，卻好比緣木求魚，故只能「勝言懷古人」了。世人之輕諾寡信，是最令黃景仁失望的。

---

[258]〈雜詠〉：「小鳥有比翼，雙飛愁天寒。朝銜榑桑枝，暮巢琪樹端。勞生豈不惜，幸有相與歡。長天渺征路，中道逢哀鸞。關山引孤飛，毛羽自摧殘。文采亦已高，誰與相盤桓。陽岡有梧實，努力加朝餐。」（清）黃景仁：《兩當軒集》，頁5。

[259] 層雲結廣廈，海燕東南飛。年年巢君屋，主人心不疑。穿樹樹枝密，入花花影稀。即此全盛日，願能常見之。胡為閱時歲，忽忽恩變移。舊巢既已毀，梁在無留泥。豈不懷新居，但感舊所知。徘徊日云暮，燕燕空爾為。（清）黃景仁：《兩當軒集》，頁5。

[260] 朝行燕市中，夕宿夷門道。酒徒既寂寥，信陵亦荒草。壯士重一言，千金失其寶。萬里擁頭顱，朝在暮不保。當其悲來時，天地亦為老。感此抱區區，雙鬢如蓬葆。勝言懷古人，憂心愁如擣。（清）黃景仁：《兩當軒集》，頁6。

第十首[261]，寫世人沽名釣譽者，身在山林，心在宮闕，名為隱居，事實上時刻望有貴人來訪，「朝來出門望，車跡恐不深」，這是「終南捷徑」之另一版本，黃景仁藉之以諷刺時人虛偽。

第十二首[262]，寫身負奇質之士，本有凌霜傲雪之心，一旦為求進身，便媚事權貴。士人抵不住現實生活煎熬，放下志節，令人嘆息。

第十五首[263]，寫有過人才識者，稍有名聲，即招來訕謗，「療妒世無藥」，自古而然，世道如此，令人寸步難移。

第十六首[264]，寫世情涼薄，令人互相提防。就算是朋友，彼此也不會推心置腹，以誠相待，所以教人世途孤獨。未到二十歲的黃景仁已覺察到世道人心的個個陰暗面，他又怎能不對他處身的時代生出由衷的厭惡感？

黃景仁二十二歲的一年，先是作客王太岳幕中，到夏天便回鄉去了。在與世周旋大半年後，他有〈閑居感懷〉[265]一作，詩中說自己這個「寓物易歌泣」的年輕人，偏偏生長在「多言竟何成，謏詞徒結習」的時代，試問他可以怎樣做呢？他自謂處於「邪陷正色衰」的困境，可是，自己又不甘恪守「吉人尚寡辭」的古訓，忍氣吞聲，所以，不禁生發出「所處若長夜，百年何所及」的感慨，他內心的痛

---

261 行行向京洛，冠蓋織古今。疲極或慨息，偶云慕泉林。長揖挽之去，至竟非其心。
　　朝來出門望，車跡恐不深。驚流少潛魚，疾飆無安禽。亮矣子陵鈞，慇哉嵇生琴。
　　（清）黃景仁：《兩當軒集》，頁7。

262 中庭有勁草，烈烈凌寒霜。及至眾芳發，努力媚春陽。奇質無可見，一心與物忘。
　　嗟彼碌碌者，先時自摧傷。（清）黃景仁：《兩當軒集》，頁7。

263 蛾眉朝見寵，夕姍來群陰。譖醜伏禍淺，譽美藏機深。療妒世無藥，那可知其心。
　　周旋影自失，惝怳魂相尋。溪頭浣紗女，日暮愁淫淫。彼此更相羨，泣下俱沾襟。
　　（清）黃景仁：《兩當軒集》，頁8。

264 古交戒情盡，今交患情離。苦自留其餘，不知將贈誰。實劍既心許，慨然脫相遺。
　　安用掛樹日，悲此宿草為？（清）黃景仁：《兩當軒集》，頁8。

265 （清）黃景仁：《兩當軒集》，頁57。

苦，可想而知。但最無奈的，是他為求生計，只得俯仰由人，就算具神仙氣質，在現實生活中卻要繼續著「日來不免走地上，齷齪俯仰同羈雌」[266]的生活呢！

從《兩當軒集》中，我們可見黃景仁對當世的人心險詐與世態炎涼，最為痛恨。

人心險詐

黃景仁高傲自負，對人不假辭色，正是他不矯飾真性情的表現。他對時人的虛偽、詭詐，深惡痛絕，在〈悲來行〉[267]中，他借「墨子泣練絲」與「楊朱泣歧路」，感慨世人易受外界環境影響，埋沒本性。黃景仁覺得，世人大都是「七情失所託」的「行尸」，可惜，「天空海闊數行淚，灑向人間總不知」，就是自己狂歌痛哭，也難在世間找到知音者。他在〈禹城〉[268]說「九河故道都磨滅，何似人心總不平」，在〈鮑叔祠〉[269]又說「倦容飽看翻覆手，短歌聊當送迎神」，可見他對當世的人心險詐，時人的雲翻雨覆，深感無奈。

最可恨的，是當世的名卿巨公，假道義之名，沽名釣譽，在〈何事不可為二章詠史〉[270]，他道出當時的「人師」，是「後堂列女樂，前廡陳牛衣」的虛偽之徒，他們的用心，並不在傳授道義，而在蒐羅一

266（清）黃景仁：〈二十三夜偕稚存廣心杏莊飲大醉作歌〉，《兩當軒集》，頁62。

267（清）黃景仁：《兩當軒集》，頁193。

268（清）黃景仁：《兩當軒集》，頁362。

269（清）黃景仁：《兩當軒集》，頁367。

270 何事不可為，必欲呼人師。觀其用心處，豈在道義為？昌黎作師說，嘵嘵費繁詞。誰知矯枉甚，流弊為今茲。後堂列女樂，前廡陳牛衣。位置雖不一，市道均無疑。桃李本春卉，向暖固所宜。竊恐白日光，難遍傾陽枝。今朝羅雀處，昨日橫經時。聚散在轉瞬，令我長歎容。蕭蕭子雲室，寂寂康成居。茅茨且休剪，抱經聊自怡。（其二）（清）黃景仁：《兩當軒集》，頁279。

班有前途的弟子，藉以光耀師門，他們既不會對受業學子一視同仁，那麼如黃景仁般特立獨行、不諧於俗之輩，一旦難以在仕途上有寸進，便不能指望受眷顧的了。這首詩是黃景仁二十七歲時的作品，這可是他輾轉求進，多番失敗後的肺腑之言呢！既然如此，他就乾脆「雨雲翻覆隨流輩，裘馬輕肥讓市兒」[271]，繼續我行我素了。

世態炎涼

　　黃景仁一生窮困，自然受盡冷眼，所以他對世態炎涼有極深感受，他二十三歲時有〈九月白門遇伍三病甚恐其不可復治後聞其強病相送而余已發矣因綜計吾二人聚散蹤跡作為是詩伍三見之當霍然也〉[272]之作，他說伍三年少時風度翩翩，意氣飛揚，一旦「朱顏不自保」、「墮作窮林鳥」，朋輩們便與之絕交，就算抱病在身，昔日朋輩亦懶得看他一眼，「炎涼世態有如此」，怎不令人痛心？詩中所寫，明顯是黃景仁本身在落拓中受人白眼之感受。《兩當軒集》的其他作品中，亦有「手指秋雲向君說，可憐薄不似人情」[273]、「世情生落盡如水，何必桑田與滄海」[274]等語，可見黃景仁對世態炎涼的感受是挺深的。

　　不過，更令黃景仁痛心的，還是世人重利輕義，在實際利益的面前，友情是不值一錢的，他的〈雜詩〉[275]，說一旦要在貴游者與寒素之

---

[271]（清）黃景仁：〈贈楊荔裳即寄酬令兄蓉裳〉，《兩當軒集》，頁305。

[272]（清）黃景仁：《兩當軒集》，頁98。

[273]（清）黃景仁：〈和錢百泉雜感〉，《兩當軒集》，頁241。

[274]（清）黃景仁：〈沙洲行〉，《兩當軒集》，頁275。

[275]〈雜詩〉：「叔季交道薄，所往多干矛。原其所自始，真意固不留。鮑叔稱古歡，用惠深自售。晏仲稱善交，敬至情亦浮。昔賢固免此，學之額其流。何況肉食者，此意且未求。後門別寒素，前門揖貴游。前後難俱存，終捐舊朋儔。撝謙益罄折，去已千里修。吁嗟世俗交，君子以為羞。」（清）黃景仁：《兩當軒集》，頁110。

交中作選擇，世人都會把寒素之交棄如敝屣。事實上，黃景仁的與俗少諧，除了性格上的因素，他的身分寒微也是不可忽略的。最諷刺的，是在人世間找不到的朋情友誼，竟可求之於禽鳥。他的〈啼烏行〉[276]，敘述一隻烏鴉目睹同伴被羅網所羈困，呼來千百同類，以圖營救，但自己卻中彈丸傷重而死。黃景仁有感於此，遂出錢贖回被擒者，牠獲釋後，即徘徊悲鳴不已，烏鴉這種感恩圖報的精神，是令不少人為之汗顏的！

　　黃景仁此作，是寫實情還是出之虛構，雖未可知，不過，他意在借禽鳥的懂得「物類相憐」以諷刺人世間的重利輕義，是極之明顯的。

　　總括而言，黃景仁的詩歌，將個人際遇、感情毫無保留地呈現在讀者面前，與袁枚的「性靈說」不謀而合，難怪黃景仁歿後，袁枚不禁生發出「嘆息清才一代空」[277]的感慨了。不過，黃景仁之詩歌既能感人，就沒有不流傳之理，嘉慶、道光年間的陸嵩，在黃景仁歿後五十多年，有〈書兩當軒詩後〉[278]之作，他說「我愛山谷詩孫詩，才雄氣勁無詭詞」，甚至要遊遍黃景仁曾到之處，細繹黃的心路歷程呢！

第四節　詩派紛陳，此身何屬

　　有清一代，詩派林立，劉世南《清詩流派史》[279]，就歸納出河朔詩

---

[276] （清）黃景仁：《兩當軒集》，頁123。

[277] （清）袁枚：《小倉山房詩文集》（上海市：上海古籍出版社，1988年），頁769。

[278] （清）陸嵩：《意苕山館詩稿》，《續修四庫全書》（上海市：上海古籍出版社，1995年），頁477。

[279] 劉世南：《清詩流派史》（北京市：人民文學出版社，2004年）。

派、嶺南詩派、虞山詩派、婁東詩派、秀水詩派、神韻詩派、清初宗宋派、飴山詩派、浙派、格調詩派、肌理詩派、性靈詩派、桐城詩派、高密詩派、常州詩派、漢魏詩派、中晚唐詩派，共十七個，並把黃景仁置於常州詩派詩人之列。除此以外，詹松濤在《蔣心餘先生年譜》[280] 把黃視作蔣士銓之門人；黃景仁置身於乾隆盛世性靈、肌理兩派互爭長短之際，肌理派巨擘翁方綱欲將黃招攬門下，但黃景仁本身與性靈派倡導者袁枚又頗有交往！黃景仁此身何屬，本節將略作論述。

詹松濤把黃景仁視作蔣士銓之門人，我在根本上排除這個可能性，在下文論蔣、黃之交一節（頁155），自有交代。翁方綱雖每言欣賞黃景仁，又謂黃景仁亦服膺自己這個前輩，但事實上黃並未與他結下師徒關係，《兩當軒詩》與肌理派詩亦大相逕庭，下文論翁、黃之交一節（頁111），亦有說明。

黃景仁詩「集前人之筆，道個人之情」（見上文頁28〈論黃景仁詩風〉一節），這跟袁枚在〈答曾南村論詩〉主張的「提筆先須問性情，風裁休劃宋元明」[281] 確實頗為接近。不過，《兩當軒集》中與袁枚有涉的作品，只有兩作，〈呈袁簡齋太史〉四首[282]，黃景仁恭維他「文章草草皆千古」，並羨慕他在「仕宦匆匆只十年」後，便能如郭子儀般福命雙全，繼而細述他在歸隱後的逍遙生活；至於〈歲暮懷人〉[283]，

---

280 詹松濤：《蔣心余先生年譜》，《蔣士銓研究資料集》（南昌市：江西人民出版社，1985年），頁42。

281 一代才豪仰大賢，天公位置卻天然。文章草草皆千古，仕宦匆匆只十年。
暫借玉堂留姓氏，便依勾漏作神仙。由來名士如名將，誰似汾陽福命全？（其一）
（清）袁枚：《小倉山房詩文集》，頁73。

282 興來詞賦諧兼則，老去風情宜即家。建業臨安通一水，年年來往為梅花。（清）黃景仁：《兩當軒集》，頁247。

283 （清）黃景仁：《兩當軒集》，頁348。

黃景仁也只在羨慕他「建業臨安通一水，年年來往為梅花」的安閒，
可見黃只視袁為「興來詞賦諧兼則」的豁達前輩，並未想過要做隨園
弟子，「我師青門邵」[284]，在黃景仁心目中，恩師只有一個邵齊燾啊！

　　劉世南《清詩流派史》第十六章論「常州詩派」，謂「過去的文
學史上，只常州詞派，沒有常州詩派，然而實際上後者是存在的」[285]，
他的理據是袁枚在〈仿元遺山論詩〉中有「常州星象聚文昌，洪顧孫
楊各擅場」之語，而洪亮吉、黃景仁、楊倫、呂星垣、趙懷玉、孫星
衍、徐書受又有「毗陵七子」之稱，既然洪亮吉有自己的詩歌主張，
各人又詩風接近[286]，所以「常州詩派」是「實際存在」的。他以洪亮
吉詩論為中心，歸納出「常州詩派」以下五個論詩要點[287]：

1. 強調作者性情、學識、品格，認為這是其詩作傳與不傳的決
   定因素。
2. 主張奇而入理
3. 反對俗與滑
4. 認為詩必有珠光劍氣，始不磨滅。
5. 主張多讀書

　　當中俗、滑、珠光劍氣等抽象概論，姑置之不論，我們只就學
識、品格、多讀書等方面看，黃景仁就不是洪亮吉詩論中標榜的一類
了（見下文，頁210）。此外，洪亮吉的〈出關與畢侍郎箋〉一篇，
寫於黃景仁歿後，可謂蓋棺定論，洪清楚說出，兩人的詩論並不相同
（見頁9註27）；最重要的，是黃景仁一生特立獨行，不愛拉幫結派，

---

284 （清）黃景仁：〈訪吳竹橋〉，《兩當軒集》，頁306。
285 劉世南：《清詩流派史》，頁391。
286 劉世南：《清詩流派史》，頁410。
287 劉世南：《清詩流派史》，頁394。

後人硬把他歸類為某派詩人，對他來說只是不必要的羈絆呢！

第二章
黃景仁求學階段之交遊

　　黃景仁之性格成長，跟他的少年師友不無關係，本章先從他的啟蒙老師說起。

第一節　邵齊燾——亦師亦友

　　黃景仁一生孤傲，他雖曾追隨、結交一些前輩名人如朱筠、王昶、袁枚等，但稱得上情同父子，義兼師友，對黃景仁影響至深的，就只有邵齊燾一人。邵齊燾是江蘇人，乾隆七年進士，初授編修，其後兩充順天鄉試同考官，不過，他三十六歲就辭官而去[1]。乾隆三十一年，他在龍城書院主講時，就遇上黃景仁這位青年才俊了。

　　魏仲佑在《黃景仁研究》[2]認為，「景仁落拓不羈的性格與他（邵齊燾）很相似，恐怕是受他影響」；按黃逸之《清黃仲則先生景仁年譜》[3]所載，黃景仁自乾隆三十一年冬（十八歲）開始從邵齊燾遊，直至三十三年秋（二十歲）邵齊燾去世；在這不到兩年的日子裏，黃景仁跟邵齊燾十分投契，所以，黃景仁性格受他的影響，並不令人意外。魏仲佑甚至認為，受邵影響的，其實不只黃一人，他說「亮吉亦

1　周駿富：《清史列傳》，《清代傳記叢刊》第18冊（臺北市：明文書局，1985年），頁5887。

2　魏仲佑：《黃景仁研究》（臺北市：文津出版社，1977年），頁53。

3　黃逸之：《清黃仲則先生景仁年譜》，頁7。

復放浪酣嬉似其師。……其落拓不羈之狀，大率相似」[4]，現在，就讓我們先約略認識邵齊燾的性格為人吧！

邵齊燾的性格，或不如黃景仁般放任，但他的孤傲，倒與黃景仁有點相似。《清史列傳》[5]說他嘗獻〈東巡頌〉，才華被譽為可與班固、揚雄相頡頏，故深受當時的文化巨公們讚賞，他們都希望把邵齊燾收歸門下。但邵在出仕後，與同僚相處卻不融洽，整日落落寡合，故在三十六歲便辭官歸里，在家門掛上「道山祿隱」的匾額，謝絕應酬了；及後高宗南巡召試，他亦以母老推辭不就。他何以落落寡合，列傳未有明言，不過，他在《玉芝堂詩文集》卷五的〈單孔昭詩序〉[6]中，就給我們一些啟示了。邵齊燾在文中雖說單孔昭為人「狂簡傲俗」，但他對單孔昭在應縣試時眼見士子不被尊重，便「割棄舉業，不復問津」的舉動，卻深表贊同；而且，他說單學問根柢深厚，但不愛揚名，甘於淡泊，與當時「炫鬻片長，假托聲譽，干時冒進，希榮苟合」的流輩相比，過之遠矣！由此可見，邵齊燾對那些官場中人，極為鄙視，既然羞與為伍，他就乾脆辭官不幹了。

邵齊燾謝絕群公之招，又鄙視汲汲於科名之輩，突顯了他的孤傲，但在文學的領域上，他卻是個謙謙君子。陳康祺〈郎潛紀聞二筆〉[7]「邵叔宀太史謙德」一條，說他的駢文雖擅名當代，但他從不炫燿，並取曹植「僕嘗好人譏彈其文」之語刻了一方小印，以示虛心。另一方面，他藉科舉晉身，本身也精於制義體文，但他在〈蔣秋涇先生誄〉[8]中，讚蔣「深嫉近日文士準量行墨，剽賊定句，相煽為場屋

4　魏仲佑：《黃景仁研究》，頁53。

5　周駿富：《清史列傳》，《清代傳記叢刊》第18冊，頁5887。

6　（清）邵齊燾：《玉芝堂詩文集》，頁497。

7　（清）陳康祺：《郎潛紀聞初筆二筆三筆》（北京市：中華書局，1984年），頁198。

8　（清）邵齊燾：《玉芝堂詩文集》，頁506。

體裁者」，顯示他也深明這種自己擅長的「場屋體」的流弊，由此可見，他具備文學家或學者的特質，至於在官場打滾，便非其所長了。

　　黃景仁以十八歲之齡，便遇上這位在性格及文學觀點上都與自己相彷彿，並且不以文學地位驕人的老師，自然使他朝著這方向有進一步的發展。

　　在邵齊燾眼裏，黃景仁是個不可多得的人才，他在〈勸學一首贈黃生漢鏞並序〉[9]中，說黃景仁在外表上是「顧步軒昂，姿神秀迴」，說到才華，就是「廊廟之瑚璉，庭階之芝蘭」；在〈漢鏞以長句述余衡山舊遊賦示〉[10]一首，他也讚黃景仁「黃生落落人如玉，志氣軒昂骨不俗」、「妙年才氣今如此，令我咨嗟意無已」。如此良才，是絕對值得邵齊燾賞識的，所以當黃景仁因不遇而怨憤，他便以「生身一為士，千載悲不遇」、「得失亦區區，何事成忿怒」加以開解，並勸他多讀點書以自我排遣[11]；當黃景仁抱病在身，他便「勸君自寬莫傷懷，勸君自強莫摧頹」、「愛君本是金玉質，苦口願陳藥石詞」[12]，總而言之，黃景仁的不遇及時復抱病，是最令邵齊燾擔心的。

　　在邵齊燾心目中，黃景仁並不是一般的學生，在〈漢鏞以長句述余衡山舊遊賦示〉一首[13]，邵自覺「吾今衰鬢日星星，無復登高作賦情」，所以要黃「更教萬卷濬詞源」，多讀點書，充實自己，最終把「讀書事業遊山興，一併殷勤付後生」，他是要黃景仁這位高足弟子，繼承自己的衣鉢呢！如果兩人在性格及文學理念上沒有多少相似，邵齊燾又怎會生此念頭？我甚至覺得，邵、黃兩人之關係，已不

---

[9]　（清）邵齊燾：《玉芝堂詩文集》，頁557。

[10]　（清）邵齊燾：《玉芝堂詩文集》，頁557。

[11]　〈勸學一首贈黃生漢鏞〉：「所藉觀詩書，聊以永其趣。」（清）邵齊燾：《玉芝堂詩文集》，頁557。

[12]　（清）邵齊燾：〈和漢鏞對鏡行〉，《玉芝堂詩文集》，頁557。

[13]　（清）邵齊燾：《玉芝堂詩文集》，頁557。

止於師生，邵儼然已視黃為知己的了。《玉芝堂詩文集》中有〈送黃生漢鏞往徽州序〉[14]，在篇中，他將兩人之相交，比之以李膺與孔融、徐陵與江總。李膺位高權重，卻不嫌「小時了了」的孔融鋒芒太露；徐陵名高一代，亦謙稱己作得附載於晚輩江總集內，可見邵齊燾不一定視黃為晚輩；而詩中[15]「無計留君住，相思獨黯然」、「誰道新知樂，翻成遠道悲」、「無因重攜手，相送一霑纓」、「爾去投知己，吾衰念及門」等語，表達的不啻是知己隔越之情了。所以，當邵齊燾遽然辭世，黃景仁便久久未能釋懷，從〈檢邵叔宀先生遺札〉[16]一篇，可見在邵齊燾去世經年之後，黃景仁念到老師，仍悲從中來（死別生離各泫然，吞聲惻惻已經年），這時的黃景仁雖遠在天涯，但當日與老師分別的場景，仍歷歷在目（當日祖筵如夢裏，即今展翰又天邊），看到眼前梅花盛放，便想到老師愛梅（傷心一樹梅花發，更有誰移植墓田），可謂字字辛酸。同年，黃景仁又有〈哭叔宀先生兼懷仲游〉[17]之作，他說自己一生中受邵齊燾之恩惠最大，老師對自己猶如子侄，一旦人琴長判，便難禁「血淚為之殷」了。

邵齊燾辭世兩年多後，黃景仁仍在摩挲舊物，感念恩師，想到恩師對自己關顧備至，並親書養病之方，又不禁淚下了[18]。直至邵齊燾

---

[14] （清）邵齊燾：《玉芝堂詩文集》，頁517。

[15] （清）邵齊燾：《玉芝堂詩文集》，頁558。

[16] （清）黃景仁：《兩當軒集》，頁19。

[17] 我生受恩處，虞山首屈指。我愧視猶父，視我實猶子。……（其一）
無何狂飆吹，萬變在轉盼。絳帳儵已虛，人琴忽長判。……（其二）（清）黃景仁：《兩當軒集》，頁38。

[18] 〈寒夜檢邵叔宀師遺筆因憶別時距今真三載為千秋矣不覺悲感俱集〉：「三年誰與共心喪，舊物摩挲淚幾行。夜冷有風開絳帳，水深無夢到塵梁。殘煤半落加餐字，細楷曾傳養病方。料得夜臺聞太息，此時憶我定徬徨。」（清）黃景仁：《兩當軒集》，頁61。

去世八年，黃景仁在〈訪吳竹橋〉[19]一首仍有「我師青門邵」之語，
由此可見，黃景仁對邵齊燾的尊重，並未隨時光流逝而褪減。

　　黃景仁撰於二十七歲時的《兩當軒集》自敘[20]云：「歲丙戌，常熟
邵先生齊燾主講龍城書院，矜其苦吟無師，且未學，循循誘之。景
仁亦感知遇，遂守勿去。」以此觀之，黃景仁之學為詩，實始自邵齊
燾，故將邵視為黃之啟蒙老師，合理不過。

第二節　城東諸子──弱冠之交

　　洪亮吉〈城東酒壚記〉[21]云：「城東酒壚者，余弱冠之時與亡友黃
君景仁、馬君鴻運及今知南陵縣左君輔文學、蔣君青曜諸人讌遊之所
也。……七子之飲，幾疑為昔人。」可見黃景仁在弱冠之齡便與洪亮
吉、馬鴻運、左輔、蔣青曜等過從甚密，洪在文中說「七子之飲」，
應不包括自己在內，那即是說，除洪、黃之外，尚有六人。洪在文中
雖只舉出其中三個，但從洪其他詩作中，可推知另外三人為楊芳燦、
孫星衍及趙懷玉。洪亮吉在〈喜楊大芳燦至大梁即送入都〉[22]一首有
句云：「重來酒壚邊，恨已無黃公。謂仲則」若楊非其中一分子，洪
無須向他提及酒壚宴遊一事。而最後兩個，應是孫星衍與趙懷玉。洪
在〈趙大至得孫大入關之信兼聞蔣表弟良卿欲入都城東酒徒無一人居
里者感賦此首近簡黃二楊三徐大〉[23]詩中，說「少年誰最狂，雅數孫
與黃。就中短趙差有檢，結束身手趨吟場」，孫星衍跟洪、黃諳熟，

---

[19] （清）黃景仁：《兩當軒集》，頁306。
[20] （清）黃景仁：《兩當軒集》，頁1。
[21] （清）洪亮吉：《洪亮吉集》，頁345。
[22] （清）洪亮吉：《洪亮吉集》，頁616。
[23] （清）洪亮吉：《洪亮吉集》，頁492。

而且也是年少清狂，詩中說的孫非他莫屬；至於「短趙」，應是指趙懷玉，因為趙是洪表弟，比洪小一歲，而長黃兩歲，黃景仁亦有寄趙懷玉之作。洪黃之交，另有一章作專論，下文將先論左輔、蔣青暘、孫星衍、趙懷玉、楊芳燦、馬鴻運六人與黃之友儕關係。

一　左　輔

在《兩當軒集》中，黃景仁寄懷、投贈左輔的，共有十六題十九首，數目之多，僅次於洪亮吉，姑以之居諸子之先。

《清史稿》[24]載云：「左輔，字仲甫，江蘇陽湖人，乾隆五十八年進士，……勤政愛民，坐催科不力免官。……仁宗亦素知輔循名，能得民心，送部引見，復職。……輔官安徽最久，時稱循吏。」傳中只述其勤政愛民，能得民心之事，在文學、著述方面，絕無提及。《清詩紀事》[25]引王豫《群雅集》，則稱其在理民之暇，以餘力作詩，「句奇格正，兼有晉唐諸家之勝」，不過，其《念宛齋詩集》現已不傳。《清詩紀事》有錄左輔以下詩句：「疇紆濟時策，我愧讀書心。」「殊恩何意原三宥，舉主難逢第一流。」「愧負君民驚晚歲，遙憐兒女說衰翁。」只看這寥寥幾句，左輔循吏的形象還是呼之欲出的。

黃景仁與左輔之結識，《杏莊府君自敘年譜》[26]有明白記載。黃、左皆為常州人，在左十五歲的一年，年僅十七歲的黃以縣試第一補博士弟子員，左輔可能是自愧不如黃景仁吧，在那個時候，他每見黃景仁都自行走避。直到左輔二十歲的一年，黃景仁因洪亮吉之關係得見

24　（清）趙爾巽：《清史稿》（臺北市：洪氏出版社，1981 年），頁 11623。

25　錢仲聯：《清詩紀事》，頁 6871。

26　（清）左輔：《杏莊府君自敘年譜》，《北京圖書館藏珍本年譜叢刊》第 118 冊，（北京市：北京圖書館，2006 年），頁 377。

左輔詩作，並甚為欣賞，自此兩人關係才變得更為密切[27]。在上述年譜中，左輔主要記載個人生平經歷，甚至連黃景仁在乾隆四十八年去世一事，都沒有提及，再者，左輔詩集不傳，我們更難窺見黃在左朋輩中的定位；現姑且透過黃景仁詩作，推測兩人的關係。

黃景仁寄懷左輔的十九首中，有十七首是二十二至二十五歲時之作，另外兩首，則為三十歲入京後之作。依此觀之，兩人過從最密之時，乃在初結交的幾年。

乾隆三十五年，在洪亮吉的介紹下，二十二歲的黃景仁與年剛二十的左輔開始諳熟，這個時候，黃景仁應江寧鄉試未中，左輔則仍在求學階段。按黃景仁年譜[28]，他此時「惟以沉醉澆愁，與里人左杏莊……輩過飲甚頻」，眼見左輔只能於家塾以授生徒為事，他便說「知爾生平亦蕭瑟，好拋幽愫結纏綿」[29]，頓生同是天涯淪落人之感慨。同年的一個冬夜，黃景仁自覺「一身墮地來，恨事常八九」，在憤懣不平之際，便「動詣素心友」，找左輔痛飲；在好友面前，黃自謂「肝膽此可剖」，他在一吐烏氣後，便「落落數星斗」，豪氣陡生[30]，先前之不快，隨之一掃而空。

仍然是那個冬天的一個晚上，當黃景仁心感孤獨，又「轉側念同袍」[31]，到左輔家喝酒去了。他們兩個「各懷萬里志」，都想有一番作為，但歲月堂堂而逝，事業能否成就，誰能預見？更令他們惆悵的，是眼前相聚，最終都只成追憶，所以，在高歌起舞之餘，黃景仁便深盼「鄰雞莫相促」，不要讓這個晚上匆匆溜走了。黃景仁同年最後一

---

27 （清）左輔：《杏莊府君自敘年譜》，頁379。

28 黃逸之：《清黃仲則先生景仁年譜》，頁17。

29 （清）黃景仁：〈過維衍留宿燈下次韻〉，《兩當軒集》，頁57。

30 （清）黃景仁：〈冬夜左二招飲〉，《兩當軒集》，頁59。

31 （清）黃景仁：〈十三夜復飲左二齋頭〉，《兩當軒集》，頁60。

首與左輔有關的作品，是〈二十三夜偕稚存、廣心、杏莊飲大醉作歌〉[32]，這就是「城東諸子」當年的最後一次聚會。

乾隆三十六年，黃景仁作客太平，左輔則續於鄉里讀書，黃臨行之際，有〈和杏莊贈別〉[33]之作，他落句便說「我生篤求友，識子非等閒」，並感嘆訂交不久，便遽然分袂，最後感謝左輔臨別時「閔勔惟省愆」之告誡。其後，黃景仁在客途中感慨韶華易逝，一想到與左輔分隔兩地，未知重逢何日，便「淚下如縻綆」[34]；當他夜深無寐之際，在自傷漂泊之同時，亦想到「天涯幾輩同漂泊」[35]的左輔了。

同年的〈客夜憶城東舊遊寄懷左二〉[36]，就更能顯示出兩人結交初期的親密關係了。當黃景仁「眼看胡粵皆殊鄉」，便恨不得與知己對床夜話，他回憶起在鄉里的時候，每每在良夜與左輔同遊，飲酒賦詩，直至星殘月落。黃景仁興致一來，儘管是夜深人靜，都逕自叩門相訪，往往驚起屋後佛院的山僧、童子呢！黃景仁此際書劍飄零在外，想到左輔在鄉里間文酒清讌不絕，自己卻未能參與，便只能抱著深深的遺憾。

---

[32] （清）黃景仁：《兩當軒集》，頁62。

[33] （清）黃景仁：《兩當軒集》，頁69。

[34] （清）黃景仁：〈江上寄左二杏莊〉，《兩當軒集》，頁77。

[35] 劍白燈青夕館幽，深杯細倒月孤流。看花如霧非關夜，聽樹當風只欲秋。
吳下酒徒猶馮座，秦川公子尚登樓。天涯幾輩同飄泊，起看晨星黯未收。（清）黃景仁：〈夜坐懷維衍、桐巢〉，《兩當軒集》，頁84。

[36] 人生百年如過客，那得歡遊不回憶。眼看胡粵皆殊鄉，那得知己常對床。
我念城東好風月，同遊左子復清發。被酒每逐殘星歸，哦詩動及晨鐘歇。
君家屋後林麓美，佛院陰森隔煙水。時攜鐵杖來叩門，驚起山僧及童子。
醉騎長松叱欲飛，片片秋雲墮如紙。雲階月地杳莫攀，即今惟有夢中還。
樓頭書劍飄零日，曲裏家山悵望間。始知聚散枝頭鳥，有限歡娛不常保。
羨君色笑承親幃，樂事天倫無一少。我行日夜江之濱，素衣緇盡心生塵。
山川風景總堪賦，偏覺故園丘壑真。遙知文酒足清讌，可念同遊漂泊人？（清）黃景仁：《兩當軒集》，頁101。

　　乾隆三十七年三月，黃景仁在太白樓賦詩後，名動一時，不過，他這年仍是繼續著名為遊歷，實則漂泊的生活（黃景仁此時追隨朱筠歷遊黃山、九華等地），左輔則仍在鄉里間課業。可能是黃景仁知道左輔有意出外碰碰運氣吧，在〈答和維衍二首〉[37]，他將自己年來在外漂泊的苦況告訴好友，以免左輔重蹈自己的覆轍。至於詩中「但怪胡爾憤激為」之語，則應是他從左輔的文字中察覺到一絲絲怨怒之氣，所以勸左輔在待人接物時要心平氣和，黃景仁的狂傲性格，使自己年來處處碰壁，他對左輔的勸解，是不欲好友跟自己一樣，風塵僕僕，結果還是一事無成呢！

　　黃景仁在外頭的時候，左輔是有盡朋友義務，不時看顧黃景仁家眷的，同年的〈復得維衍書〉[38]，黃景仁說從左輔書信中得知家裏「老母傳言切，啼兒入抱馴」，的消息，便深深感受到「不因離別苦，那見舊交真」的滋味。是年重九，客途中的黃景仁「本無兄弟同佳節，略有知交更離群」，想到左輔，又寄他一首〈舒城道中九日懷左二〉[39]，黃告訴好友，自己身在青山紅樹環抱的美景之中，但左既不在身邊，如何景致，自己也無心欣賞了。到了年底，黃景仁抵故里，左輔隨即過訪，在〈左二過飲贈詩一章〉[40]，黃景仁說自己一想到談詩論

37　……比聞亦作湖海計，此我覆轍當鑒之。鄉閭媛薄百無戀，詎忘親鬢霜絲絲。
　　吹簫乞子行處有，幸者得飽否尚飢。年時我實深味此，若復勸駕吾誰欺。
　　雖然窮蹙豈了事，言之淚下如緪縻。（其一）（清）黃景仁：《兩當軒集》，頁149。
38　（清）黃景仁：《兩當軒集》，頁152。
39　茱萸簪罷雁初聞，回首江東阻斷雲。短短白衣辭故國，蕭蕭破帽背斜曛。
　　本無兄弟同佳節，略有知交更離群。桑落滿杯傾不得，青山紅樹渺思君。（清）黃景仁：《兩當軒集》，頁169。
40　兩載疲津梁，十日卸行李。靜思論文歡，舉念即吾子。掃除甫擁篲，將迎遽倒屣。
　　感君意更親，憐我窮未死。……動為數年別，中年各在邇。念此愴以悲，若亦霍然起。
　　霜月知人心，盈空澈塵滓。酒面迎朔風，血熱變殷紫。共此明光中，相與去疑似。

文之樂，便念及左輔，現在左輔光臨，自己便得倒屣相迎了；黃在詩中對左輔的能專意經籍，大加讚許，也為自己的蹉跎歲月，深感慚愧。

乾隆三十八年正月，黃景仁又辭別鄉里，再度出行了，離開前，他藉到艤舟亭探梅之便，到左輔寓齋走了一趟，〈人日艤舟亭探梅過飲左雲在齋頭〉[41]一首，他名為探梅，事實上，他說「此意看花知蓋寡，罇前盡是同心者」，與好友一聚，才是他的真正目的呢！黃景仁心知此後與朋輩相聚的機會無多，所以，他用「我願好花常不開，我願故人常舉杯。杯停花放易分手，百歲今宵能幾回」作結，道出內心感慨。自此以後，黃景仁長年在外，左輔則大都居鄉教授，將兩人年譜相對照，這回很可能是他們最後一次的會晤了。這年，黃景仁尚有一首〈舟夜寄別左杏莊〉[42]，據黃景仁自注，這首是他離家只有一日的作品；他想到臨別之時，離情別緒，已彌漫左輔的草堂之中，在這一刻，他們都不欲多言，只是對飲，因為縱使千言萬語，也不能道盡彼此依依之意，黃在詩中說「差喜百年交道真」，他相信兩人的交誼是恆久不變的。

乾隆四十三年，黃景仁與左輔已五年沒有見面了，按左輔自訂年譜[43]，他的哥哥這時在京候選，所以母親與嫂嫂也到北京去，黃景仁可能也去探訪他們吧！這個時候，他有〈寄維衍〉[44]之作，他以自己在京的羈窮，對比出左輔在里中「吟斷水雲中」的逍遙自在，而令黃景仁最感遺憾的，就是「故人常似隔星東」，後會之期，似是遙不可

　　敬矣千秋客，勗哉天下士。（清）黃景仁：《兩當軒集》，頁190。

[41] （清）黃景仁：《兩當軒集》，頁192。

[42] （清）黃景仁：《兩當軒集》，頁193。

[43] （清）左輔：《杏莊府君自敘年譜》，頁381。

[44] （清）黃景仁：《兩當軒集》，頁336。

及的了。同年的〈歲暮懷人〉[45]，就是黃景仁提到左輔的最後一首作品了，當時黃景仁已久別故里，但他對左輔家中的草堂月、帆影動記憶猶新，「知君五載杭州住，一夢西湖一見君」，夢到西湖，就像與好友見面一般了，所以，說左輔是黃景仁除洪亮吉外最要好的朋友，絕不為過。

左、黃兩人分外投緣，我認為是左輔仰慕黃景仁的結果。左輔於十五歲歲時見年僅十七歲的黃景以縣試第一補博士弟子員，便自愧不如，見輒走避；其後洪亮吉介紹兩人相識，黃景仁竟又欣賞其詩作，左輔便當然受寵若驚了。左輔四十三歲前主要以讀書授徒為業，為官後又允稱循吏，在性格方面，應屬忠厚君子，他的重視友情，亦可想而知；黃景仁不在鄉里時，左輔存問其家人，正是這種性格之體現，無怪黃景仁對左輔說「我生篤求友，識子非等閒」矣！雖然黃景仁寄懷左輔的作品主要是二十二至二十五歲時之作，但從他三十歲時的歲暮懷人，便知他在與左睽違五載後，仍把左記在心上，由此可見，他們的友誼是經得起時間考驗的。

二　蔣青曜

《兩當軒集》中，黃景仁寄懷蔣青曜之詩作共有五題六首，蔣青曜是何許人物，已不可考，蓋《清史稿》、《清詩紀事》、《國朝詩人徵略》等，對蔣皆無記載。我們只能從〈得蔣良卿書知客池陽卻寄并訂歲杪同歸〉[46]詩中「君家中表（稚存）吾好友」一句，得知他是洪亮吉的表兄弟。黃景仁第一首寄蔣青曜的詩歌，是乾隆三十五年的兩

45　（清）黃景仁：《兩當軒集》，頁348。
46　（清）黃景仁：《兩當軒集》，頁175。

首「戲作」[47],這首應是黃景仁二十二歲時夏秋之間居里的作品,蔣於
居處掘地,掘到古代宮女桐棺,黃景仁便以「含情今日待君開」加以
調弄,透過這首詩,我們可推知兩人關係密切。

　　乾隆三十七年,黃景仁在〈寄蔣耘莊〉[48]中,有「縱跡吟場半載
同,水西樓下別匆匆」之句;黃在此年先在安徽學使署,繼而追隨朱
筠遊歷,蔣青曜應是與黃景仁一同追隨朱筠,過了一段時日的。詩中
「清狂好占溪頭月」之語,顯示出蔣也是個不拘小節的人,跟黃景仁
頗為相似,是以兩人之分外投緣,並不令人意外;難怪在分別之時,
黃會有「淚珠紅入半江楓」之語了。兩人別後,黃一度與蔣失去聯
絡,在〈不得蔣二書〉[49]中,黃景仁有感於深秋已屆,江北漸寒,卻
不知蔣身在何方,遽恐他這個衣單之客,要備受凍餒之苦。及後得到
蔣的消息,便相約同歸了[50]。乾隆四十三年,黃景仁的〈歲暮懷人〉[51],
想到當年大家各自遊歷,猶如北雁南烏;可惜,在多年後的今天,大
家仍是共看明月,各散東西,語意是淡淡的,但滄桑之感卻是濃濃
的。

---

[47] 〈蔣二良卿齋頭掘地得桐棺丈餘發之乃古宮嬪妝顏色尚如生也作詩記之且調良卿〉:
玉顏黯黮閉蒼苔,鈿合珠襦冷劫灰。應是深宮人未識,含情今日待君開。(其一)
通靈青鳥去誰家,陵谷推移事可嗟。妒爾夜深庭院裏,十年吟斷玉勾斜。(其二)
(清)黃景仁:《兩當軒集》,頁63。

[48] 蹤跡吟場半載同,水西樓下別匆匆。清狂好占溪頭月,寥落應憐澤畔鴻。
屐齒青餘三逕草,淚珠紅入半江楓。酒痕檢點春衫在,聚散渾疑一醉中。(清)黃
景仁:《兩當軒集》,頁152。

[49] 漸寒江北地,況奈曉秋何。菰米沈雲盡,蘆花作雪多。因君阻消息,歎我滯風波。
可念衣單客,天涯五字磨。(清)黃景仁:《兩當軒集》,頁166。

[50] (清)黃景仁:〈得蔣良卿書知客池陽卻寄并訂歲杪同歸〉,《兩當軒集》,頁175。

[51] 君之嶺嶠我燕游,北雁南烏兩地愁。可惜白雲尖上月,兩家樓閣十分秋。(清)黃
景仁:《兩當軒集》,頁350。

三　孫星衍

　　《國朝詩人徵略》[52]稱，孫星衍讀書過目成誦，少年時便與同里楊芳燦、洪亮吉、黃景仁齊名，袁枚在見其詩後，譽之為天下奇才。不過，孫星衍最大的成就，卻在經學方面，在《清史稿》及《清史列傳》，他皆被列入儒林傳。

　　在《兩當軒集》中，黃景仁寄贈孫星衍的只有三首，而且看來不像是知交投贈之作。黃景仁第一首答贈孫星衍的詩，是他二十六歲時寫的〈孫薇隱自句容歸以詩示輒題於端即和其春日枉贈之作〉[53]，這首和詩寫的是道家的「句金之壇」，黃景仁在詩中說：「我生夢見且未得，君有仙骨君先登。……自知俗骨不能換，煩君汲引拋長繩。」他自問未有仙骨，難以成仙，還是待孫成仙後施以援手。我相信，黃景仁自己也不會認為這是首佳作吧！

　　《兩當軒集》中第二首給孫星衍的，是黃景仁二十八歲入京後的〈得稚存淵如書卻寄〉[54]，看詩的內容，明顯是洪、孫二人得悉黃景仁在京並不如意，故寄書存問。黃在詩中道出自己近況，並謂讀過孫的〈病婦詩〉後，覺得孫「不特才豪亦情種」，欣賞他對妻子的深情厚意。黃景仁三十歲時的〈歲暮懷人〉[55]，亦只是讚孫星衍對亡婦的情深義重。總而言之，單從黃景仁的詩歌來看，實難以看出他倆是少年相識的朋友。

---

[52] （清）張維屏：《國朝詩人徵略》，《續修四庫全書》第1713冊（上海市：上海古籍出版社，1995年），頁70。

[53] （清）黃景仁：《兩當軒集》，頁239。

[54] （清）黃景仁：《兩當軒集》，頁302。

[55] （清）黃景仁：《兩當軒集》，頁349。

　　洪亮吉曾說：「少年誰最狂，雅數孫與黃。」（見頁 71）按理說，他們應是少年相識，幸好，黃景仁詩歌沒有交代的，孫星衍卻有提到，〈六哀詩〉[56]是孫星衍悼念六位去世師友的作品，在〈黃仲則少府〉一首，他落筆便說「我識黃郎最少年」，接著稱他的骨俊於花、姿妍於鶴，並將彼此之交比作范式與張劭，可見在孫眼中，黃景仁是他的摯友。

　　我個人認為，孫、黃二人的關係顯得如此撲朔迷離，跟孫星衍的家庭背景大有關係。按張紹南《孫淵如先生年譜》[57]，孫星衍的父親是乾隆二十一年順天榜第十三名舉人，他從五歲開始，便在父親督促下於家塾讀書，到他十歲，便就外傅讀書。在他十四歲的一年，他父親因回籍候選之便，家居課子，自此他便在父親的督導下繼續學習，直至十九歲娶親後，才到龍城書院肄業。黃景仁自十九歲始，便長期流離在外，黃比孫年長四歲，即是說，黃有較多時間留在鄉里的日子，孫星衍還不到十六歲，那麼，孫、黃在里中接觸不多，是合理不過的。孫之視黃為摯友，說不定也是像左輔一般，始於對黃的仰慕。上文曾提到，黃景仁題贈少年友伴之詩歌，多作於二十二至二十五歲的一段日子；黃二十五歲時，孫才二十一歲，仍在龍城書院肄業，所以，黃贈孫的第一首詩歌，要到黃二十六歲時，兩人於客途相遇時才出現，亦是可以理解的。

---

[56] （清）孫星衍：《冶城遺集》，《續修四庫全書》第 1477 冊（上海市：上海古籍出版社，1995 年），頁 645。

[57] （清）張紹南：《孫淵如先生年譜》，《北京圖書館藏珍本年譜叢刊》第 119 冊（北京市：北京圖書館，2006 年），頁 447。

四　趙懷玉

　　趙懷玉是洪亮吉之表弟，比黃景仁年長兩歲，《清史稿》[58]及《清史列傳》[59]，都把他列入文苑傳，惟所載甚略，兩傳大致上都是說他性坦易，胸無城府，自謂「不敢好名為欺人之事，不敢好奇為欺世之學」。《清詩紀事》[60]引〈寄心盦詩話〉一條，稱他「詩不隨俗流」、「文不惑於貴勢，不牽於友朋」，依此推之，他應是個特立獨行，有個人原則的人。在性格上，趙懷玉與黃景仁頗有相似之處，不過，他就不像黃的偏激，所以，他最終授內閣中書，出任同知、知府，而不像黃景仁般一生不遇了。

　　按兩人詩集所錄，他們最早有文字來往，乃在乾隆三十四年秋冬之間，當時黃景仁二十一歲，他在秋天歸里後，冬天便到湖南王太岳中作客，趙懷玉《亦有生齋集》的〈衡山高送黃生〉[61]和《兩當軒集》的〈衡山高和趙味辛送余之湖南即以為別〉[62]，就是這時候的作品。趙懷玉在詩中激賞黃的豪邁，讚他不為寒餓而向人乞憐，可是，黃雖「男兒具此好身手」，但世人對他卻「白眼紛紛青眼稀」，前路艱難，趙不能不為摯友擔心的啊！趙最後勸他「盡此一杯酒」，因為「前路稀知音」，於此可見黃景仁當時的不諧於眾，更可見趙與黃的關係親摯。黃在和詩中，除自我開解外，並以「前途但恨少君共，誰與醉倒金庭春。春來沅芷倘堪折，手把一枝歸贈君」作結，表達自己對趙的

58　（清）趙爾巽：《清史稿》，頁13403。

59　周駿富：《清史列傳》，第9冊，頁1021。

60　錢仲聯：《清詩紀事》，頁6463。

61　（清）趙懷玉：《亦有生齋集》，《續修四庫全書》第1469冊（上海市：上海古籍出版社，1995年），頁278。

62　（清）黃景仁：《兩當軒集》，頁24。

不捨及謝意。黃景仁出發前，與趙還有同遊共醉之事，趙集中〈十月朔日黃秀才景仁招飲醉後遊近園作〉[63]，便為明證。

黃景仁同年有〈明州客夜懷味辛稚存卻寄〉[64]，他落句便說「別來甫及旬，離思已如積」，顯然是在剛與兩位摯友分首，思念不已下之作，他在海角風寒、濤聲徹夜的客途中，追念與兩人共度晨夕的日子，便萬感交集，但他「豈曰輕遠遊，欲已不可得」，這種苦況，就只能向摯友傾訴了。趙懷玉接到來信，也和了一首〈得黃秀才景仁書和寄懷韻〉[65]，他在詩中說，接到來信，便如與摯友晤面一樣，他深知以黃景仁之性格，十九會被悠悠眾口交相詆謗，但也勉勵摯友「君子慎所投」，不能為前程而放棄原則的。

趙懷玉在這年（乾隆三十四年）也有〈歲暮懷人二十首〉[66]，他在詩中讚黃景仁是無雙之士，詩作能泣鬼神，更佩服黃在衣食艱難之際，也不向權貴們卑躬屈膝，他說黃的才華似禰衡，我想，他也擔心黃景仁會像禰衡一般，不會有好的結局呢！

《亦有生齋集》中，尚有〈和黃大景仁〉一首，但在黃景仁集中，未見原作，姑置不論。到了乾隆三十七年，黃景仁二十四歲，趙懷玉有〈憶昔篇寄黃秀才姑孰〉[67]之作，他感慨「去日何堂堂」，並勸

---

63 （清）趙懷玉：《亦有生齋集》，頁278。

64 （清）黃景仁：《兩當軒集》，頁28。

65 憶昔別雲溪，溪月如霜積。無何晏序移，念此行遠客。忽逢雙鯉來，如其素心席。吾道貴要終，交情懼深溺。飢寒慣驅人，日月不蹔息。扁舟去湘江，相思正遙夕。眾口任悠悠，私衷常惻惻。和隘詎同趨，酸鹹本相隔。君子慎所投，勗哉毋苟得。（清）趙懷玉：《亦有生齋集》，頁280。

66 江夏無雙士，長為汗漫遊。詩真泣神鬼，氣不下王侯。未免依人苦，能無懸磬憂。知君才似禰，釃酒酹荒洲。（清）趙懷玉：《亦有生齋集》，頁282。

67 憶昔復憶昔，青天易旋轉。穆王八駿老，瑤池日光短。……去日何堂堂，及此申款款。昨歲雙魚來，江來水清淺。剖書得君心，明月當天滿。上言勸加餐，下言篤躬踐。……憶昔復憶昔，勸君莫憂濺。且斟琥珀醪，一泛琉璃

黃及時行樂，莫再憂懣。黃亦報之以〈憶昔篇和趙味辛〉[68]，從詩中可見，黃景仁對世事的滄桑變化及歡娛短暫，始終未能釋懷，但他對趙的開解，是心存感激的。而這兩首詩歌，就是他們集中寄懷對方的最後作品了。在黃景仁集中，除洪亮吉外，黃與趙懷玉互相唱和的作品是最多的，這可能是兩人性格相近的關係吧！

五　楊芳燦

　　楊芳燦在《清史稿》[69]列文苑傳，但傳中所記甚略，在文學方面，只稱其詩文華贍，並精於駢體，反而對其處理回民田五造反一事有較詳細記載。《清史列傳》[70]所記，跟《清史稿》大略相同。楊芳燦有《芙蓉山館全集》傳世，在他的詩集中，並沒有寄贈黃景仁之作；在黃景仁詩集中，〈贈楊荔裳即寄酬令兄蓉裳〉一首，也只是黃贈其弟荔裳而兼及楊芳燦之作，而且，這首是黃景仁二十八歲時的作品，亦即是說，黃景仁在二十二至二十五歲間，與城東諸子唱酬最頻密之際，也沒有寄贈楊芳燦的作品。黃景仁在〈歲暮懷人〉[71]中，有一首是寫楊芳燦的，但只是寫他管理邊疆之政績，看來，兩人關係並不那

盌。

青山對茫茫，采石歌緩緩。有地不行樂，飲河笑鼪鼯。仰視空中輪，西行聲不返。（清）趙懷玉：《亦有生齋集》，頁297。

68　朝吟憶昔篇，憶昔慘行客。……但聞古來人，言言悲在昔。

所過已異時，所閱已陳跡。……吟吟憶昔篇，憶昔知君心。……

廣以及時樂，勉以惜寸陰。豈惟感在昔，流眷乃及今。

憶昔復憶昔，百年不盈瞬。豈有金如山，能鑄鏡中鬢。……（清）黃景仁：《兩當軒集》，頁150。

69　（清）趙爾巽：《清史稿》，頁13386。

70　周駿富：《清史列傳》第9冊，頁1004。

71　（清）黃景仁：《兩當軒集》，頁349。

麼密切。

在《芙蓉山館全集》中，有〈與黃仲則書〉[72]一篇，楊芳燦在書中說黃景仁寫作時「略無留手，而倦於哀錄」，勸他「與其博而不精，毋庸嚴而不濫」，又以遊歷為喻，說「顧奢志紛，終至白首鄉閭」，似乎對他的詩歌創作態度不表認同。按該篇之排列次序，應作於黃景仁二十三至二十四歲在朱筠幕下期間，這個時候，就是黃景仁作品最繁富的日子，只計二十四歲的一年，他已有一百七十三題，在編年部分十六卷中，就佔三卷以上。楊對黃的一番直言，說不定就是導致他們關係疏離的原因吧！

六　馬鴻運

城東諸子之中，身分最神秘的，就非馬鴻運莫屬了，因為《清史稿》、《清史列傳》、《國朝詩人徵略》、《清詩紀事》等都沒有關於他的記載，他也沒有作品傳世。

乾隆三十五年，二十二歲的黃景仁有〈二十三夜偕稚存、廣心、杏莊飲大醉作歌〉[73]，這首應是他當年鄉試報罷，在心灰意冷下，於鄉里間與諸子借酒遣懷時之作。我只可以說，此詩印證了洪亮吉《城東酒壚記》所說的諸子，是包括馬鴻運在內的。黃景仁提及馬鴻運的最後一首，已是五年後的事了。乾隆四十年，黃景仁有〈悼馬秀才鴻運〉[74]一作，在作品中，黃景仁對馬的飄零半天下感同身受，除此以

---

[72] 楊芳燦：《芙蓉山館文集》，《續修四庫全書》第 1477 冊（上海市：上海古籍出版社，1995 年），頁 170。

[73] （清）黃景仁：《兩當軒集》，頁 62。

[74] 飄零之楚復之燕，檢點遊蹤欲半天。只道馬卿常善病，誰知長史竟無年。
感君意氣堪千古，傷友生平又一篇。尺涕臨風還自悼，他時誰吊酒壚邊？（清）黃
景仁：《兩當軒集》，頁 273。

外，我們對馬鴻運便一無所知了。

總結而言，城東諸子是黃景仁二十歲前在鄉里間結識的年輕朋友，但那個「城東酒壚」之會，應不是甚麼詩酒雅會，而是一班年輕人鬧哄哄的聚會，故洪亮吉只說他們一夥人在那裏「極酣嬉之致」。黃景仁二十四歲時，長年在外，當他憶及這夥朋友時，便有〈冬日憶城東諸子〉[75]之作，頓生「東城舊有消寒會，幾輩依然共往還」之嘆，可見當他們各自成長，便有各自的社交圈子，沒有甚麼緊密聯繫，投契的自然有較多的文字來往，否則，便如馬鴻運般，要到他辭世之日，方能在少年同伴心中掀起一絲漣漪了。在城東諸子中，不是每一個都跟黃景仁有深厚的交情，但在黃景仁一生中，他們會是黃最真摯的朋友，因為，黃景仁與他們的交往，主要在二十二至二十五歲期間，那個時候的黃景仁，尚未入京，他們的相處，可謂意氣相交，絕不涉及利害考慮。到黃景仁入京謀事，便要與京城名流交遊，在諸友之中，除了偶也在京的洪亮吉外，黃跟其他人便沒有甚麼聯繫了。

第三節　龔梓樹與萬黍維——同學少年

按年譜[76]，龔梓樹與萬黍維，都是黃景仁十七歲在宜興氿里讀書時的同學，他們兩個都沒有詩集流傳，《清史稿》、《清史列傳》、《國朝詩人徵略》等也沒有記載他們的事蹟，只是在《清詩紀事》[77]中，約略交代了萬黍維的籍貫及進士年分，並錄了他幾首詩。不過，細味黃景仁的作品，我們還是可以推知他們交情匪淺的。

現在先說龔梓樹。《兩當軒集》中，第一首寄龔梓樹的，是黃

---

[75]（清）黃景仁：《兩當軒集》，頁183。

[76] 黃逸之：《清黃仲則先生景仁年譜》，頁5。

[77] 錢仲聯：《清詩紀事》，頁6733。

景仁二十五歲時的〈聞龔愛督從河南歸〉[78]，他在詩中說，自己本不多飲，但聞故人要回來，便高興得劇飲千觴了；他續說，龔在這些年來贏得「狂名滿人口」，看來龔的狂與黃的狂是有幾分相似的。此時的黃景仁，感慨大家應各有蒼老之態，他期望對方早有致身之日，並為自己的碌碌無為感到慚愧。他在詩中稱龔梓樹為「拜母之交」，可見他們的友情是非比尋常的。

乾隆三十九年春，二十六歲的黃景仁重遊宜興氿里，寫下〈重過氿里寄懷龔梓樹〉[79]，他上一回探望龔梓樹，已是九年前的事，眼見目下的陌生環境，黃滿懷感慨地說，不變的就只是荊南山色和彼此的落魄流離了。

兩年後，龔梓樹辭世，黃景仁寫了〈哭龔梓樹〉[80]兩首，「相逢兩小意相親」，他們自少便志趣相投的，龔梓樹「到死未消蘭氣息」，黃景仁與他投分，就是因為大家都有著君子的性情。詩中有「一喘夜窗猶待我，兼程朔雪似因君」之句，黃景仁自注云，「時予至都甫十日」，看來龔為見黃一面，故苦苦支持，幸好黃景仁能見好友最後一面，否則，龔會是懷著遺憾而離世的了。

〈夜宿朝陽閣感懷龔梓樹〉[81]，是黃景仁編年部分的最後第五首作

---

[78] 不飲忽忽傾千觴，朝聞故人還故鄉。夢魂飛渡京口樹，覺來海月煙茫茫。
七年南北頻回首，別後狂名滿人口。結客都從燕市多，愛才肯落平原後。……
我行殄落無所惜，歲歲年年去鄉國。所愧平生拜母交，阿蒙碌碌常如昔。……
我輩相望各蒼老，萬事期君致身早。不然痛飲酣青春，坐擁列鼎兼重茵。……
（清）黃景仁：《兩當軒集》，頁207。

[79] 不款君扉歲九更，偶因訪戴一經行。近萬黍維居宅。舊諳門徑詢鄰里，熟識兒童問姓名。
同學故人猶落魄，重過班馬亦悲鳴。荊南山色青無恙，如代君家作送迎。（清）黃景仁：《兩當軒集》，頁246。

[80] （清）黃景仁：《兩當軒集》，頁289。

[81] ……嶺頭月落星光昏，風景可憐思故人。空山唳鶴掠簷過，彷彿似挾平生魂。

品，這時候的黃景仁，已是交遊零落，但他仍記得，這個朝陽閣，是龔梓樹十年前到過的地方，他在思念故人之際，正值月落星昏，眼前風景，只能以「可憐」二字概括之。此作以「留語青山問來客，不知我去誰相憶」作結，顯示出黃此時濃烈的孤獨感，黃景仁在極端寂寞之際，想起的是已過世的龔梓樹，他們又怎會是泛泛之交呢？

至於萬黍維，則是乾隆五十四年進士，官仁化知縣，《清詩紀事》收錄了他的〈舟過清遠贈何數峰〉[82]，他在詩中對何數峰照顧黃景仁的兒子表示感激，可見他在黃歿後仍對其子多方關顧，兩人交情，可以想見。

在《兩當軒集》中，黃景仁第一首贈萬黍維的詩歌，是他二十五歲時的〈贈萬黍維即送歸陽羨〉[83]，詩中說萬黍維「半生蹭蹬」，但生性豁達，他只將失意當作磨練；最後，黃景仁承諾會到陽羨相訪。同年，他又有〈廬州客舍寄宜興萬黍維時黍維將來而余又將之泗州矣〉[84]，說出對未能與老友見面的失望，並在壁上題詩寄意。他寄萬黍

當日思君此游冶，白袷春衫制都雅。……題句空留碧玉欄，舊游不見青驄馬。
我後君來已十年，我來君已歸重泉。水聲似咽鄰家笛，雲影疑分夢裏箋。
人去人來空歎息，待人惟有青山色。留語青山問來客，不知我去誰相憶？（清）黃景仁：《兩當軒集》，頁388。

[82] 山谷詩孫擅令譽，故人有子復毹書。感君高誼雲霄上，父執無多定念渠。錢仲聯：《清詩紀事》，頁6734。

[83] 誰遣依人得得來，庾郎家世本崔嵬。半生蹭蹬因能達，百樣飄零只助才。
歌到橫汾聲盡羽，飲從河朔氣如雷。柳陰淨洗連錢馬，曾踏窮邊雪窖回。（其一）
語我家山味可誇，燕來新筍雨前茶。辦香歲展方回墓，畫舫春尋小杜家。
北郭買田賒志願，南山射虎舊生涯。他時風雪如相訪，陽羨溪光似若耶。（其二）
（清）黃景仁：《兩當軒集》，頁111。

[84] 高齋日暮搴孤幌，客中楊柳垂垂長。驚心春事日漸闌，故人不至何由往？………
聞君亦欲看山來，吁嗟道疲吾黨。後先蹤跡良悠悠，破壁留詩拂蛛網。………
（清）黃景仁：《兩當軒集》，頁196。

維的最後一首，是三十一歲時的〈言懷和黍維〉[85]，寫對彼此進身無路的感慨，並勉勵對方讀〈離騷〉以解憤懣。

　　黃景仁在二十二至二十五歲時，是與城東諸子唱酬最多的時候，但黃寄贈龔梓樹、萬黍維之作，似在與城東諸子交遊轉疏之後；我認為，那跟龔梓樹在乾隆三十八年春歸里有莫大關係。黃景仁自十九歲後，便很少居於鄉里，那年春天，黃尚在里中，湊巧龔要回來，自然勾起黃之回憶，所以，黃於翌年便重遊汎里了。總而言之，他們幾個同學少年的感情，絕不會淡於城東諸子的。

---

[85] 不與黃金不與閒，我曹無計破天慳。半生骨相慚分苧，五載鄉心只放鷳。
　　好景漸消頭上月，片雲常護夢中山。可知來日愁無益，且讀離騷畫掩關。（清）黃
　　景仁：《兩當軒集》，頁359。

第三章
黃景仁遊歷階段之交遊

　　黃景仁在二十一至二十七歲的七年裏，到處遊歷，實際上是為人幕客，以謀生計。在這段期間，黃景仁活動於湖南、安徽一帶，結識了王太岳、鄭虎文、沈業富、朱筠等名公，也結交了邵晉涵、汪中等學者、狂士；但從他的作品中，可見與他過從較密的，只有汪中、顧文子及朱筠三個。

第一節　汪中——狂氣相投

　　汪中於《清史稿》入儒林傳[1]，傳中稱其事母至孝，並以大部分篇幅敘述其專研經術而成通儒之事。《國朝詩人徵略》[2]在頌揚其經術湛深、多聞強記之餘，亦謂其「性情兀傲，凌轢時人，故人多短之」。《清史稿》可能基於為賢者諱的考慮，對汪中性格上的缺點絕口不提，《國朝詩人徵略》所記，亦欠詳盡，要認識汪中年少輕狂的一面，可參《新世說》的兩節記載。在「任誕」一門[3]，記錄了汪中在安定書院肄業時，每當有新任山長到職，他都能在經史中找到難題向他們「請教」，使他們窘態畢露。某個商總捐金得賞二品銜，汪中便待他出拜賓客時，以紅蘿蔔、松枝為頂戴，項掛冥鏹，緊隨其後，加以羞辱，直到他獻出五千金為自己祝壽，才肯罷手。汪中這種行為，其

1　（清）趙爾巽：《清史稿》，頁13213。
2　（清）張維屏：《國朝詩人徵略》第1713冊，頁18。
3　易宗夔：《新世說》（上海市：上海古籍書店，1982年），頁35。

實是近乎無賴的！「輕詆」一門[4]，則記載他為諸生時，當眾羞辱好以詩歌誇人的山長沈祖志，沈總算是他師長輩吧，他對尊長也如此，對其他人的態度便可想而知了。

按《容甫先生遺詩》，汪中在乾隆三十五年有〈贈黃仲則六首〉[5]，故黃逸之撰黃景仁年譜時，把兩人訂文字交之日子定於乾隆三十五年，亦屬合理。不過，我認為〈贈黃仲則六首〉應是乾隆三十六年之作品，《容甫先生遺詩》之排序是有問題的。

在《兩當軒集》中，黃景仁寄汪中的第四作，是乾隆三十六年春的〈和容甫〉三首[6]，既是和詩，則應是黃景仁先得汪中贈詩，而且，不可能是幾個月前的贈詩。我們再看這兩組詩作吧，汪中的贈詩，有「飛雨江上來，春鳩鳴我軒」之句，所寫景物，是春天之景；而乾隆三十五年的春天，黃景仁尚在王介子幕中，狂傲少諧，「獨與詩人曹以南交，餘不通一語」[7]，若汪中是時已結識黃景仁，黃必不至如斯孤獨的啊！最後，我們看看詩的內容吧，汪的贈詩在讚美黃景仁，並慶幸自己「餘生見英物」，黃的和詩也在讚美汪中，並說自己「巍然見時英」；汪中說「悔予求友心，沈憂為爾老」，黃景仁就說「長此求友心，六合何悠悠」；兩組詩歌內容極為吻合，絕對是作於同期的唱和詩。黃逸之謂兩人在沈業富署中所識，應是事實，只是他把兩人相識之時間推早了一年吧！

汪中之所以與黃景仁特別投契，黃逸之在年譜[8]中論之甚詳，大

4　易宗夔：《新世說》，頁10。

5　（清）汪中：《容甫先生遺詩》，《續修四庫全書》第1465冊（上海市：上海古籍出版社，1995年），頁461。

6　（清）黃景仁：《兩當軒集》，頁75。

7　黃逸之：《清黃仲則先生景仁年譜》，頁15。

8　按容甫與先生處境及性格，多類似處。容甫少孤，……性狷峭，與眾落落難合，於世沉鬱無所遇。……所不同者，先生以詩名世，而容甫三十後，絕不復為詩，專

意謂兩人之處境性格相似，又都落落難合於眾，所以更珍惜彼此間的友誼。不過，他們的友情，為時短暫，自黃景仁於乾隆三十七年春送汪中歸里後，他們便再沒有文字來往了。《容甫先生遺詩》中，自乾隆三十六年〈七夕采石登太白樓題壁留示仲則〉後，直至乾隆四十五年，只有三十首詩作，當中投贈友儕之作，僅有三首，他們的文字因緣盡於此際，與此不無關係。

　　黃景仁贈汪中的第一首，是乾隆三十六年春的〈春日和容甫〉，最後一首，是乾隆三十七年的〈送容甫歸里〉，排在〈春暮〉之前，〈春日客感〉之後，由此推之，兩人關係最密切的時間，僅約一年。以我之見，當時兩人的關係如斯密切，跟黃景仁的處身環境有莫大關係。當時的黃景仁，仍在安徽太平，先後客沈業富、朱筠幕下。在《兩當軒集》中，黃景仁寄贈最多的，是洪亮吉與左輔，而當時兩人都不在黃身邊；至於當年登進士第的邵晉涵，雖然也在沈業富署中，但深於經術的邵，在性格上不可能與黃有多大相似，而當時也是年少輕狂的汪中，就是黃擇友的最佳人選了。

　　在《兩當軒集》中，黃景仁寄懷汪中的有十二題十七首，數量僅次於洪亮吉與左輔，而且，這些是集中在一年間的作品。從作品中，我們可以整理出兩個結論：一是兩人在這段時間裏大都在一起；二是兩人同病相憐。

　　先說兩人的長時間共處吧，在黃景仁贈汪中諸作中，〈春日和容甫〉、〈偕容甫登絳雪亭〉、〈春暮呈容甫〉、〈和容甫〉、〈夜坐述懷呈思復〉、〈金陵待稚存不至適容甫招飲〉、〈以所攜劍贈容甫〉、〈送容甫歸里〉八題，從題目或內容中，都可見是兩人同處時之作品。乾隆

攻經史耳。又按容甫……於時彥不輕許可，見負盛名者，必識彈其失，時人以此短之。讀容甫贈先生詩，推重溢於言外，是亦可以見其彼此交誼之篤矣。黃逸之：《清黃仲則先生景仁年譜》，頁18。

三十六年秋，黃景仁須應省試離署，冬復至太平，兩人只在秋冬之間
分開幾個月。

　　至於兩人的同病相憐，我會從性格、遭遇兩方面分析他們特別投
契的原因。在性格方面，汪中之狂，上文已有交代，從黃景仁詩中，
我們可以知道他在這時是狂態依然的。在〈偕容甫登絳雪亭〉[9]中，
黃景仁說汪中「顛狂罵座日侘傺」，在《和容甫》[10]又說汪中具祥鳳之
質，但「翻使一國中，撫掌嗤其狂」，由此可見，當時的汪中是目中
無人的。這個時候，汪中跟黃景仁一樣，都在沈富業署中作客，若他
仍是那麼好凌轢同輩，他的孤獨，便可想而知了；不過，黃景仁本身
也是個性格孤傲的人，若他覺得只有這麼一個狂生，才具備與自己結
交的條件，他便不會錯過這個「求友」機會了。不過，兩個狂生走在
一起，是難免有磨擦的，黃景仁在〈金陵待稚存不至適容甫招飲〉[11]
中，也說他們「偶然持論有岨峿」，幸好，相處久了，大家便能互相
體諒，所以，最終「事後回首皆相思」，小小的意見不合並沒有影響
他們的感情，事過境遷，他們還是互相珍惜的。

　　在個人遭遇方面，汪中的長期作客[12]、懷才不遇[13]、自幼失怙[14]、生

---

[9]　（清）黃景仁：《兩當軒集》，頁73。

[10]　（清）黃景仁：《兩當軒集》，頁75。

[11]　（清）黃景仁：《兩當軒集》，頁92。

[12]　〈春日和容甫〉：「詎惜歲華促，難為遊子心。」（清）黃景仁：《兩當軒集》，頁72。
　　〈夜坐述懷呈思復〉：「燈前各掩思親淚」（清）黃景仁：《兩當軒集》，頁81。

[13]　〈偕容甫登絳雪亭〉：「麟麕雉鳳世莫別，蕭蒿蕙茝誰能名？」（清）黃景仁：《兩當
　　軒集》，頁73。
　　〈和容甫〉：「乃知天下士，定在風塵收。」（清）黃景仁：《兩當軒集》，頁75。
　　〈夜坐述懷呈思復〉：「似水才名難療渴，投閒芳序易消魂。」（清）黃景仁：《兩當
　　軒集》，頁81。

[14]　〈和容甫〉：「兩小皆失怙，哀樂頗相當。」（清）黃景仁：《兩當軒集》，頁75。

活貧困[15]，與黃景仁都極為相似，所以，汪的內心痛苦，黃是感同身受的，故當時的黃景仁，已把汪中視為一生中為數不多的知己，所以當汪中要歸里，黃景仁便以佩劍贈予這個肝膽相照的好友[16]。到大家即將分首，黃即「聊將生別新知意，吟入六朝煙寺中」[17]了，悲莫悲兮生別離，何況是與當時唯一的好友呢？

汪中與黃景仁集中，都有題洪亮吉機聲燈影圖之作，可見三十歲後在北京的汪中，仍有跟洪亮吉來往，亦應有跟黃景仁見面的機會，但可能專意經術的他，與狂傲依然的黃景仁已有格格不入的感覺了。

第二節　顧文子──同病相憐

在黃景仁的朋輩之中，另一個身分頗為神秘的就是顧文子了。《兩當軒集》中，寄懷顧文子的共有七首，數目僅次於洪亮吉、左輔、汪中、朱筠，但他的事蹟，卻無可考，《清史稿》、《清詩紀事》等都沒有關於他的記載，我只能從黃景仁寄他的作品出推知他們交往之一二。

黃景仁的詩歌中，第一首提到顧文子的，是乾隆三十六年的〈登翠螺山偕顧文子〉[18]。詩作於春夏之間，黃景仁當時剛到沈業富幕中作客，詩中有句云：「茲山可遊無暇日，三五今始同招攜。」翠螺山即牛渚山，在安徽，故我推測顧文子也是沈的一位幕客，黃剛到太平，

---

[15] 〈偕容甫登絳雪亭〉：「囊無一錢買君醉」（清）黃景仁：《兩當軒集》，頁73。

〈春暮呈容甫〉：「我亦詩窮者，邀君數往還。」（清）黃景仁：《兩當軒集》，頁74。

〈和容甫〉：「貧賤易為感，況復齊孤芳。」（清）黃景仁：《兩當軒集》，頁75。

[16] 〈以所攜劍贈容甫〉：「相逢市上同悲吟，今將拂衣歸故林。知君憐我重肝膽，贈此一片荊軻心。」（清）黃景仁：《兩當軒集》，頁104。

[17] （清）黃景仁：〈金陵待稚存不至適容甫招飲〉，《兩當軒集》，頁92。

[18] （清）黃景仁：《兩當軒集》，頁78。

便跟顧等幾人遊山去也。

是年秋天，黃景仁須應省試，故暫別顧文子，〈別顧文子之繁
昌〉[19]一首，黃景仁說「分馳晏歲多殘客」，又說「遲爾春來官閣裏，
梅花消息早相聞」，可見兩人同悲失路，故黃在赴試之時，亦望顧文
子早日晉身仕途呢！不過，在黃景仁赴考時，顧仍待在官署，可能他
對舉業早已意興闌珊了。黃景仁起程後，將到蕪湖，又有〈將至蕪湖
憶文子容甫〉[20]之作，以此觀之，顧無疑是在沈業富幕下與黃、汪二
人共事者，故黃在旅途寂寞中，想到邇來共事的好友，便生發出「故
人回首重城外，為報離腸已九迴」之慨。是年冬天，黃景仁重回太
平，但他已不再在沈業富署中，而是投到朱筠幕下，不過，大家同在
太平，應是有機會見面的。翌年六月，黃景仁赴皖城，便得暫別顧文
子。

乾隆三十七年秋，黃景仁跟顧文子分別應是未到三個月的，他在
〈寄懷顧文子〉[21]中，說「以我營巢拙，憐君入世深」，看來在黃景仁
自傷不遇之際，入世頗深的顧文子是有加以開解的，所以黃才期盼將
來有重尋舊約之日。次年，黃景仁到太平只作短暫逗留，兩人未必有
見面機會；乾隆三十九年，黃景仁在外遊歷，沒有到太平，他們的下
一回見面，已是乾隆四十年黃景仁重回太平之事了。

黃景仁集中，乾隆四十年有〈清明日偕賈稻孫顧文子丁秀巖登白
紵山〉[22]之作，但詩歌只寫遊山之事與弔古傷春之感，並沒有寫朋輩
交情，而這也是黃景仁提及顧文子的最後一首作品了。

黃景仁與顧文子之相交，主要在黃景仁到太平投沈業富及朱筠

---

[19] （清）黃景仁：《兩當軒集》，頁99。
[20] （清）黃景仁：《兩當軒集》，頁101。
[21] （清）黃景仁：《兩當軒集》，頁138。
[22] （清）黃景仁：《兩當軒集》，頁252。

的日子，兩人交情之建立，除了是飽歷人情世故的顧文子能給他開解外，顧的貧與病，也是黃景仁感同身受的。黃在〈調顧文子兼示稚存〉[23]中，說他「參苓半減經師俸，蔬筍還供都講筵」，他的健康情況，應該好不到那裏，只是他甘於講業，免去不少勞碌奔波之苦，所以未至於像黃景仁的「搖曳身隨百丈牽，短檠孤照病無眠」[24]吧！

第三節　朱筠──憐才愛士

《國朝詩人徵略》[25]云：「朱筠，字美叔，號竹君，⋯⋯先生為人，內友於兄弟而外好交遊，稱述人善，惟恐不至，後進之士多因以得名。」他在搜羅古籍之外，最值稱道的，就是提攜後進一事了。

在《兩當軒集》中，與朱筠有關的詩作有九首，數目僅次於洪亮吉、左輔、汪中，但若據之分析黃景仁跟他的交情，我可以這麼說：黃對他是懷有敬意的，不過，如果可以選擇的話，黃景仁就寧願敬而遠之了。事情有這樣的結果，問題不在朱筠，因為他是個憐才者，是毋庸置疑的事；不過，性格孤傲的黃景仁，本來就恥於賴人延譽而進身，所以，朱筠對他來說，只是絕望中的援手！以此之故，我就只能把朱筠放在這章的最後略作介紹了。

黃景仁給朱筠的第一首詩，是他二十三歲時的〈上朱笥河先生〉[26]，大意是頌揚朱筠的名望、氣派、賓從如織，復望朱筠能讓自己

---

[23] （清）黃景仁：《兩當軒集》，頁209。

[24] （清）黃景仁：〈途中遘病頗劇愴然作歌〉，《兩當軒集》，頁31。

[25] （清）張維屏：《國朝詩人徵略》第1712冊，頁633。

[26] 先生卓然坐虎皮，旁羅賓從皆瑰奇。珠光劍氣紛陸離，貢之玉堂當世希。
　　如余巻曲樗散資，不可無一聊備遺。公言我欲拂拭之，金沙同冶吾能治。⋯⋯
　　假如公有煙霞思，此必弟子相追隨，前驅猿猱後麕麎。
　　攜囊入雲採苓芝，剗刷幽怪窮險巇。佐公巨筆揮淋漓，此則不敢多讓誰。

這個「樗散之資」聊備補遺。雖然，朱筠對黃景仁是真心賞識的，但黃若細看自己這首詩歌，也會汗顏無地啊！

黃景仁對朱筠心存感激，是因為他的名滿天下，始於他二十四歲隨朱筠於太白樓作歌一事，〈筍河先生偕宴太白樓醉中作歌〉[27]中「高會題詩最上頭，姓名未死重山丘。請將詩卷擲江水，定不與江東向流」幾句，豪情洋溢，不過，與其說是他對自己才華的肯定，倒不如說那是他對寄人籬下的憤慨呢！自黃景仁成名後，在一年多的時間裏，他隨朱筠在安徽一帶遊歷，復在朱筠幕下校文，乾隆三十八年夏，二十五歲的黃景仁到杭州去，才暫與朱筠分首。

自黃景仁於乾隆三十七年成名，直至乾隆四十一年到北京再遇朱筠，黃景仁只有三首追陪朱筠宴遊時奉命或分韻之作，關懷存問，盡付厥如，詩亦無甚可觀。直到乾隆四十二年，黃景仁把家人接到北京，生活艱難，朱筠便施以援手了。〈移家來京師〉的第五首[28]，黃景仁謂若非朱筠基於憐才心態而幫上一把，自己便準要變作流民了。同

公聞此言顧我嘻，小子狂矣言無稽。言雖無稽心不欺，春葵只有傾陽枝。
作詩呈公公解頤，謂我詩筆猶可為。十年吟苦霜鬢絲，一編吐氣今其時。（清）黃
景仁：《兩當軒集》，頁105。

[27] 紅霞一片海上來，照我樓上華筵開。傾觴綠酒忽復盡，樓中謫仙安在哉！
謫仙之樓樓百尺，筍河夫子文章伯。風流彷彿樓中人，千一百年來此客。
是日江上同雲開，天門淡掃雙蛾眉。江從慈母磯邊轉，潮到燃犀亭下回。
青山對面客起舞，彼此清蓮一抔土。若論七尺歸蓬蒿，此樓作客山是主。
若論醉月來江濱，此樓作主山作賓。長星動搖若無色，未必常作人間魂。
身後蒼涼盡如此，俯仰悲歌亦徒爾。杯底空餘今古愁，眼前忽盡東南美。
高會題詩最上頭，姓名未死重山丘。請將詩卷擲江水，定不與江東向流。（清）黃
景仁：《兩當軒集》，頁107。

[28] 當代朱公叔，憐才第一人。傳經分講席，傍舍結比鄰。
桂玉資浮產，盤餐捐俸金。移家如可繪，差免作流民。（清）黃景仁：《兩當軒
集》，頁317。

年冬天，在〈疊韻呈筍河先生〉[29]中，他說自己「家具寒餘煖足瓶」，
稍後的〈筍河先生見次原韻復疊二首〉[30]又說「一任人嗤難作客，藉
非公在肯言貧」，便明顯是向朱筠求助之作了。黃景仁次年的〈歲
暮懷人〉詩，在朱筠一首[31]，他說「幔亭仙客休相待，八百孤寒要此
人」，可見朱筠在他心目中是根救命稻草，他可能自覺愧對朱筠，但
要說句感謝的話，卻是難於啟齒的。

---

29 （清）黃景仁：《兩當軒集》，頁328。
30 （清）黃景仁：《兩當軒集》，頁331。
31 （清）黃景仁：《兩當軒集》，頁348。

第四章
黃景仁在京之交遊

　　黃景仁二十八歲入京，開始與都中名流遊，當中又與王昶、翁方綱過從最密，繼而認識了以翁方綱為中心的一眾京師名流；在京期間，他也有重逢舊友，或與共傷淪落者相濡以沫。黃景仁在京之交遊，我們不難從《兩當軒集》詩作中理出端緒，當中只有一個例外！翁方綱自稱黃景仁對自己執禮甚殷，但《兩當軒集》中，根沒有一首作品是敘及兩人交誼的，這段耐人尋味的交情，本章會作仔細分析。

第一節　撲朔迷離的交情——黃景仁與翁方綱

一　翁方綱與肌理說

（一）生平及性格

　　按《清史稿文苑傳》[1]，翁方綱自乾隆十七年以二十歲之齡登進士第，二十七歲開始，已典試江西。總結他的一生，三任典試，五任視學，一任副考官，三度扈蹕，一度扈從，一度隨駕，更預千叟宴、恩榮宴，重預鹿鳴宴，在當代漢人而言，受重視程度，一時無兩。

　　若說翁方綱是乾嘉年間的詩壇盟主，反對者定必大有人在，因為

---

[1]　（清）趙爾巽：《清史稿》，頁13394。

他的肌理詩，確實受到不少人的批評；不過，若說他是當時的文壇領袖，則並不為過，因為，他除了在經學以至金石考據方面有斐然成就，他受統治者信用之隆，也是難覓第二人的。

翁方綱之受乾隆眷顧，初因精熟滿文（見陳康祺《郎潛紀聞》[2]「翁方綱精清書」一條），不過，翁方綱之所以深受乾隆器重，最主要的，還是他的治學方針與當時清廷的「國策」契合。張仲良在〈清代詩歌的兩大特點〉[3]一篇指出，滿清以異族統治中國，控制思想就是當前急務，所以，清廷先用消極的治標方法，就是以文字獄防民之口，繼而用積極的治本方法，就是將知識分子的心力導向金石考據之中；翁方綱一生致力於經學及金石考據之學，再加上他是精熟滿文的漢人，所以，說他是政治幌子也好，是得力輔助也好，乾隆總要對他有所倚仗。

按花病鶴〈十朝詩話〉[4]所載，翁方綱一生，就在典試、視學、鑽研金石中度過，他是個道貌岸然的學者，他亦不介意別人說他不懂情趣。不過，時人亦有懷疑他表裏不一的，劉聲木《萇楚齋三筆》「翁方綱以妾為妻」一條[5]，說「名士好財，理學好色，學士兼有之」，劉聲木對他的批評，可能過於嚴厲，不過，在詩學的範疇而言，他的肌理詩在當代不乏擁護者，卻是不爭之事實。

2　（清）陳康祺：《郎潛紀聞初筆二筆三筆》，頁48。

3　張仲良：〈清代詩歌的兩大特點〉，《江漢論壇》第2期（武漢市：湖北省社會科學院，1987年）。

4　覃溪嫻於金石碑版之學，兼長書法韻語，所撰兩漢金石記及石洲詩話，為世所稱。有「海外東坡」之謠，洪稚存遽挽以詩云：「最喜客譚金石例，略嫌公少性情詩。」後覃溪見之，亦不以為忤。錢仲聯：《清詩紀事》，頁5457。

5　（清）劉聲木：《萇楚齋隨筆》（北京市：中華書局，1998年），頁495。

（二）肌理說的政治意義

　　劉誠《中國詩學史・清代卷》認為，詩歌可以成為統治階層的政治宣傳工具，可以穩定社會狀態，所以清政府在乾隆二十二年會試增加五言八韻律詩一首，使詩歌的地位能與制舉文看齊，也使士子分一分心力於詩歌創作[6]。不過，滿清統治者對詩歌的獎勵也帶來了他們意想不到的影響，尤其是在性靈說盛行之後！

　　劉誠在該著也論述到，在性靈說盛行下，三教九流人物也借詩歌舞文弄墨、附庸風雅[7]，這與清政府的原先命意是大相逕庭的。

　　說到性靈詩，就不能不提袁枚了。陳旻志在〈至情只可酬知己——袁枚：與隨園女詩人開啟的性靈詩觀〉[8]一文指出，袁枚素來不屑主持名教，甚至敢說「偽名儒不如真名妓」，他在三十餘歲盛年致仕後，築隨園，優游其中，他的生活與文學觀念，可以「臨水登山，尋花問柳」八字概之。石玲在〈袁枚研究的回顧與思考〉[9]也說，袁枚的作品表現詩人個性，但「較少厚重社會內容」。

　　若性靈詩本身根本缺乏厚重社會內容，性靈說只使詩歌成為三教九流各式人等稱心隨口之作，又或使詩人紛紛對那些不如真名妓的偽名儒口誅筆伐，那對統治階層絕非好事，所以，朝廷需要一個將詩歌「撥亂反正」的健將。而這名「健將」，捨翁方綱之外，就沒有更適當人選了。

　　作為當代的詩壇盟主要符合甚麼條件？魏泉〈論道咸年間的宗宋

6　劉誠：《中國詩學史・清代卷》（廈門市：鷺江出版社，2002 年），頁 136。

7　劉誠：《中國詩學史・清代卷》，頁 206。

8　陳旻志：〈至情祇可酬知己——袁枚：與隨園女詩人開啟的性靈詩觀〉，《鵝湖月刊》第 7 期（臺北市：鵝湖月刊雜誌社，2002 年）。

9　石玲：〈袁枚：研究的回顧與思考〉，《蘭州大學學報》（社會科學版），1999 年第 2 期。

詩風〉時，就認為詩壇盟主有三大條件：第一，位高名重；第二，有
領袖群倫的凝聚力和感召力；第三，能詩（不一定是造詣最高者）[10]。
翁方綱在乾隆一朝，就是個如魏泉所說的「詩壇盟主」，他的肌理
說，若從欣賞詩歌的角度著眼，可說是對詩歌的摧殘，但他在有生之
年，卻深受乾隆重用。他的詩歌，肩負了重大的政治使命，那就是上
文張仲良所說的「讓知識分子脫離實際生活，鑽入故紙堆中」[11]了。

　　翁方綱位高名重，是不爭之事實。李銳清在〈翁方綱肌理說的理
論〉[12]云：「翁方綱少年登第，在京師當了數十年官，時常與名流俊彥
來往，詩酒唱酬；又數度出任為各地的主考和學政，所收的門生、弟
子，數目並不少。」事實上，翁方綱也提攜過不少後學，如劉台拱、
凌廷堪、孔廣森、王聘珍、馮敏昌、吳嵩梁等，都是在他的護翼下
成名的[13]。不過，若他的號召力只源於他的位高權重，那麼，他的追
隨者就未必是純粹的為仰慕他的學問、人格而來的了，所以，嚴迪昌
在《清詩史》[14]中，就指出翁與追隨者之間，「有科場座主與門生型的
師弟關係，有幕下供養或招邀以陪清玩、修類書的師生相稱，種種不
一」，這種以利合多於以義合的關係，嚴格來說，是對師生關係的侮
辱啊！

　　至於肌理說本身，朱則杰認為是封建思想文化統治的直接產物，
是清朝統治者借以鞏固封建統治的工具[15]，劉世南則說是翁方綱藉以

[10] 魏泉：〈論道咸年間的宗宋詩風〉，《文史哲》第2期（上海市：華東師範大學，2004年）。

[11] 張仲良：〈清代詩歌的兩大特點〉，《江漢論壇》第2期（武漢市：湖北省社會科學院，1987年）。

[12] 李銳清：〈翁方綱「肌理說」的理論〉，《中國文化研究所學報》第19期，1988年。

[13] 清史編委會：《清代人物傳稿》第10冊（北京市：中華書局，1984年），頁206。

[14] 嚴迪昌：《清詩史》，頁699。

[15] 朱則杰：《清詩史》（南京市：江蘇古籍出版社，2000年），頁237。

打擊在野的袁枚性靈說的武器[16]。總而言之，翁方綱熱心提拔後學，他的肌理詩又對朝廷統治有這麼大的貢獻，所以，他在乾嘉兩朝均受禮遇，是合理不過的。

（三）肌理說的主張

關於翁方綱「肌理說」的主張，近人吳兆路指出，翁方綱要求作者須有真才實學，要多讀書，通過鑽研古書，充實自己的學問，翁方綱是把真才實學和詩歌創作結合了起來[17]。朱則杰則謂，「肌理」說主張詩人以博學通經作為根柢，同時借助於多種多樣的手法、縝密細致的理路，在作品中充實地表現符合儒家傳統的思想及性情，以昌明世教，推尊學問[18]；所以，嚴明便乾脆說翁是要把詩人學者化了[19]。

總而言之，翁方綱主張作者必先精於經史考據等學問，然後把這方面的真才實學寫入詩中，作品的中心思想亦要與儒家精神相吻合，所以，劉世南在《清詩流派史》[20]中把這種詩歌理論與桐城的古文義法相提並論。若翁方綱要把詩人學者化，那便難怪毫無學者背景的黃景仁，在與翁方綱的晚輩中斯人獨憔悴了。

（四）翁方綱的詩歌特色

《清詩紀事》收錄了不少人對翁方綱詩的評價，我們可藉以略窺肌理詩之面貌。袁枚之性靈說，論詩觀點與翁方綱南轅北轍，但在

16　劉世南：《清詩流派史》，頁298。

17　吳兆路：〈翁方綱的「肌理」說探析〉，《蘭州大學學報》（社會科學版），1999年第3期。

18　朱則杰：《清詩史》，頁237。

19　嚴明：〈學人與詩人的際會合流──清代「學人之詩」的形成與發展〉《中國文哲研究通訊》第十三卷第3期（臺北市：中央研究院中國文哲研究所，2003年）。

20　嚴迪昌：《清詩史》，頁699。

論詩角度看，袁枚卻為翁方綱詩歌作出準確的描述。袁枚《隨園詩話》，有續元遺山《論詩》[21]，最後一首云：「天涯有客號詅癡，誤把抄書當作詩。抄到鍾嶸詩品日，該他知道性靈時。」此作是針對翁方綱的將詩歌當作考據學問，句句加註而發的。

若只參袁枚之說，可能失之偏頗，況且袁與翁詩歌主張儼如兩個極端，袁之評論，或欠公允。我們不妨看看洪亮吉的見解。洪亮吉視翁方綱為前輩，時有往來，他在《北江詩話》中，說「翁閣學方綱詩如博士解經，苦無心得。」[22]他是批評翁方綱的詩像經傳注疏多於像詩歌啊！及後洪亮吉在收到誤傳的翁方綱死訊時，輓詩中有「略嫌公少性情詩」[23]之句，可見他對翁詩的講考據學問而少及性情，是不表認同的。

與洪亮吉相比，朱庭珍在《筱園詩話》[24]中就說得不留餘地了，他雖欣賞翁方綱的記問淵博，欣賞他的肌理詩能宏獎風流，可是，在詩歌的角度看，他的作品簡直是「死氣滿紙，了無性情，最為可厭」的！

在諸家詩評中，易宗夔算是對翁方綱詩有較正面的評價，他在《新世說》中，說翁是「蓋真能以學為詩者」[25]，是能把學問寫入詩歌的。不過，我認為以詩歌談考據學問根本有違「詩言志」的本意，翁方綱的作品在後世之認受性不高，是可以理解的。

《復初齋詩集》中，絕大部分是以考據學問、紀事紀實為題材的作品，所以他在四庫全書第一部告成時有詩紀之[26]、買得施注蘇詩殘

<hr>

21　錢仲聯：《清詩紀事》，頁5451。

22　錢仲聯：《清詩紀事》，頁5452。

23　（清）洪亮吉：《洪亮吉集》，頁2252。

24　錢仲聯：《清詩紀事》，頁5454。

25　錢仲聯：《清詩紀事》，頁5457。

26　（清）翁方綱：〈四庫全書第一部繕錄告成正月廿一日奉貯于文淵閣臣以校理與觀

本時有詩記之[27]、與友儕同賞清明上河圖真蹟時又有詩作[28]、甚至看西洋畫也有詩以記[29]，當中或述四庫全書之修纂及文淵閣之陳設，或記蘇詩殘本、清明上河圖之流傳概況，或描述洋畫之筆法技巧，這類作品，就是再讀上千百篇、千百遍，也難讀出詩歌味道的。

　　劉世南在《清詩流派史》[30]說，《復初齋詩集》中部分作品都是有情趣，有詩味的，可惜這類作品在五六千首中只佔極小的比例，絕大部分作品，根本是很難視之為詩的。

　　我覺得，翁方綱為使詩作不傷名教，往往有不近人情者，例如〈未谷得醉鄉侯舊銅印寄予云以贈縠人予因約魚門瘦同先為之調之二首〉[31]，中有句云：「竹君仲則俱黃土，日月堂堂逝酒漿。此印聊供詩料耳，侯乎勿以醉為鄉。」以兩位亡友作調笑之資，性格就顯得涼薄了。又如〈題黃仲則江上愁心圖二首〉[32]，他題的是〈江上愁心圖〉自應切合圖意，寫江上、愁心，但到了第二首的末四句，就換上說教口吻，叫黃景仁在「讀書得路」後，便將騷人雅興拋諸腦後，但黃景仁當年（乾隆四十三年）名為在京候銓，事實是客邸辛酸，寥落不偶，

　　　陳設敬歌以紀〉，《復初齋詩集》，《續修四庫全書》（上海市：上海古籍出版社，1995 年），頁 571。

27　（清）翁方綱：〈買得蘇詩施注宋槧殘本即商邱宋氏藏者〉，《復初齋詩集》，頁 452。

28　（清）翁方綱：〈同覃石魚門集丹叔侍讀齋觀所藏宋張擇端清明上河圖真蹟卷〉，《復初齋詩集》，頁 462。

29　（清）翁方綱：〈洋畫歌〉，《復初齋詩集》，頁 404。

30　劉世南：《清詩流派史》，頁 301～302。

31　（清）翁方綱：《復初齋詩集》，頁 596。

32　秋水娟娟隔，美人誰目成。蘪蕪香自結，杜若碧無情。
　　弭櫂憺延竚，乘雲翮上征。玉簫何處起，天闊亂山橫。（其一）
　　阻風眠飯話，心事有誰知。廿載詩狂後，三更酒渴時。
　　讀書今得路，奉母喜伸眉。莫信騷人筆，煙江疊嶂詞。（其二）（清）翁方綱：《復初齋詩集》，頁 513。

所以他那些「訓誨之言」，在詩中就顯得不倫不類了。

翁方綱的詩，既不言志，也不合「溫柔敦厚」的詩教，難怪朱則杰在《清詩史》也認同洪亮吉說的「只覺時流好尚偏，並將考證入詩篇」是指翁方綱，甚至認為朱庭珍評翁詩「死氣滿紙」亦合乎客觀事實了[33]。

（五）肌理說對當代詩壇的影響

肌理說的詩歌主張，與傳統的「詩言志」、「溫柔敦厚，詩之教也」等主張南轅北轍，但以翁方綱在當時的名望及乾隆對他的支持，在乾嘉兩朝確實產生過一些影響。劉世南在《清詩流派史》[34]認為，風行於嘉慶年間的「學士詩派」，一改北方詩壇宗尚性靈、常州詩派之風，倡導及支持者正是翁方綱的一眾門生及傳人。

雖說肌理派詩在當代產生一定作用，但更多資料顯示，翁方綱之說，自他有生之年，就不大為人接受。李銳清〈翁方綱肌理說的理論〉一文[35]指出，蔣士銓、趙翼、洪亮吉等，雖跟翁方綱過從甚密，但他們跟袁枚之關係，比翁更密切，在詩歌之觀點上，也更接近性靈派。清末民初的劉聲木，在《萇楚齋隨筆》[36]論翁方綱詩時也說，翁方綱詩是「似詩非詩，似文非文」，在當時已流傳益罕了。

肌理說在乾嘉兩朝確實產生過一些影響，但以詩論詩，肌理詩並不具備流傳後世之條件，難怪一九二四年凌善興輯《評註清詩讀本》[37]，以至近人錢仲聯輯《清詩精華錄》[38]，翁方綱詩一首也不入選了。

33　朱則杰：《清詩史》，頁239。

34　劉世南：《清詩流派史》，頁308。

35　李銳清：〈翁方綱「肌理說」的理論〉。

36　（清）劉聲木：《萇楚齋隨筆》，頁53。

37　凌善興：《評注清詩讀本》（臺北市：大東書局，1926年）。

38　錢仲聯：《清詩精華錄》（濟南市：齊魯書社，1987年）。

二 《悔存詩鈔》的編訂

　　上節說到，跟翁方綱過從甚密的蔣士銓和洪亮吉都不認同翁方綱
肌理說的詩論，那麼比蔣、洪更率性而行的的黃景仁，又會否支持翁
的主張？翁方綱自稱深為黃景仁信服，但事實是否如此？黃景仁雖極
重視自己作品的流傳，但他絕不會希望翁方綱為他刊行遺集，奇怪的
是，在黃景仁歿後，翁竟急不及待地為黃刊行詩集，又是何緣故？種
種問題，下文將細加探討。

（一）黃景仁對自己詩集的重視

　　黃景仁《兩當軒集》現收古、近體詩共一千一百八十一首，在內
容方面，大都不離一個「情」字。其中，表達親情及師友之情的，真
摯深厚，委實令人感動；至於他的愛情詩（主要是〈綺懷〉、〈感舊〉
等作），纏綿悱惻，在衛道之士眼中，流於淫靡，但卻是一眾年輕讀
者的最愛；最後，表達他自傷不遇、窮愁憤慨之情的作品，可說是他
詩中的精華，他在〈與稚存話舊〉中，有「顛狂落拓休相笑，各任天
機遣世情」[39]之句，實為的論。可惜，他這種「盛世哀音」，並不被當
代一般顯貴接受。

　　嚴迪昌《清詩史》指出，黃景仁的詩歌在生前死後都名噪一時，
但當代名臣顯宦都只賞其才華，而不欣賞其行徑[40]。由此可見，當代
的文學貴族對黃景仁實是又愛又恨的；愛的，是愛他的詩才，恨的，

---

[39] 身世無煩計屢更，鷗波浩蕩省前盟。君更多故傷懷抱，我近中年惜友生。
　　向底處求千日酒？讓它人飽五侯鯖。顛狂落拓休相笑，各任天機遣世情。（其二）
　　（清）黃景仁：《兩當軒集》，頁346。
[40] 嚴迪昌：《清詩史》，頁954。

是恨他詩歌的綺膩之語和怨怒之情!

　　時人如何評價自己的詩歌,黃景仁自應瞭如指掌,而以他一介寒微,而且體弱多病,常恐年壽不永,又能做些甚麼?所以,他就只能將重任託付他的生死之交洪亮吉了,在乾隆四十三年,洪、黃兩人同往虞山展邵齊熏之墓,黃景仁就向洪亮吉提出了為梓遺集的要求了[41]。

　　洪亮吉是在黃景仁友儕中與他交情最深,而且最有能力為他編梓遺集的一個,不過,黃景仁還是恐怕遺集會被刪訂得面目全非的。洪亮吉在〈出關與畢侍郎箋〉[42]就曾提到,黃景仁嘗以開玩笑的語調跟洪亮吉說:「他日余不幸早死,集經君訂定,必乖余之旨趣矣。」但我認為黃景仁對洪亮吉說的,並不是戲言,因為他深知洪亮吉對自己的率性而行,並不認同。如果作進一步推測的話,假若洪亮吉想在仕途上有更大的發展,或須仰仗如翁方綱般的文壇領袖援引,那麼他在為黃景仁編訂遺集時,也未必可以全權作主了!

　　黃景仁到了人生中最後的日子,仍是對自己的作品流傳問題耿耿於懷的。武億在〈弔黃仲則文〉[43]說,乾隆四十六年,黃景仁臥病京師,兩人相見時,黃向他出示兩卷新作,並擔心自己若有不測,作品能否流傳下去。

　　乾隆四十八年,黃景仁病歿運城,洪亮吉在收集黃景仁遺稿後,並沒有據個人好惡為摯友加以刪訂,而是交付王昶與嚴長明肩此重任。不過,在黃景仁病歿當年的冬天,河東鹽運使沈業富已將黃景仁部分遺稿送交翁方綱,翁亦急不及待的將詩稿刪訂成《悔存詩鈔》並

---

[41] (清)黃景仁:《兩當軒集》,頁605。(清)洪亮吉:〈國子監生武英殿書籤官候選縣丞黃君行狀〉。

[42] (清)黃景仁:《兩當軒集》,頁344。

[43] (清)黃景仁:《兩當軒集》,頁611。

刊行於世了。無論如何，若黃景仁泉下有知，得悉自己的作品以如此面貌流傳後世，他定是死不瞑目的。

（二）翁方綱缺乏編訂黃集之動機

據翁方綱所言，他把黃景仁遺詩刪訂成《悔存詩鈔》，是因為黃景仁一向視自己為服膺的前輩，所以把他的詩歌從嚴刪訂。翁在〈悔存詩鈔序〉[44]稱：「予初識仲則于吾里朱竹君學使坐上，讀其詩大奇之，自此仲則時以其詩來質，其信予之篤，出於中心之誠。予今是鈔，如見仲則，亦相待以不欺而已。」不過，若證諸黃景仁一生行事及投贈作品，翁所說的，絕非事實。兩人關係如何，本節將有詳細論述，不過從兩人詩風之差距，我們已可知道翁方綱並不具備為黃景仁編訂遺集的條件。

我認為黃景仁不會向翁方綱討教詩道的最主要原因，是兩人的詩風相距不啻千里。袁枚及洪亮吉對翁方綱以學問考據為詩之評論，已見上文，茲不冗述。洪亮吉得到誤傳翁的死訊，輓詩中說「略嫌公少性情詩」[45]，他說「略嫌」，已說得十分客氣；而在黃景仁的作品中，數量最多而且寫得最精采的，就是那些「性情詩」，所以，翁方綱說黃景仁「其信予之篤，出於中心之誠」，是難以想象的。事實上，從《兩當詩集》中完全沒有黃景仁向翁討教之作品，便可想見兩人除最基本的社交應酬外，就沒有其他作品交流的了。

（三）翁方綱刪訂《悔存詩鈔》的真正用意

乾隆詩壇，先後出現了王士禛的「神韻」說、沈德潛的「格調」

---

[44]（清）黃景仁：《兩當軒集》，頁592。
[45]（清）洪亮吉：《洪亮吉集》，頁2252。

說、翁方綱的「肌理」說和袁枚的「性靈」說，但最得乾隆欣賞的，
是翁方綱的一派，箇中原因，已見上文，茲不冗述。清廷要讓天下學
子知道，要考取功名，就要以考據學問為事，翁方綱就是滿清統治者
最重要的棋子了。在乾隆年間，翁方綱多次肩負典試、視學等工作，
按張維屏《國朝詩人徵略》[46]載，翁方綱自乾隆二十四至五十六年，
分別典試江西、湖北、江南；一任順天鄉試副考官；視學粵東、江
西、山東，在粵東更歷三任。若翁方綱承擔著如此沉重的文化使命，
自然要「以重理而不重趣的態度進行詩歌創作與批評」[47]，他是不會容
許黃景仁這位「怨尤之習生，而蕩僻之志作……放浪酣嬉，自托於酒
筵歌肆」[48]的作者敗壞社會風氣的！而且，黃景仁與袁枚關係密切，
詩風亦與「性靈」說相近，偏偏黃景仁詩又風行一時，那絕對是他提
倡肌理說的絆腳石呢！

　　翁方綱不想，也不能禁絕黃景仁的作品流傳後世，原因是黃於生
前死後詩名滿天下，一定有人為他編纂遺集；再者，黃景仁是黃庭堅
後裔，翁方綱「論詩又以杜、韓、蘇、黃（庭堅）、元遺山、虞道園
六家為宗」，家中也掛上黃庭堅遺像，為黃景仁編訂遺集，也算是對
黃庭堅的尊重；最後，黃景仁才華堪愛，遭遇堪憐，也肯向他執晚輩
之禮，所以，他只好把黃景仁詩「兢兢致慎，刪之又刪，不敢以酒聖
詩狂相位置」[49]，把黃詩對社會文化風氣造成的負面影響減至最低。不
過，在《兩當軒集》中，那些借酒澆愁、高歌當哭、綺語豔詞，正是
黃景仁詩的精華所在，翁方綱這麼的刪訂，是不會為一般人接受的。

46　（清）張維屏：《國朝詩人徵略》卷三十四。
47　徐國能：〈翁方綱杜詩學探微〉，《臺北大學中文學報》創刊號（臺北縣：臺北大
　　學，2006年）。
48　（清）黃景仁：《兩當軒集》，頁592。翁方綱：〈悔存詩鈔序〉。
49　（清）黃景仁：《兩當軒集》，頁592。翁方綱：〈悔存詩鈔序〉。

張塤是翁方綱的文友，他與黃景仁也曾一同參與當時的詩酒雅集，他在〈論詩答友人四首〉（其二）[50]，就說過「生相輕薄死珍重，豪氣哀情兩不知。仲則存時予頗不愜其詩」的話，可見他對黃景仁的詩本來是沒有多大好感的。不過，在他知道翁方綱欲嚴刪黃詩時，也不大同意翁的做法，故在〈有欲嚴刪亡友之詩者故題〉[51]中說「刪詩宜古不宜今，莫為時賢枉用心。九地埋魂皆碧艸，一鑪換冶豈黃金。」用翁方綱的一套標準去刪黃景仁的詩，就準會把黃金都淘掉了。

洪亮吉曾說：「檢點溪山餘笠屐，刪除花月少精神（詩為翁學士方綱所刪，凡稍涉綺語及飲酒諸詩，皆不錄入。）」[52] 經翁方綱「精心刪訂」的《悔存詩鈔》，只是《兩當軒詩》的雞肋而已。

翁方綱對黃景仁遺詩的去取原則，確實未孚眾望，除了洪亮吉外，王昶在〈湖海詩傳小序〉[53]亦云：「世雖有愛而梓之者，然去取失宜，今詳加決擇，存全本於書塾中，以待後之篤嗜者之論定。」王昶對《兩當軒集》的流傳，比為他編訂遺集的翁方綱實有更大貢獻呢！

三　翁、黃兩人的關係

據翁方綱所言，黃景仁一向服膺自己這個前輩，在《悔存詩鈔序》[54]中，他說自己是在朱筠處「初識仲則」，並對黃大為欣賞，自此以後，黃景仁常常取自己的詩作向他請教，他堅信黃景仁是誠心服膺

[50]（清）張塤：《竹葉庵文集》，《續修四庫全書》（上海市：上海古籍出版社，1995年），頁244。

[51]（清）張塤：《竹葉庵文集》，頁245。

[52]（清）洪亮吉：《洪亮吉集》，頁867。

[53]（清）黃景仁：《兩當軒集》，頁596。

[54]（清）黃景仁：《兩當軒集》，頁592。

他詩法的，所以便要以自己的詩歌主張去嚴刪黃的作品。不過，若證諸黃景仁一生行事及投贈作品，翁所說的並非事實。

據黃景仁年譜所載，黃景仁從乾隆三十六年春到乾隆三十七年冬天，都在太平府度過，乾隆三十七年三月，正是黃景仁在采石磯太白樓寫下〈笥河先生偕宴太白樓醉中作歌〉一篇，使「白袷少年」名動京華的一刻，有關事跡，左輔〈黃縣丞狀〉[55]記之甚詳。又按翁方綱年譜所載，翁在乾隆三十七年正月的月梢，即黃於太白樓賦詩前的一個多月返抵北京，但年譜沒有記下他到太白樓參與盛會一事！所以，翁方綱所說的「初識仲則于吾里朱竹君學使坐上，讀其詩大奇之」，應是朱筠入京後之事，而且，那個時候他也只是讀其詩而未見其人。據黃景仁年譜所載，黃景仁初抵京師，乃在乾隆四十年冬，所以，翁、黃相交，也是黃景仁入京後之事了。

至於翁方綱所說的「自此仲則時以其詩來質，其信予之篤，出於中心之誠。」若據以下各項事實判斷，則應該是不符實情了：

（一）翁黃兩人關係疏離

黃景仁與翁方綱有較多接觸的日子，應是由乾隆四十年十二月至乾隆四十八年黃景仁病歿的八年間。據黃逸之《清黃仲則先生景仁年譜》[56]所載，黃景仁於乾隆四十一年「始與都中名流游。……遂得校錄四庫館」，翁方綱這年是在京任文淵閣校理官的，黃的入館，很可能是得翁引薦的；不過，就算是翁方綱樂於引薦，也沒有換來黃於往後日子對他多加親近。

據沈津《翁方綱年譜》所載，黃景仁在京的日子，跟翁方綱是有

---

55 （清）黃景仁：《兩當軒集》，頁607。
56 黃逸之：《清黃仲則先生景仁年譜》，頁42。

過幾次詩文聚會的。乾隆四十一年，兩人有兩次碰面機會，但都是應
邀出席文人聚會，這可算是偶爾碰頭吧！直到乾隆四十四年，黃景仁
才參與了四次由翁方綱作主人或在翁家進行的聚會；而在四十五年的
一次詩會後，黃景仁便再沒有參與這類聚會了。

在詩作方面，《兩當軒集》中，與翁方綱有關的詩作共有六首，
但六首全是題跋金石文物等之作品，無一首及於私人交誼，若說黃景
仁服膺翁之詩歌主張，並「時以其詩來質」，絕不合理。

（二）黃景仁性格高傲

黃景仁不可能與翁方綱有太密切關係的另一原因，就是黃性格孤
高，甚至近於恃才傲物，與翁方綱的學究氣根本格格不入。

黃景仁一生中，可視為生死之交的，只有洪亮吉一人，這跟他的
性格有莫大關係。黃景仁的狂傲，在第一章中已論之甚詳，茲不冗
述。黃景仁的狂，是不為一般人所接受的，洪亮吉在黃景仁歿後，挽
詩有「交空四海唯餘我」之句，由此可見，這時的黃景仁已使儕輩敬
而遠之，所以，他的行徑也不會是道貌岸然的翁方綱所能接受的。

張維屏在《聽松廬詩話》[57]，對黃景仁有以下評價：

> 或曰：仲則耽酒好色，其才雖美，其人不足重。子之推許，毋
> 乃過歟？余曰：僕就詩論詩，謂其詩可愛，非謂其人可法也。
> 亦第就仲則之詩論詩，非謂其能壓倒諸家也。至仲則親老家
> 貧，窮愁抑塞，念念不忘將母，乃欲謀升斗之養，而不獲遂其
> 志。卒至饑驅奔走，客死他鄉，吾方悲之不暇，又何暇以禮法
> 繩之耶？

---

[57]　錢仲聯：《清詩紀事》，頁7409。

張維屏是以憐才之心看待黃景仁，所以對黃是頗為包容的。但依
我推想，就算翁方綱也如張維屏般對黃景仁生出憐憫之心，黃景仁也
會如洪亮吉所說的「貧仍不受憐」，絕不願過些仰人鼻息的日子。

最後，黃景仁〈圈虎行〉[58]一篇，就是他不會依附翁方綱的最好
證明了。〈圈虎行〉作於乾隆四十五年，黃景仁時三十二歲。黃景仁
與翁方綱接觸最多的時間，是在乾隆四十四年，是時，黃景仁與摯友
洪亮吉，跟翁方綱、程晉芳等人間有聚會，作了一些題金石文物的詩
作；但在乾隆四十五年，黃景仁便再沒有寫類似的詩歌了。當年冬
天，黃景仁有〈圈虎行〉之作。他筆下的虎，「毛拳耳戢氣不揚」，
成為「游手兒」的生財工具，「任人頤使」，他表面上是寫在柙之虎
的沮喪，實際上是寫自己周旋於權貴中的憤懣，以黃景仁的性格，他
是不屑攀附翁方綱的。綜合以上各項，我認為翁方綱想提攜黃景仁可
能是事實，不過黃景仁並沒有接受他的好意，在黃景仁心目中，翁方
綱只是個前輩名人，甚至是求晉身的津梁而已。

第二節　畏友吳蔚光

在《兩當軒集》中，雖說有涉吳蔚光的詩只有兩首，而且，其中
一首只是在詩題中提及此人，但談到黃景仁的交遊，我卻不能不談吳
蔚光，因為，他倆相識既久，吳對黃了解亦深，在吳所寫的詩詞序跋
中，有關黃景仁的就超過十篇，我們可透過吳蔚光的作品，窺得黃景
仁生平的一鱗半爪。

吳蔚光比黃景仁年長六歲，至於生平事蹟，可考之記載不多，

---

58 （清）黃景仁：《兩當軒集》，頁354。

《清詩紀事》[59]只說他是乾隆四十五年進士，官禮部主事，有《素修堂集》，並錄汪佑南《山涇草堂詩話》一條，說他為人恬淡，通籍未久便歸隱林泉，享山林之樂去也。（《國朝詩人徵略》所載略同）此外，黃景仁年譜[60]記錄了黃在乾隆三十九年偕邵元直往訪吳蔚光之事，並錄黃詩「我師青門邵，於君屬姻婭」之句。綜合以上資料，我們可推知吳蔚光與邵齊燾屬姻婭之親，兩人之相識，乃因邵元直之關係。

黃葆樹輯《黃仲則研究資料》，收錄了多首吳蔚光之詩作，在〈夢黃秀才景仁〉兩首[61]，他憶述自己與黃景仁、邵元直談文說藝之樂，並讚黃景仁才如高山突起，只恐黃「才大世所忌」，不遇於時，易生怨懟，所以勸他「守志順時命」，靜待時機。

黃景仁在乾隆四十一年初到北京，他作於是年的〈訪吳竹橋〉[62]，有「君來已先我，拊掌笑相迓」之句，由此可知，吳比黃更早到京，所以黃初抵京華，便與好友敘舊了。黃景仁同年有〈春感〉兩首，吳蔚光也有〈黃大景仁以燕京春感詩見示和之〉兩首[63]，吳、黃兩作，用韻相同，故肯定是同期作品。在該詩中，吳蔚光落句即云：「今歲幾相見，忽忽將暮春。」故可推知，黃自入京以後，與吳是屢有往還的。在〈訪吳竹橋〉一篇，黃景仁憶述兩年前的初冬，自己跟邵元直同訪吳蔚光，吳抱病相見之事，並感慨目前彼此皆憔悴京華，囊空如洗。吳蔚光也報以〈黃大景仁過我即依所貽詩韻奉報且述感也〉[64]，說黃之詩作辭必己出，雖雜以嬉笑怒罵，但為識者所賞，復勉之以「男

---

[59]　錢仲聯：《清詩紀事》，頁6457。

[60]　黃逸之：《清黃仲則先生景仁年譜》，頁34。

[61]　黃葆樹：《黃仲則研究資料》，頁141。

[62]　（清）黃景仁：《兩當軒集》，頁306。

[63]　黃葆樹：《黃仲則研究資料》，頁142。

[64]　黃葆樹：《黃仲則研究資料》，頁142。

兒七尺軀，焉能屈腰胯」，叫他不能隨波逐流呢！

　　吳、黃兩人之交情，我們復可從〈別黃景仁〉[65]一首窺得一二。黃景仁自於乾隆四十一年到京，便不曾離開，直至乾隆四十五年移家南歸，才離京數月，所以，這首別黃景仁，應是吳蔚光在乾隆四十一年應東巡召試未售，離京南還之作。吳蔚光在詩中說，「我本風塵未拂衣，與君相見倍相依」，道出兩人有「同是天涯淪落人」之感；而「同是平生知己心，思舊天涯渺何託」，則道出「同心而離居」之苦了。

　　乾隆四十五年，黃景仁移家南歸後，便到山東程滄江學使署作幕客。吳蔚光剛於是年登第，所以，他多次催促黃景仁入京，應是想多加照顧的吧。黃景仁在臨行之際，寫下〈得吳竹橋書趣北行留別程端立〉兩首[66]，程滄江應是待他不薄的，所以他在詩中說「此行吾豈意，可奈尺書頻」，他不想離開，不過，他又不想辜負朋友的好意，所以只好應吳之約，入京見面了。第二首的結句，是「將心託鴻爪，到處一留痕」，此語實是蘊藏無限辛酸的。黃景仁入京後結交過不少京師名人，但那些人對他的前途，卻毫無幫助；黃景仁曾說過「生平求友志，休作世情看」[67]的話，但他現在的「朋友」，絕大部分是他根本看不上眼的，他只視那些人為晉身的踏腳石，所以，黃景仁寧願心如鴻爪，處處留痕，但雪泥鴻爪，隨生隨滅，他根不想這些市道之交在他記憶中留下多少痕跡呢！

　　「將心託鴻爪，到處一留痕」，可能是黃景仁一時感慨下的佳句，但他與吳蔚光之間的交情，應是有異於一般交遊的；黃景仁不大願意多接近吳蔚光，很可能是不想這位與自己恩師邵齊燾有姻婭之親

65　黃葆樹：《黃仲則研究資料》，頁144。

66　（清）黃景仁：《兩當軒集》，頁370。

67　（清）黃景仁：〈留別正陽書院諸生并懷邵二雲編修〉，《兩當軒集》，頁278。

的好友，見到自己的落魄與放任。吳蔚光的〈寄黃仲則〉[68]，在嘆息黃
景仁這位「真名士」窮愁落魄之餘，也說他愛問柳尋花，勸他倒不如
早作南歸計，以免白髮慈親苦苦盼望。在〈甘州〉久不得黃仲則消
息[69]詞中，又說他在潦倒之際，「即使禁狂忍俊，怕依然隨手，散盡
囊金。青衫紅袖，低唱醉花陰。」難怪在這個時候，一般京師名流都
對黃景仁敬而遠之了！對黃景仁而言，吳蔚光可算是個畏友、諍友
呢！

　　黃景仁歿後，吳蔚光哭之以詩[70]，既憐其際遇坎坷，復為先前之
魚雁空傳，但無由得見而深感沉痛；吳蔚光其後在寄懷汪劍潭、洪
亮吉諸友時，也不期然地想到黃景仁[71]，並痛其鬱鬱而終。趙渭川刻
《兩當軒詩》成，寄付吳蔚光，吳即有詩一再記其事，其後又序其
詩，跋其詞，兩人之交情匪淺，於斯可見。黃景仁之所以少與吳蔚光
接觸，恐怕是吳曾勉之以「男兒七尺軀，焉能屈腰胯」，所以，到他
不得已周旋於一輩名人之間時，便有愧對良朋之感了。

第三節　驛路成傾蓋，霜天各敝裘——施晉與余鵬翀

　　施晉與余鵬翀，都是黃景仁入京後結交的朋友。在《兩當軒集》

68　黃葆樹：《黃仲則研究資料》，頁145。

69　黃葆樹：《黃仲則研究資料》，頁147。

70　〈聞黃仲則歿於山西以詩哭之〉：「寡妻孤子白頭親，燕代飄流隕此身。縱使千秋重
　　文苑，何堪四海失詩人。
　　日前書札空相寄，夢裏音容恐未真。爾本飛仙戲人世，斷難長久在埃塵。」黃葆
　　樹：《黃仲則研究資料》，頁144。

71　〈春日寄懷汪劍潭楊荔裳周笙間洪稚存趙味辛黃葯林時皆會試在都〉：「看花重過黃
　　壚否，淒斷山陽一笛風。」諸子及余成與仲則交好，獨仲則不遇而客死，感舊傷
　　逝，當有同慨。黃葆樹：《黃仲則研究資料》，頁144。

中，於乾隆四十二及四十三年，黃景仁有六首寄贈施晉的作品；寄余
鵬翀的，則自乾隆四十二至四十六年間，共有七首。若將那些金石題
跋、社交應酬的作品置而不論，只計敘個人交誼之作，則黃景仁寄贈
他們兩人的詩作，數目就僅次於洪亮吉、左輔、汪中、顧文子四個。
施、余二人在遭遇上跟黃景仁最近似之處，就是大家都考場失意，落
魄京華，故將他們定性為同病相憐的好友，應是最接近事實的。

一　施晉與黃景仁

　　施晉於《清史稿》、《清史列傳》、《清詩紀事》等均無記載，在
《黃仲則研究資料》「交游錄」[72]中，對他的介紹亦只有寥寥數語：「施
晉，字錫蕃，號雪帆，無錫人，諸生。」此外，我們從蔣士銓〈題施
生晉詩本並柬黃生景仁〉[73]詩中「相倚真同李郭舟」一句，可知施、黃
二人就如郭泰、李膺般互相敬重、互相欣賞，除此之外，我們對施晉
便所知不多了。

　　上文說到，黃景仁寄贈施晉的六首詩歌，都是作於乾隆四十二至
四十三年，這段日子，黃景仁在京的生活十分難過。按年譜所記，他
自乾隆四十二年把全家接到京師，便「館穀不足以資給養」[74]，每每要
朱筠、陳秋士等分金相助，方能度過難關；到了乾隆四十三年，他甚
至要屢屢遷居，寥落侘傺，嚐盡客邸辛酸[75]；若他在這時遇上了也得
埋首校書、亦是飢寒交迫、同為離恨縈懷的施晉，便自然份外投契

72　黃葆樹：《黃仲則研究資料》，頁239。

73　（清）蔣士銓：《忠雅堂詩集》，《續修四庫全書》（上海市：上海古籍出版社，1995
　　年），頁495。

74　黃逸之：《清黃仲則先生景仁年譜》，頁47。

75　黃逸之：《清黃仲則先生景仁年譜》，頁53。

了。

　　蔣士銓在〈題施生晉詩本並柬黃生景仁〉[76]詩中，說他們兩個分別在史館、四庫館校書，但都館穀微薄，時值燕市天寒，便得受風霜之苦。他們的貧，黃景仁在詩中亦屢有提到，例如〈夜坐示施雪帆〉中的「樸被依依兩無寐，昨宵寒思已難勝」[77]，寫兩人都衣單被薄，冷得難以入睡；〈再疊前韻〉的「金盡豈憂才共盡，家貧爭奈學尤貧」[78]，寫兩人學本不匱，才華有餘，但偏偏金盡家貧，又可以怨誰？還有〈三疊夜坐韻〉的「惻惻窮交久更親」[79]、〈題施錫蕃雪帆圖四疊前韻〉的「孤舟天地入清貧」[80]、〈偕少雲雪帆小飲薄醉口占〉的「名傳一字貧」[81]，在他們的話題裏，就是離不開一個「貧」字！所以，我把兩人定性為患難相交的朋友。

二　余鵬翀與黃景仁

　　余鵬翀於《清史稿》、《清史列傳》、《清詩紀事》等均無記載，《國朝詩人徵略》[82]則云：「余鵬翀，字少雲，江南懷寧人，太學生，有《息六齋遺稿》。少雲，鵬年之弟，少有逸才，工水墨畫，往來燕晉，所遇名山水，輒以詩寫之。未幾卒。」黃景仁寄贈余鵬翀的作品，都是寫於乾隆四十二至四十六年，這也顯示出他也像施晉一般，

76　江東年少雙行笈，燕市天寒一敝裘。史館餐錢書局紙，因貧聊復與沉浮。（清）蔣士銓：《忠雅堂詩集》，頁495。

77　（清）黃景仁：《兩當軒集》，頁322。

78　（清）黃景仁：《兩當軒集》，頁323。

79　（清）黃景仁：《兩當軒集》，頁330。

80　（清）黃景仁：《兩當軒集》，頁330。

81　（清）黃景仁：《兩當軒集》，頁336。

82　（清）張維屏：《國朝詩人徵略》第1713冊，頁20。

是黃景仁在最潦倒的日子中的朋友。

　　黃景仁〈六疊前韻和余少雲作〉[83]中，有「青眼相逢訝許親」一句，那顯示出他們的相交，是始於余鵬翀對他的欣賞。按《國朝詩人徵略》所記，余少有逸才，但一生未登第，那麼，他與落魄京華的黃景仁就有幾分相似。在以上一作中，黃景仁有「故交零落感參辰」一語，而在〈余伯扶少雲昆仲施大雪帆消寒夜集分賦〉[84]中，黃景仁也說「停尊念舊雨，太半散江左」，可知當時身處京華的他，已是交遊零落的了，故兩人於此際相遇，格外投緣，就是順理成章的了。

　　透過黃景仁的作品，我們可以知道余鵬翀當時在京的境遇，比黃景仁好不了多少。在〈六疊前韻和余少雲作〉[85]中，黃景仁說「客中君亦舉家貧」，那跟黃移家來京後的情況近似，「兩家骨肉笑圍燈」，既然同病相憐，兩家人的聚會，就總可以相濡以沫的了。兩人的關係密切，可從上引〈余伯扶少雲昆仲施大雪帆消寒夜集分賦〉一首得以證實，詩歌所說的場景，是余鵬翀跟哥哥招集一輩流落京華的「寄公」作消寒之會，但「招邀皆寄公，謀飲先及我」，黃景仁往往是他們必不能少的「嘉賓」，在聚會中，他們儘可「商略身世事」，甚至一吐「我輩如轉蓬，復向燕雲墮」的牢騷，所以，黃景仁最後說「後會宜頻頻，不爾愁則頗」，他只有在這些聚會上，才能暢所欲言呢！

83　（清）黃景仁：《兩當軒集》，頁332。

84　今歲不甚寒，微寒消更可。招邀皆寄公，謀飲先及我。……
　　停尊念舊雨，太半散江左。我輩如轉蓬，復向燕雲墮。商略身世事，百法欠帖妥。
　　且復永今夕，切勿話瑣瑣。……後會宜頻頻，不爾愁則頗。（清）黃景仁：《兩當軒集》，頁336。

85　（清）黃景仁：《兩當軒集》，頁332。

三　黃景仁、施晉、余鵬翀三人之交往

　　黃景仁給施晉的第一首詩，是乾隆四十二年重九後的〈夜坐示施雪帆〉，而最後一首，則是乾隆四十三年歲暮的〈偕少雲雪帆小飲薄醉口占〉。編次稍前於〈偕少雲雪帆小飲薄醉口占〉的〈題施錫蕃雪帆圖四疊前韻〉[86]，落句即云「歸帆一葉阻霜辰」，我按此推斷，施晉在乾隆四十三年歲暮離京，所以自此之後黃即未有贈他的作品，兩人相交，只有一年多的時間。至於余鵬翀，黃景仁贈他的第一首是乾隆四十三年冬的〈六疊前韻和余少雲作〉，最後一首，則是乾隆四十六年秋遊西安前的〈馮魚山張聚夫洪稚存安桂甫余少雲同集寓齋為餞花之飲得餞字〉，兩人相交兩年多。乾隆四十三年歲暮，黃景仁的〈余伯扶少雲昆仲施大雪帆消寒夜集分賦〉及〈偕少雲雪帆小飲薄醉口占〉，顯示出黃、施、余三人之間的友儕關係，其中〈偕少雲雪帆小飲薄醉口占〉[87]，黃說他們三個都是家籍江南而流寓京華，而且都是窮途落魄，是被視作「游民」的一群，他們之間，有太多的共同話題了。可是，施晉的離開，使這三位「游民」只共處了不到一個月的時間。

　　從黃景仁跟他們的交遊，我們便可得知黃坎壈終身的原因了。黃身在京華，投謁名人士大夫的作品，如鳳毛麟角，但換上這一輩「游民」，他卻毫不吝嗇筆墨，這絕對是他內心交戰的結果。他要謀發展，就得跟名人士大夫們打交道，於是，他不得不花時間去做表面工

86　（清）黃景仁：《兩當軒集》，頁331。

87　同是江南客，天涯結比鄰。鄉山燈照夢，凍面酒回春。
　　詩到十分瘦，名傳一字貧。若繩三尺法，我輩是游民。（清）黃景仁：《兩當軒
　　集》，頁336。

夫，跟翁方綱等人聚會題跋，但他的內心感情，就只會跟他的游民好
友分享了。

第四節　鴻爪不留痕──蔣士銓、吳錫麒、張塤

　　本章上節提到，黃景仁入京後要滿不願意地與一些京師名人交
遊，所以，他本著「將心託鴻爪，到處一留痕」的態度，周旋於京城
士大夫之間，那就無怪顯赫一時的翁方綱，也只能在黃景仁的題詠或
雅集一類作品中一顯名字，至於私人交情，可以說是一片空白的。若
連翁方綱也如此，其他的名人或士大夫，黃景仁可能根本不放在心上
了。

　　蔣士銓、吳錫麒與張塤，都是翁方綱詩酒雅集上的常客，都曾與
黃景仁同時出席一些社交活動。蔣士銓是洪亮吉的老師，對黃景仁應
是早有所聞，黃景仁入京後，蔣亦曾贈詩，對其不遇寄予同情，不
過，在《兩當軒集》中只有一首〈蔣心餘先生齋頭觀范巨卿碑額搨
本〉，既是題詠之作，自難見私人交情。至於吳錫麒與張塤，黃景仁
在世之日跟他們完全沒有文字來往，但黃歿後，吳、張都有作品道出
對黃的哀悼、珍惜。他們三個，在性格上都有跟黃景仁相似之處，若
他們是沒有官職在身，跟黃一般落魄江湖的話，說不定就能成為知己
了。

一　蔣士銓

　　黃景仁自二十八歲入都後，開始與都中名流交遊，蔣士銓，可算
是其中一個。蔣士銓在京之初，因賦性剛介，與同僚關係不佳，那跟
黃景仁在使院與共事者不諧頗為相似；而透過他的詩作，可見他跟

黃景仁一般，都是個重親情的人；再者，他對老師金德瑛的深情，
也不遜於黃景仁之對邵齊燾；由此可見，蔣、黃兩人的性格是頗為
相似的。黃景仁集中，雖只有一首〈蔣心餘先生齋頭觀范巨卿碑額搨
本〉，但蔣曾贈黃詩，對黃的不遇懷著深深的感慨，故談黃景仁的交
遊，就不能不談蔣士銓了。

（一）生平及性格

　　阮元撰《蔣心餘先生傳》[88]時，參考了蔣士銓多位師友之文字，
頗具參考價值，阮元筆下的蔣士銓，對教授生徒之興趣比仕途發展更
大，他先後主講蕺山、崇文、安定書院，並有意以教授終老。他初到
京華，便才名甚藉，裘文達將他與彭文勤稱為「江右兩名士」，故乾
隆亦屢屢問到蔣士銓。他首度入京時，與同儕相處未洽，他母親亦常
常恐怕他會為自己招來麻煩，所以他四十歲便在母親勸說下辭官歸去
了。十三年後，他再度入京謀發展，但不久又上風痺，所以，他不得
已地為自己的仕途畫上句號。阮元所記，已描畫出蔣士銓一生之大略
面貌，蔣士銓性格上的「遇不可於意，雖權貴，幾微不能容」，對他
的際遇及詩歌風格產生極大影響。

　　蔣士銓的志向，本來是做個周世濟民的循吏，可惜一生蹭蹬，苦
無建樹；他的仕途偃蹇，跟他的「耿介」有莫大關係。在他二十六歲
的一年，本來就有機會攀附權貴，說不定能有一番作為，但他並沒有
把握這次機會。《清容居士行年錄》[89]載，在他二十六歲的一年，他的
座師錢香樹告訴他，「某公欲得君為門人，許加拂拭」，在他處身的
年代，有名公鉅卿的延譽、栽培，對他的仕途發展，有極為正面的影

88　（清）阮元：《蔣心餘先生傳》，《蔣士銓研究資料集》，頁79。

89　（清）蔣士銓：《清容居士行年錄》，《蔣士銓研究資料集》，頁71。

響，可是，蔣士銓卻以「維親與師不可假，俟他日果受其知，斯無愧耳」一口回絕，那使錢香樹對他多了幾分佩服，但也可能為自己加上了一個「不識抬舉」的標籤，因為在鉅公們的社交圈子裏，口耳相傳的破壞力是無可估計的。

蔣士銓這種性格，一直沒有改變，所以在他三十三至四十歲任京官的八年裏，自是落落寡合的。他的老師金德瑛在〈忠雅堂詩集序〉[90]云：「君耿介廉敏，不諧於俗，官都下，閉門謝客。」當官的閉門謝客，又怎能跟同列者打好關係，甚或得到當權者引薦？〈鉛山縣志〉[91]載，當年蔣士銓名震京師，名卿們都爭相要結識他，但他卻不屑地說：「自以方枘入圓鑿，恐不合。」

他此語一出，想不「閉門謝客」也不容易了！徐珂在《曲稗‧演臨川夢傳奇》[92]說，他的剛介峭直得罪了權相和珅，故一直受到打壓，所以在京師八年都無甚發展，他的不遇，實是順理成章的啊！

蔣士銓的性格，不單使名卿鉅公們敬而遠之，一般士人，都會對他望而生畏的。張三禮〈桂林霜序〉[93]說，蔣士銓態度隨和，但性格剛烈，當他與人談論史事，往往向人投以凌厲目光，意氣激昂，措辭強硬，所以「齷齪之士輒避去」。不過，就算我本非「齷齪之士」，我也是不敢惹他的，萬一我跟他的觀點不同，就很可能招來一頓嘗罵了，我又何必自取其辱呢？若單看這方面，黃景仁與他人意見不合便拂袖而去，已是較隨和的了！

按袁枚〈翰林院編修候補御史蔣公墓志銘〉[94]，蔣士銓四十歲時辭

90　《蔣士銓研究資料集》，頁98。
91　《蔣士銓研究資料集》，頁88。
92　《蔣士銓研究資料集》，頁160。
93　《蔣士銓研究資料集》，頁106。
94　《蔣士銓研究資料集》，頁84。

官歸里，跟他母親的勸喻不無關係，墓志銘說他「遇不可於意，雖權貴幾微不能容」，任何人跟他的意見不合，都要依他的！他的母親生怕他的性格剛烈會為他本身以至家人帶來麻煩，所以便勸他歸里了。

仲山批本《隨園詩話》[95]則提到另一個妨礙他仕途發的人，那就是彭芸楣。蔣士銓與彭芸楣都是山西人，都以才名著稱。性奸巧的彭善事當道，終置身協辦，蔣恃傲物，又為彭所嫉，便只有鬱鬱不得志了。以蔣士銓的「性烈」、「剛介」、「恃才驕物」，就是對「權貴」也「幾微不能容」，在和珅當權的時候為官，能全身而退已極不容易，所以，他母親勸他歸里，是聰明的做法呢！

在蔣士銓四十歲辭官前，他是有一次絕佳晉身機會的，但八年的歷練，並沒有磨平他的稜角，他又放棄了一次「受上知」的機會。他自撰的《清容居士行年錄》[96]云：「（四十歲）裴師穎薦予入景山為內伶，填詞或可受上知。」自古以來，為求晉身而不擇手段者，大有人在，蔣入為內伶，不須看一眾名卿鉅公們的面色，又不須與俗沉浮，他應該不會感到委屈；再者，他初到京師，乾隆已屢屢問及他是個怎麼樣的人物，要得到乾隆賞識而發揮個人抱負，應非難事，但他也拒絕了裴的好意。不過，他這麼一去，就是十四年了。仰人鼻息以求出路，有骨氣的人絕對不屑為之，蔣士銓如是，黃景仁也如是！

蔣士銓於乾隆四十三年七月再度入京供職，不過，他這次的入京，便是只為餬口的了。已經五十四歲的他，在性格上不可能有太大的改變，所以，生活也不會過得愉快，袁枚〈翰林院編修候補御史蔣公墓志銘〉[97]就說：「及君再至長安，浮沉舊職，一二知己盡矣。同列皆闖然少年，趨尚寡諧，愈益不自喜，……不自珍攝，以致早衰。」

---

[95]　《蔣士銓研究資料集》，頁129。
[96]　《蔣士銓研究資料集》，頁74。
[97]　《蔣士銓研究資料集》，頁84。

所以，就算他不是在乾隆四十六年患風痹辭官，料想亦不會在仕途上
有多大發展。

　　他的「耿介」，不但影響了他的仕途，也影響了他的詩歌風格；
因為，具獨特的個性，不隨波逐流，正是作為性情詩人的一大條件。

（二）詩歌特色

1　詩歌主張

　　蔣士銓雖不可以說是個性靈詩人，但他的詩風與性靈派相彷彿，
而他本身跟性靈派巨擘袁枚也深具淵源。王英志在《袁枚評傳》[98]
中，認為蔣士銓詩學觀與袁枚雖有分歧，但與袁枚私交甚深，堪稱生
死至交，可算是性靈派的同盟軍。我個人認為，蔣士銓作品中，寫親
情以及對百姓關懷之情，就表現了他性格上悲天憫人的一面，把他算
作性靈派詩人，並無不妥。在論蔣士銓詩歌之前，我得先論袁、蔣兩
人之文字因緣及交往概況。

　　乾嘉詩人中，袁枚、蔣士銓、趙翼合稱三家，三人之中，袁年
最長，成名亦最早，實屬蔣之前輩。袁枚《隨園詩話》[99]載，袁之識
蔣，始於袁過揚州時見壁間題詩，但因詩末只署「苕生」二字而不著
姓名，故袁雖深賞其詩，而苦恨無以識其人。後來，袁得熊滌齋相
告，苕生乃蔣士銓，熊及後為其作伐，促成兩人結交；訂交之時，蔣
隨即贈袁詩，中有「知己從來勝感恩」之句，自此兩人過從甚密。法
式善之《梧門詩話》[100]，亦有記述袁枚對蔣士銓詩之推許，大意謂蔣年
方二十已能以豪健之筆寫非凡之境。自兩人結識後，便時有文字往來

---

[98]　王英志：《袁枚評傳》（南京市：南京大學出版社，2002年），頁203。
[99]　（清）袁枚：《隨園詩話》（南京市：江蘇古籍出版社，2000年），頁11。
[100]（清）法式善：《梧門詩話》（臺北市：廣文書局，1973年），頁133。

了。

　　乾隆二十九年秋，四十歲的蔣士銓辭官後，隨即僑居江寧，他宅
居之處，也與袁枚家相距不遠。王英志在《袁枚評傳》[101]也推測，蔣
之卜宅，乃因袁多次盛情相邀之緣故，蔣居十廟，袁居隨園，自此兩
人之來往便更頻密了。

　　乾隆三十一年，蔣士銓要到紹興戢山書院任山長了，在《忠雅堂
詩集》中，有〈同高東井文藻夜話因懷陳梅岑公子並柬袁子才先生〉[102]
一首，詩作於赴紹興途中，當中「風雨隨園取次過，匆匆分袂奈愁
何」之句，充分反映出兩人之投契。

　　蔣士銓晚年，病廢家居，他臨終前一年，適值袁枚過訪，蔣便託
袁為其詩集作序。袁枚〈忠雅堂詩集序〉[103]云：「去年余游匡廬，過君
家，君半枯體矣；聞余至，蹶然起，力疾遮留，手仡仡然授，口吃吃
然托曰：『藏園詩非先生序不可。』」若兩人對詩歌之理念沒有相似之
處，實難有如此深交，蔣士銓更不會將為傳世詩集作序之重任交託袁
枚了。

　　蔣士銓詩與性靈詩之共通點，可從蔣士銓四十一歲時所作的〈文
字〉、〈辯詩〉兩篇作品窺見一斑。在〈文字〉[104]三首詩中，他在第一
首先說剽竊古人文字者，不可能享長久之譽，那是點出了作品獨創性
之重要。第二首，他說有些作者好標奇立異，遣辭造句，務求僻詭；
又有些人用語陳腐，晦澀拗口，讀之使人不快，卻指望流傳千古；第
三首，說作者應本著個人性情，寫出自己獨異於眾的氣質，與自己心

---

[101] 王英志：《袁枚評傳》，頁209。

[102] （清）蔣士銓：《忠雅堂詩集》，頁390。

[103] 《蔣士銓研究資料集》，頁99。

[104] 邵海清、李夢生：《忠雅堂集校箋》（上海市：上海古籍出版社，1993年），頁
　　985。

胸中的真。「李杜韓歐蘇」，各具面目，各自成家，這就是性靈了。

至於〈辯詩〉[105]一首，蔣士銓直指時人將詩歌分唐界宋之謬。他指出唐、宋之偉大詩人，每個都有具備自己風格的作品，若要找出他們共通的地方，那就是他們品格上的敦厚，性情上的忠孝，善學者，應明白「唐宋皆吾師」的道理。

金德瑛是蔣士銓的老師，他在〈忠雅堂詩集序〉[106]中，亦強調蔣詩寫真性情、重視獨創之特色，他說蔣詩「所言皆發諸性分，……不務剿襲，絕雷同」並讚他是「年來行輩中罕見其匹」的詩人。

袁、蔣兩人見解相同之處，王英志《袁枚評傳》[107]亦有論及，王認為兩人都主張詩歌表現詩人的真性情，都反對模仿古人，主張創新；不過，兩人見解亦有相異之處，那就是蔣說的性情是合乎儒家正統觀念的性情，所以蔣詩更重視反映民生疾苦，但袁則純粹是寫個人感情的了。不過，我認為蔣詩之重視反映民生疾苦，與袁枚主張的表現詩人真性情，沒有多大矛盾；因為蔣詩說的民生疾苦，並不是高高在上的以憐憫黎民百姓的心態去寫，而是寫他的個人經歷，寫個人真感受，我在下文就先交代蔣士銓在成長中經歷的痛苦吧！

蔣士銓自小體弱多病，自四歲至十七歲，經常臥病在床。按《清容居士行年錄》[108]載，蔣士銓在四歲的時候患痘，差點送掉性命；此外，他的羊癇病在十歲之前，病發得頗為頻密，也為他帶來不少痛苦。九歲時，他病瘍以至數年間難以照顧自己的飲食；十七歲時，病況加劇，醫藥雜投也不見成效，到秋天又患喘嗽，致不能臥。比他更不幸的，是他的兩位弟妹，潤姑不到四歲，便患痘去世，他的一個弟

---

105 邵海清、李夢生：《忠雅堂集校箋》，頁986。

106 《蔣士銓研究資料集》，頁98。

107 王英志：《袁枚評傳》，頁582。

108 《蔣士銓研究資料集》，頁64。

弟，出生七天便夭折了。所以蔣士銓自小便深深領略到疾病為人世間
帶來的痛苦。

家境貧寒，也為蔣士銓帶來一些痛苦的兒時回憶。按《清容居士
行年錄》[109]，他出生時，家裏已十分貧窮，在他兩歲的時候，他任俠好
義的父親因事要到嶺南去，所以在他三歲時，他母親就要把他帶回瑞
洪的娘家過活。在那些日子裏，瑞洪鬧饑荒，他外祖父一家都得吃糠
粃以充飢！當時才五歲的歲蔣士銓，吃不下那些東西，外祖父便花錢
為他買米買肉，兩年如一日。他吃的問題解決了，但以當時環境，他
的日子當然還是不好過的，他說自己在八歲的一年，在嚴寒的日子，
仍是穿著不能蔽膝的短褐的呢！晉身之後，他亦因個性耿介，以致仕
途多塞，未能脫貧；所以，詩中所反映之「民生疾苦」，其實亦是他
自己的苦，寫的亦是他的真性情。

再者，他父親勇於急人之難，母親亦對他愛護有加，在這種背
景下成長，他自然擁護儒家倫理，篤於友誼。陳康祺《郎潛紀聞》[110]
載，蔣士銓覺得，自己的成名立身，全賴老師金德瑛在己弱冠時之教
導及通籍後之提攜，所以蔣晚年命工繪金德瑛之像，歲時奉祀。以此
之故，我認為蔣士銓的擁護儒家正統觀念和關顧民生疾苦，都是寫真
我，非由矯飾，故與袁枚主張的表現詩人真性情是十分吻合的。

2　從詩歌看詩人

在《忠雅堂詩集》中，金石題跋之作固然不少，但此類作品多為
蔣士銓任官期間與友儕宴集應酬之作，一般作者，都難免如此；在
此之外，蔣士銓詩歌就大都能表現出自己耿介剛直、篤於倫理、關

---

[109]《蔣士銓研究資料集》，頁63。

[110]（清）陳康祺：《郎潛紀聞》（北京市：中華書局，1984年），頁44。

顧民生、期有建樹的真性情了，所以，尚鎔的《三家詩話》[111]評其詩時，就說他的詩歌有八個方面是當時一般詩人望塵莫及的，「情深而正」就是其中一項，「情深而正」一語，頗能概括蔣士銓的詩歌。至於《忠雅堂詩集》反映出蔣士銓怎麼樣的性情，現分述如下：

（1）耿介剛直，重視氣節

蔣士銓的耿介剛直，從他二十二歲時的兩篇作品，就可見一隅。他的〈擬秋懷詩〉[112]，其二說自己身為堂堂男子，待人須以肝膽之誠，只要立身行事方面得其是，就不須介懷個人際遇了。其四說為士者或須為衣食擔憂，但若個人節操凜然，就算處於貧賤之境，亦會得人尊重。另一首〈書懷次韻〉[113]，他就自命為清流，自信經霜歷雪，亦可守松柏之性。

在蔣士銓的心目中，個人成敗並不是最重要的，他更重視個人性格上的剛毅、真誠，一個耿介剛直的失敗者，比欺詐的英雄更值得敬佩，廿八歲時的蔣士銓，就借〈烏江項王廟〉[114]道出深深的感歎。在

---

[111] （清）尚鎔：《三家詩話》，《清詩話續編》（上海市：上海古籍出版社，1983年），頁1924。

[112] 苦抉一寸心，古人可以死。歷境何必同？所貴得其是。百世肝膽見，吾生一男子。（其二）
士不志溫飽，時或憂饑寒。陳平故美皙，貧賤寧足歎？（其四）邵海清、李夢生：《忠雅堂集校箋》，頁91。

[113] 海上珊瑚絕蔓藤，千年鐵網未曾罾。士生後世無多筆，人在清流第幾層？
醇酒共觴原快友，春風對友若詩僧。同心未必逢霜雪，松柏他時自可憑。（其二）
邵海清、李夢生：《忠雅堂集校箋》，頁107。

[114] 唔嗚獨滅虎狼秦，絕世英雄自有真。俎上肯貽天下笑？座中惟覺沛公親。
等閒割地分強敵，慷慨將頭贈故人。如此殺身猶瀟落，憐他功狗與功臣。（其一）
凜然生氣照江東，垓下遺歌壓大風。失鹿尚能奔父老，欺人決不是英雄。
亡姬共此烏騅死，左相能教野雉通。不論人心論成敗，那無清淚哭重瞳。（其二）
邵海清、李夢生：《忠雅堂集校箋》，頁304。

劉項之爭中，項羽是失敗者，但蔣士銓認為項羽是有真性情的絕世英雄，他為人慷慨，決不欺人，就是殺身，也來得灑落，所以蔣士銓不以成敗論人，為這位剛直的失敗英雄而灑淚。

乾隆十八年，二十九歲的蔣士銓仍未登進士第，但他料到，自己終必踏上仕途，所以他不斷在警惕自己，在窮達之際應如何自處。在〈雜詠〉[115]中，他說「丈夫無高識，何以處窮達」，又說「落葉既辭樹，翩翻不復上」，他明白到在窮達之際偶一失足，做出富貴無德之事，便如落葉辭枝，無可挽救，所以警惕自己要存歲寒後凋之想。他深知自己賦性太剛烈，易生事端，但他似乎不以這種性格為絆腳石，反而以此為傲；不過，他在三十三歲入仕之後，終於嚐到「人負高名仕益貧」[116]的滋味了。

蔣士銓入仕後，並沒有改變個人志節，依舊鐵骨錚錚。他三十七歲時的〈五更〉[117]中，有「坐數殘星聽雞唱，曉風頻試骨嵯峨」之句，他的「風骨嵯峨」著實令人佩服，但他在夜深時分「坐數殘星聽雞唱」的孤獨感，也是可想而知的了。

乾隆二十八年春，蔣士銓三十九歲，他要到友人吳璥家謝絕一切應酬了。他在〈移榻蓀圃寓齋同居匝月書壁志別〉[118]一首，有「我時避客謝毀譽」之句，李夢生在箋注中，推測蔣的避客可能與他的不肯隨波逐流有關，若李夢生推測無誤，是當時有人在皇帝面前說蔣士銓的壞話，所以他寧願進一步跟那些同僚們保持距離了。不過，蔣士銓不肯隨波逐流，即是不願融入當時的官場文化，所以「被譖」也是早晚的事；次年，他終在母親的勸說下，辭官歸里了。

---

[115] 邵海清、李夢生：《忠雅堂集校箋》，頁322。

[116]《蔣士銓研究資料集》，頁98。

[117] 邵海清、李夢生：《忠雅堂集校箋》，頁728。

[118] 邵海清、李夢生：《忠雅堂集校箋》，頁816。

　　蔣士銓雖經歷了官場上的不如意，但他對自己的耿介剛直，一直持肯定態度，我們可看看他四十一歲時的一首作品：「風水由來未可齊，來船飛渡去船稽。平生不合時宜處，江向東流我向西。」[119]官場上的升沉，蔣士銓根本毫不在意，儘管有些人如來船飛渡般扶搖直上，但他寧堅守做人原則，任這小船在原地稽留，他就是這般不合時宜，他是不會隨波逐流的。

　　乾隆三十二年，蔣士銓在病中度過他的四十三歲生日，在悶極無聊之際，他可能也感到孤獨，但他始終覺得自己的堅持是對的。在〈病中生日感作〉[120]中，他還堅持要「說孝談忠」，因為那是士人應具的氣節，既然「此生窮困由天授」，他就索性我行我素，「後日功名」，根本不去考慮。他不但以自己這種性格為傲，更希望兒子也能以自己為榜樣。

　　蔣士銓五十四歲時再入京供職，在這年，他寫了〈再示知讓〉[121]，給兒子以下的訓勉：「莫貧于無學，莫孤于無友。莫苦于無識，莫賤于無守。……小子謹識之，勿為世俗狃。」他要兒子「有識」、「有守」，正好貫徹了他一生耿介剛直，重視氣節的做人原則。潘德輿〈夏日麈定軒中取近人詩集縱觀之戲為絕句〉[122]云：「蔣袁王趙一成家，六義頹然付狹邪。稍喜清容有詩骨，飄流不盡作風花。」由詩知人，他的詩有「詩骨」，其實是個人「風骨」的反映。

---

119 邵海清、李夢生：〈風水〉，《忠雅堂集校箋》，頁918。

120 此生窮困由天授，後日功名厭客談。（其一）
　　說孝談忠猶耿耿，傷離感逝自沈沈。（其二）邵海清、李夢生：《忠雅堂集校箋》，
　　頁1186。

121 邵海清、李夢生：《忠雅堂集校箋》，頁1586。

122 錢仲聯：《清詩紀事》，頁5698。

（2）篤於倫理，多情易感

在《忠雅堂詩集》中，表達倫理之情的作品，數量甚多，從那些作品中，我們可見蔣士銓對母親、妻子、兒女以至兄弟姊妹都是懷著深情的，詩作當中，又以感念慈親者佔絕大多數，下文將分項述之。

母子之情

據陳述《蔣心餘先生年譜》所載，蔣士銓出生時，父年四十八，母年二十，自三歲開始，他就隨母親寄食外祖家，直至八歲，他父親才把他們母子接回南昌居住。在這五年裏，他母親擔起了教子成才的重任，而他的舅父也對他照顧有加，所以他對母親及舅氏的情，比父親還要深厚。在蔣士銓的詩作中，從學習到遊歷、赴試、出仕、退隱、教授、再度出仕，每個時期都有寫到他對母親的情。

〈遠游〉[123]一首，是蔣士銓二十二歲時的作品，這是他破題兒第一次離家遊歷，他在出行前，「長跪拜慈母，有淚不敢垂」，告訴母親，他已懂照顧自己，願她勿為自己的衣食擔憂，並承諾在歲暮回家，叫她不須為自己倚閭盼望。詩中「俯首聽兒言，丁寧語兒知」兩句，語淺情深，言辭不啻出自肺腑，感人至深。

可能這是蔣士銓初度離家遠遊的關係，他這年思念母親之作俯拾皆是。從詩中可見，他每過一天，對母親的思念便更深一層。初離家時，他是「料得近來思子淚，高堂夜夜說行人」[124]，只說母親的思念自己，未說個人感受；但離家愈遠，念母之情便來得愈深切，由「目斷

---

[123] 邵海清、李夢生：《忠雅堂集校箋》，頁63。

[124] 邵海清、李夢生：〈石港守風寄家書〉，《忠雅堂集校箋》，頁65。

樂山親舍遠」[125]到「感時常自念庭闈」[126]，繼而「惻惻傷心肝」[127]，並為拙於謀生而「艱難累老親」[128]感愧疚；最後的「客中何日不思親」[129]，則似恨不得立即回家奉母！難怪到他年底歸家，雀躍之情，便溢於言表了。〈歲暮到家〉[130]是蔣士銓的名作，母子久別重逢，多少心裏話，霎時間亦不知從何說起，甚至尋常禮素，也頓然忘卻，蔣士銓當時的喜樂，可想而知。及至母親為他的消瘦而感嘆，他也不敢直言苦況，使母親更心痛，當中「低回愧人子，不敢嘆風塵」兩句，更是抵得上千言萬語。

蔣士銓在二十三歲的一年再度出門應試，及後又隨老師金德瑛遊歷，在外不到兩年；可能他先前已有離家獨處的經驗，又有老師相伴，所寄家書，也沒有往年的苦澀味。在〈寄家書〉[131]中，他自謂欲借詩歌以娛親，又說自己在外飲酒有度，叫母親不用為自己擔心，最後答應母親不會延誤歸期，全首像是閒話家常，不露一絲苦味。他二十四歲還家時與父母重聚的喜悅，可從〈到家〉[132]詩一覽無遺，在他筆下，他父母是「見兒百慮盡」，自己則是「兒樂亦無涯」，文字平白，卻洋溢著濃厚親情呢！

---

[125] 邵海清、李夢生：〈抵撫州〉，《忠雅堂集校箋》，頁76。

[126] 邵海清、李夢生：〈鄉夢再用前韻〉，《忠雅堂集校箋》，頁84。

[127] 邵海清、李夢生：〈擬秋懷詩〉，《忠雅堂集校箋》，頁91。

[128] 邵海清、李夢生：〈新淦舟次寄永豐九叔〉，《忠雅堂集校箋》，頁103。

[129] 邵海清、李夢生：〈時節〉，《忠雅堂集校箋》，頁108。

[130] 雙筇當戶倚，游子後登堂。感定言辭出，歡來跪拜忘。
不教論老健，先為說風霜。刺刺何能已？盤餐小婢忙。（其一）
愛子心無盡，歸家喜及辰。寒衣針線密，家信墨痕新。
見面憐清瘦，呼兒問苦辛。低回愧人子，不敢嘆風塵。（其二）邵海清、李夢生：
《忠雅堂集校箋》，頁125。

[131] 邵海清、李夢生：《忠雅堂集校箋》，頁140。

[132] 邵海清、李夢生：《忠雅堂集校箋》，頁208。

　　自二十五至三十歲，蔣士銓思念慈母的詩歌不多，原因是他二十八歲的下半年才北上應試，既然居於南昌，便不用母子分離。不過，在他二十六歲時，仍有〈新寒〉[133]一首，對慈母授衣表示感謝。到他三十歲授內閣中書，與母隔別，在夜直時思前想後，便有〈禁省夜直感懷書家信後〉[134]一作，他在思念母親的同時，也記掛既要料理家務，又要看顧兒子的妻子。可能是他在這段時間比較少給母親寫信，思念較深，也可能是他想到母親年事日高，心藏憂慮，詩中「淚痕虛幌三年漬，恨壓眉峯到幾層」等句，已沒有二十三歲時的〈寄家書〉般開懷了。

　　蔣士銓從三十一至四十歲，初則告假閒居南昌，繼而挈母入京任官，都與母親一起生活，所以未見思親之作。但到他辭官南歸，轉事教授之後，便長間時與母親分隔分地，所以又有較多的思親之作。他在四十二歲時，要到杭州崇山書院當教授，母子在十多年裏沒有分開過，而今一旦要別母而去，他心中又有百般不捨了。〈出門〉[135]四首，就是他起行前的作品。第一首，他說已十年不離母親膝下，離別之際，反而羨慕庭樹上的鳥雛可以得到母親的看顧。第二首，寫母子臨別時的悲痛，蔣士銓這回是帶同兒子赴崇山書院的，所以他說母親要「垂老別兒孫，感傷唯自知」了。第三首，他說兒子知廉十五年來一

---

[133] 夕陽穿樹薄，江氣入蓬深。扇裂藏深篋，香溫展舊衾。
　　袷衣慈母授，秋夢病妻尋。此夕愁多少？淒涼萬戶砧。邵海清、李夢生：《忠雅堂集校箋》，頁240。

[134] 難瞻親舍雲千里，索負金門米一囊。每對盤餐念甘旨，官廚雖美不能嘗。（其一）
　　感恩實下千秋淚，報怨虛存一字疑。盼斷泥金憐阿母。三年相慰但如斯。（其三）
　　人世無端改笑嚬，孩提悲喜記天真。報親大抵難為子，求仕何曾叟救貧。（其七）
　　汲井牽蘿僕婢能，柴關畫掩冷如冰。幸無醉飽驕妻妾，恥以饑寒累友朋。
　　懷母兼思機上婦，抱兒應剪夜闌燈。淚痕虛幌三年漬，恨壓眉峰到幾層？（其八）
　　邵海清、李夢生：《忠雅堂集校箋》，頁376。

[135] 邵海清、李夢生：《忠雅堂集校箋》，頁1079。

直在祖母照顧下成長，在祖母的呵護下，雖說知廉「嬌憨性不馴，恃愛每多乖」，但那正好說出祖孫兩人感情深厚，老來作別，自是痛在心頭了。蔣士銓的母親，臨別時再三叮囑兒子，不要答撻知廉，知廉將要離開祖母，便不禁「號泣聲哀哀」，自祖至孫三代之情，在這裏表現得淋漓盡致。第四首，蔣士銓自覺把兒子也帶走，要母親思子復思孫，使她「舊淚連新痕」，是難以彌補的憾事。

這組詩歌寫蔣士銓帶同長子知廉到戢山書院，致使母親有垂老別兒孫之苦，而且，他跟母親在相聚十多載後遽然傷別，沉痛倍加，知廉的號泣聲哀哀，其實也是蔣士銓本身的寫照。

蔣士銓在同年的〈樓居〉[136]，在教導兒子，冀其能立身處世的同時，亦表明自己有「白頭將母奉晨昏」之志。在〈躊躇〉[137]中，有「頻勞魚雁傳親健，恐有生徒笑子迂」之句，他頻頻寄書問及家裏情況，恐怕他的學生也笑他過分擔心，近於迂腐了。以上兩首，充分表現他感謝母親培育、盼望晨昏定省及期盼母親無恙的心意。

隨後數年，可能他已身經多故，思親之作頓減，但在他四十四歲時的〈生日〉[138]，仍叮囑妻子要代自己承歡膝下，「要引安人一解頤」。五十歲時，他自覺碌碌多年，未能使母親過安樂的日子，是虧待慈親，所以在〈五十初度漫成〉[139]，他說「但覺家貧仰母慈」，只有這位慈母，才肯毫無怨言地隨著兒子食貧呢！

蔣士銓五十四歲時，母親去世已四年了，但他仍懷著深深的悲痛，在〈十月二十八日〉[140]一首，他說自母親去世，這四年的生活，

---

[136] 邵海清、李夢生：《忠雅堂集校箋》，頁 1105。

[137] 邵海清、李夢生：《忠雅堂集校箋》，頁 1106。

[138] 邵海清、李夢生：《忠雅堂集校箋》，頁 1525。

[139] 邵海清、李夢生：《忠雅堂集校箋》，頁 1428。

[140] 邵海清、李夢生：《忠雅堂集校箋》，頁 1646。

就如偷生一樣，就算再著朝衫，使家境有所改善，母親也不能共享了，他只望能在辭官後，結廬於母親墓旁，「老垂雙淚墓門邊」以作補償吧！總結而言，道母子之情是蔣士銓詩歌的最主要題材，我們可以透過《忠雅堂詩集》窺見蔣士銓「孝子」的形象。蔣士銓這個孝子，總算能給母親尚算安穩的生活，那比起一心奉母，卻落得「慘慘柴門風雪夜，此時有子不如無」的黃景仁，幸福得多了。

夫妻之情

乾隆十年十一月，蔣士銓二十一歲，便與妻張氏成婚，張時年十九；成婚之次年，蔣就隨父出遊，再應童子試，入縣學。其後數年，蔣要北上赴試，夫妻兩人只有幾次在蔣回家省親時的短聚。蔣士銓與妻子聚少離多，而妻子在他外出時，就要代他負起照顧雙親之重責，所以，他對妻子在掛念之外，還有幾分感激的。

在初度離家的兩年多日子裏，蔣士銓提到妻子的作品，似乎都帶點感激。例如〈石港守風寄家書〉[141]，他在想起雙親的同時，又想起妻子。〈新淦舟次寄永豐九叔〉[142]，說自己未能盡兒子之職，故得賴妻子代為照顧雙親，處理家事，並讚賞妻子甘於食貧。二十二歲時的〈歲暮到家〉[143]，是蔣士銓第一度離家後回歸之作，他眼見形容消瘦的妻子能把家務打理得井井有條，自然心存感激；但自己經年作客，與妻子

---

[141] 鏡中眉黛憐新婦，燈下壺觴憶老親。邵海清、李夢生：《忠雅堂集校箋》，頁65。

[142] 出路慚兒職，宜家賴室人。敝裘寒未典，新婦雅能貧。邵海清、李夢生：《忠雅堂集校箋》，頁103。

[143] 瘦妻顏色定，一語問縈歸。婦職能家事，離愁合帶圍。
依人原驥尾，對爾是牛衣。今夜閨中月，寒光覺漸微。（其三）
閒居無半月，作客動經年。養缺羞才短，家貧託婦賢。
黃金非壯志，白日在高天。把盞為親壽，窮愁事偶然。（其五）邵海清、李夢生：《忠雅堂集校箋》，頁125。

聚少離多，卻始終未能使她過點富足的生活，自是心存愧疚的了。

乾隆十二年春天，二十三歲的蔣士銓又要出門了，是年夏天，他有〈江州官舍寄內二絕句〉[144]，在報平安之餘，也感謝妻子代己承歡膝下。透過這些作品，可看出蔣士銓對張氏是感激多於關愛，可能是兩人自成婚以來，根本未有太多時間相處，感情尚未建立之故吧！

乾隆十三年十二月，蔣士銓二十四歲，遽遭喪父之痛的他，居喪於家，這是蔣士銓首度跟妻子有較長時間的相聚。乾隆十五年初，蔣士銓因生計日蹙，又須赴南昌充邑志總纂了。在南昌任職，雖然可以數月一返家，與妻相聚，但總的來說，仍是聚少離多的。經過年多的相處，蔣士銓跟妻子的感情比前深厚了，所以，他在新寒之際，聽得砧杵之聲，便想到臥病的妻子，為她的身體情況而擔心[145]。

乾隆十六年十二月，他們不到兩歲的女兒寧意夭亡，在不足四年的時間裏，張氏經歷了家翁去世、稚女夭亡之痛；不過，蔣士銓在這段時間並沒有陪伴她多久，次年夏天，蔣士銓又要北上赴試。

乾隆十七年十一月，張氏為他誕下長子知廉，士銓家素貧，多添一口，生活更不好過，所以，張氏在這段日子是十分難熬的。若將蔣士銓隨後兩年寄內之作，與他喪父前的家書相比較，明顯可見此時的他對妻子之情是更為深厚的。乾隆十八年的〈寄家書〉[146]，他寫妻子要獨自照顧孩子，已甚吃力，加上本身經濟條件不佳，累得妻子要典當釵環，歉疚之情，躍然紙上。詩中「憐人只有經天月，夜夜空階照永歎」兩句，寫他對月懷人，生出無窮感慨，這裏流露的情，是蔣士銓

---

[144] 白髮春來健飯無？年年遊子愧慈烏。親操井臼吾何望？賴爾承歡事舅姑。
青衫長嘯走風塵，豈有閒情賦好春？兩字平安千里信，莫將離恨問行人。邵海清、
李夢生：《忠雅堂集校箋》，頁141。

[145] 〈新寒〉：「袷衣慈母授，秋夢病妻尋。此夕愁多少？淒涼萬戶砧。」邵海清、李夢
生：《忠雅堂集校箋》，頁240。

[146] 邵海清、李夢生：《忠雅堂集校箋》，頁345。

詩中第一次剔開了對母親的情，純粹寫他對妻子的思念。次年的〈禁省夜直感懷書家信後〉[147]，他雖說「懷母兼思機上婦」，但綜觀全首，他說妻子應於夜深時分仍在照顧兒子，三年以來，她一直眉頭不展，淚痕沾滿幃幌，詩的主題應是寄內的。蔣士銓對妻子的貧困與孤單，十分瞭解，但他為謀生計，只能懷著深深的愧疚，繼續為前途盡力。他與妻子下一回的相聚，已是乾隆十九年的事了；次年，她又為蔣士銓誕下次子知節，又得為照顧孩子勞心勞力了。

　　蔣士銓乾隆二十一年九月舉家北上任官，二十九年南歸，這七年多的日子，是夫妻兩人相聚時間最長的日子，張氏在乾隆二十三年為他誕下第三子知讓，二十六年，第四子斗兒在出生後瞬即殤亡。（按王昶〈翰林院編修蔣君墓誌銘〉[148]所載，蔣士銓有七子，歿時，「知白、知重、知簡、知約尚幼」，惟四人為蔣妾王氏、戴氏於乾隆四十至四十八年所出。）在這段日子裏，兩人共聚，故集中未有寄內之作。

　　蔣士銓自乾隆三十一年開始先後主講蕺山、安定書院，又與張氏聚少離多了，可能是兩人在相聚一段較長時間後遽然分首，蔣士銓這年裏就有三首懷念妻子之作。〈感憶〉[149]兩首，其一寫妻子本已抱恙在身，但她深知丈夫也勞碌至心力交瘁，便忘卻自身病痛，遙祝丈夫平安。其二是他憶起臨行之際，妻子淚痕滿面地抱病相送，可是關河阻隔，現在要寄書存問也不容易，令他牽腸掛肚。〈立秋感懷〉[150]，寫他

---

[147] 懷母兼思機上婦，抱兒應剪夜闌燈。淚痕虛幌三年漬，恨壓眉峯到幾層？邵海清、李夢生：《忠雅堂集校箋》，頁376。

[148]《蔣士銓研究資料集》，頁82。

[149] 半輪孤月挂危闌，市語人聲下界歡。夫子呻吟殘燭底，病妻猶自祝平安。
淚痕承睫送征人，悽惻難忘病裏身。欲遣雙魚問消息，江河橫隔幾重津。邵海清、李夢生：《忠雅堂集校箋》，頁1106。

[150] 邵海清、李夢生：《忠雅堂集校箋》，頁1107。

得不到家中消息，衰親勞苦，病婦存亡，都令他日夜擔心。〈十一月二十四日為內子生日泊京口待風感憶〉[151]兩首，他想到妻子從嫁給自己的一天開始，便要為持家勞心勞力，以致形容憔悴，他作為丈夫的，又跟妻子「廿一年中半離別」，未能常伴左右，想來也覺慚愧。這天是妻子生日，他本欲回家相聚，但又因阻於風，延誤歸期，所以，他便「恨煞無情衣帶水，累人牛女說相望」了。

乾隆四十三年，蔣士銓再度入京供職，張氏於十一月就到京與蔣團聚。在〈十一月十日家人至〉[152]中，蔣士銓眼見妻子經過多年的生活折磨，已老態畢呈，恰如自己母親當年的模樣，執手相看，難免淒然淌淚，兩人互訴別後情懷，直至更闌。但蔣於次年即患風痺，繼而辭官南歸，並長期臥病，張氏自此便要負起照顧丈夫的重任了。

在蔣士銓心目中，嫡妻張氏自入門以來克盡婦職，所以對她既憐且愛，又心存感激，所以她是除蔣母之外感念最深的一個。

親子之情

蔣士銓計有八子一女，其中長女寧意及四兒斗郎殤亡，他一生多流離在外，對自己不能陪伴子女，不免心存歉疚；其中長女寧意的去世，為他帶來最大的傷痛。寧意生於乾隆十五年五月，殤於乾隆十六年十二月。寧意是他第一個孩子，而且惹人憐愛，她的殤亡，為蔣士銓一家帶來極大傷痛。他的八首〈十二月十四日悼小女寧意〉[153]，寫得極為沉痛。

---

[151] 邵海清、李夢生：《忠雅堂集校箋》，頁1129。

[152] 相逢執手淚痕新，不見當時就養人。冢婦隨姑前日樣，童孫比父昔年身。攜來家具累累卸，別後情懷瑣瑣陳。剪燭更闌疑夢寐，酒匜波暖欲生鱗。邵海清、李夢生：《忠雅堂集校箋》，頁1647。

[153] 邵海清、李夢生：《忠雅堂集校箋》，頁297。

　　第一首「平生作達意」，寫他向來自命達觀，但到要與女兒死別之際，始覺「骨肉有天性」，自己是不能忘情的。眼見嬌女病入膏肓，自己又無能為力，只能嘆句「萬千愛惜意，難與造化爭」了。

　　第二首「名汝曰寧意」，回憶女兒出生後，自己為她取字「若男」，以示不會存著重男輕女的想法，女兒的出生，也使祖母笑逐顏開。

　　第三首「經年客章門」，寫自己陪伴女兒的時間不多，但蔣士銓筆下的寧意，卻懂得「見耶藏母懷，露面博耶歡」，其靈慧可愛，已可想見，不過家中各人見到寧意的行動舉止，都說寧意恐怕是姑姑阿潤的轉世啊（阿潤於五歲時患痘殤亡）！

　　第四首「阿潤汝女叔」，寫寧意之亡，觸起自己喪妹之痛。

　　第五首「桐棺三尺餘」，重點在寫寧意祖母及母親之悲慟。祖母為寧意櫛髮易履，對女孫「撫摩不去手」；母親則抱著女兒不肯放手，到蔣士銓「奪汝離娘懷」時，她更哭得聲嘶力歇。蔣士銓對自己的傷感，雖則輕輕帶過，但從他「且望復汝起」及「長成不汝嫁」的願望，便可見他對女兒的愛，並不下於任何一個。

　　第六首是「百呼不復醒」。「百呼不復醒，默默成長辭」，蔣士銓在沉痛中無奈接受女兒去世的事實，他在祖母「一慟不自持」之際，將亡女之器物或陪葬、或燒毀，一件不留，看似灑脫，但最後「魂小將誰依」一問，已點出自己對亡女的難捨。

　　第七首「葬汝不出郭」，寫他把寧意葬於城西，與家門相近，俾寧意「索乳夢中來」，亦能尋故廬。他亦準備日後把寧意歸骨先隴，使她有永久的安身之所。

　　第八首「燈前見花影」[154]，首四句寫自己見到花影，眨眼間像見到

---

154 燈前見花影，轉瞬若兒立。卻步往扶之，花露盈手濕。病婦擁孤衾，展轉廢眠食。

寧意站在那裏，到他移步去攙扶她的時候，只碰到花上的水珠。他若不是時刻惦念亡女，又怎會見花影而誤以為女兒尚在。他繼而以鄰家小兒歡天喜地的向他索梨索栗，勾起自己對亡女的回憶。最後，他自問不能像太上忘情，若說「過情猶不及」，他自己便是「過情」的一個了。

寧意去世期年，蔣士銓又有〈歷下十二月十四夕感占以是日為小女寧意去年殤期也〉[155]五首絕句。第一首寫自己回想亡女生前嬌態，猶自愴神。第二首寫女兒遽逝，使已屆「殘年」的自己不禁涕泗交流。第三首寫妻子生怕勾起家姑之回憶，只能偷泣空房。第四首寫自己避免重經女兒埋骨之處，以免觸景傷情。第五首，則為佳兒得以輪迴轉世而喜。不過，前四首既是寫妻子的悲酸和自己的不欲觸景傷情，可見他對寧意的去世還是未能釋懷的。

四兒斗郎之死，蔣士銓之痛應不如寧意殤亡之劇，但目睹幼兒在生死邊緣掙扎，再睹妻子之無助，他的痛苦還是不言而喻的。寧意辭世之時是「仰臥目半瞑」、「默默成長辭」，看來是頗安詳的，但〈斗兒病劇〉[156]一首，顯示他死前是「雪膚全減存山骨」，瘦得可憐的呢！

蔣士銓對未能使兒子茁壯成長，是深懷歉意的。所以在十七年後，蔣士銓祭掃這個出生後瞬即殤亡的兒子之墓，仍懷無限傷感。〈永樂庵視四兒斗郎墓〉[157]一首，「入夢兒彈淚」一句自注云：「知廉前一夕夢牽衣索祭。」按斗兒出生、殤亡之時，知廉只是五歲多的孩子，若蔣士銓不是屢屢在知廉面前提及斗兒，知廉應不會有夢及亡弟

晨起曲房靜，出入如有失。娟娟東鄰兒，頻來索梨果。不解西鄰悲，歡笑拜父執。殘歲逼短景，觸目但於悒。殤禮無久哀，止哭惟飲泣。安能學太上？過情猶不及。
邵海清、李夢生：《忠雅堂集校箋》，頁298。

[155] 邵海清、李夢生：《忠雅堂集校箋》，頁320。

[156] 邵海清、李夢生：《忠雅堂集校箋》，頁729。

[157] 邵海清、李夢生：《忠雅堂集校箋》，頁1608。

之事，結句「悽慘共斜陽」，所含情意極深，也可見蔣士銓這些年來從未忘記過這個殤亡的兒子。

　　古人在「父義母慈」的觀念影響下，父親對兒子，往往是義正詞嚴的教誨，但蔣士銓對長子知廉，卻是關顧提點，而非疾言厲色的教導。〈送知廉還白下〉[158]四首，是蔣士銓四十二歲時的作品，知廉時年十四歲。蔣士銓當時主講蕺山書院，並帶同十四歲的兒子到任，但知廉既得疾，又思念母親，蔣士銓便只得把他送回家了。在第一首，蔣士銓只怪自己對兒子疏於照顧，使他染病，又說自己與兒子一樣，都思念自己的母親，並答應兒子秋天便回家看望他；送他離開時，蔣士銓也不禁熱淚盈眶，詩中洋溢著濃濃的父愛。第二首，首兩句點出自己心繫兒子，亦望兒子掛念父親，最後讓兒子在自己的讀書樓修讀，讓兒子知道父子之間原無隔閡。

　　到了乾隆四十二年，五十三歲的蔣士銓在撫州得病，知廉往省視。在〈知廉馳赴撫州省視感而有作〉[159]，他說兒子「手把耶書字，衣沾母淚痕」的探望他，他在病中見兒子「來同飛鳥疾」，自然老懷大慰了。總而言之，《忠雅堂詩集》也可描畫出蔣士銓慈父的形象。

其他

　　我們從《忠雅堂詩集》中看到的蔣士銓，是個極重感情的人，除了上文所說的對母親、妻子及子女懷有深情，在他的作品中亦可見他對兄弟姊妹（同堂昆季）、自小賴之照顧的舅氏及老師金櫃門，亦關

---

[158] 攜爾山樓住，依依兩月餘。病痞憐汝稓，行役愧吾疏。憶母同成夢，思兒共倚閭。當秋遣歸省，淚溢數行書。（其一）
汝往應迴首，吾心逐去舟。休顋貧苦志，已識別離愁。祖母心差慰，慈親疾可瘳。新涼窗几靜，坐我讀書樓。（其二）邵海清、李夢生：《忠雅堂集校箋》，頁1111。
[159] 邵海清、李夢生：《忠雅堂集校箋》，頁1477。

顧備至。

　　寫兄弟姊妹之情的，如〈新淦舟次寄永豐九叔〉[160]、〈寄伯韓四兄仲宣六弟〉[161]、〈示仲宣六弟〉[162]幾首提及的，雖非同胞而只是同堂，但道及長期分隔異地的悲哀，他都流露出無限唏噓之感。

　　此外，蔣士銓對出嫁後遭逢不幸的兩位堂姊，也寄予極深摯的同情，在〈代柬寄江氏姊〉[163]中，他說這位適江氏的姊姊，在丈夫去世後，要照顧稚女及年邁家姑，沒有兒子，在那個時代可說是看不到前景的，所以蔣士銓在勸她「珍重秋風體」之外，就只能為她嘆一句薄命了。而在〈再晤何氏姊志感〉[164]中那位適何氏的姊姊，遭遇就更不幸了，她家貧老病，又子逝孫殤，終日以淚洗面，廉吏之婦真不易為呢！他們兩位既非蔣士銓同胞，平日亦不會有多少機會見面，但蔣士銓在兩首作品流露的感情，仍是真摯不過的。

　　蔣士銓自三歲開始就隨母親「寄食外祖家」，直至八歲時的年終，才被父親接到南昌同住，所以，他對舅氏亦存有深深的感激。在乾隆二十一至二十九年，蔣士銓入京為官，他的舅父又與他同往，一同度過九年的時光。在他辭官並送舅父回家時，他就借〈金陵送蓬翁舅氏還南昌〉[165]表達出對外祖一家的無限感激。蔣士銓還記得父親在自己周歲時便外遊，使他們「母子無所依」，母親其後帶他回外祖家，在饑荒時候，「滋生公（外祖父）家人暨母皆嚙糠粃，（士銓）哽不能下。滋生公日以二錢購一溢米，以二錢易市脯一片飼士銓，歷

---

[160] 一姊歎新寡，諸兄懷各天。邵海清、李夢生：《忠雅堂集校箋》，頁103。

[161] 相聚憶夙昔，嬉戲各童孺，一別十年餘，南北不復顧。邵海清、李夢生：《忠雅堂集校箋》，頁104。

[162] 窮官兄弟難相聚，廉吏兒孫尚可為。邵海清、李夢生：《忠雅堂集校箋》，頁1034。

[163] 邵海清、李夢生：《忠雅堂集校箋》，頁105。

[164] 邵海清、李夢生：《忠雅堂集校箋》，頁1397。

[165] 邵海清、李夢生：《忠雅堂集校箋》，頁946。

二載如一日。」[166]而舅父更一直視他為子姪，教他訓詁學問，如今外祖父母皆已辭世，養育深恩，只能報之於舅氏，際此別離，惟有垃淚道別。最後他告訴舅舅，自己已官中書，定當分粟帛甘旨，奉他回南昌安居。

　　蔣士銓自二十二歲開始，便追隨金德瑛學習，師生之情，有逾父子，乾隆十三年，他下第南歸，在〈留別檜門先生〉[167]詩中，他說「撒手此行無可戀，卻因師表望京華」，他對老師的懷戀是挺深的。乾隆二十一年，蔣士銓追隨老師學習已十年了，在〈十四夜對月有懷檜門先生用公丁卯歲是夜見憶原韻〉[168]詩中，他說「良宵孤坐真疑夢，往事回思定有情」，回憶師生十年間的相處，又不禁思潮起伏。

　　乾隆二十九年，金德瑛辭世兩年多了，蔣士銓夢到老師，便寫下〈天津夜泊夢檜門先生〉[169]五首，他先說夢及老師，便老淚悁悁（其一），想到臨老師之喪時的情景，就更覺淒然（其二），當時他已辭官，所以，打算為老師負土成墓，並效子貢為孔子廬墓之事，為老師守墳（其三）。最後，他表示已把老師視為難得的知己，金德瑛是浙江人，操南音，老師歿後，他每聽到南音，便想起老師了（其四），至今他辭官而去，也自覺有負老師期許（其五）。五首詩語意淒酸，感念師恩之意，並沒有被年月沖淡。

---

[166] 《蔣士銓研究資料集》，頁64。

[167] 邵海清、李夢生：《忠雅堂集校箋》，頁191。

[168] 邵海清、李夢生：《忠雅堂集校箋》，頁517。

[169] 入夢精魂感重尋，臨歧老淚痛悁悁。二毛初見全家去，豈是當時種樹心？
三載前牽素旐舟，瑣闈凝睇淚空流。公為列宿光芒在，還照歸人野岸頭。
只有心喪永不除，生徒會葬禮何如？明年負土成公墓，築室還教賜獨居。
雛鳳雙棲養弱翎，蕭然庭院誦遺經。而今敢謂酬知己？每得南音制淚聽。
殘書十擔去歸田，剛是前人始仕年。孤負先生期許意，向風無語但悽然。邵海清、李夢生：《忠雅堂集校箋》，頁930。

　　乾隆四十二年，五十三歲的蔣士銓仍未忘多年前與老師唱和之事，在〈李家渡感憶丙寅七月十一夕檜門先生觴月賦詩事〉[170]中，他感慨「玉堂人久逝」，想到前事，便「鴻爪怕追尋」了。可能蔣士銓當時年過半百，作品不免有滄桑之感吧！他在詩中為未能繼承老師衣缽而耿耿於懷，雖說「鴻爪怕追尋」，他的不欲追思往事，正可顯出他難以忘懷師恩之意呢！

　　蔣士銓集中表達的各類感情，可以印證出他是個重視倫理、多情易感的人，跟黃景仁十分相似，只是黃景仁困頓一生，故詩中怨懟之氣尤熾吧！

（3）關顧民生

　　王英志在《袁枚暨性靈派詩傳》[171]云：「『真摯之情』，乃是指性靈派詩所表現的個人的性情遭際，不具有深刻的社會意義而屬於私人感情領域。」此語不能誤解，他說的「不具有」，只是說「不一定具有」。因為若作者本身未有如斯經歷，就未必會寫，若作者代入百姓的角色去設想，去表達，寫的也未必符合實情。不過，若作者一生本來就置身社會洪流中，一直受種種社會問題困擾，試問他的作品又怎能迴避這些問題？所以，我們不能見到詩中有反映民生疾苦的，就說那不是作者的真性情。

　　邵海清〈論蔣士銓及其詩文〉[172]一篇亦有類似觀點，他認為：「他本出身寒門，長期的京官和山長的生涯也是清苦的，……這使他思想感情上較為接近人民，並關念他們的疾苦和痛癢。」我在下文將細繹蔣士銓詩與關顧民生的關係。

---

[170] 邵海清、李夢生：《忠雅堂集校箋》，頁1480。

[171] 王英志：《袁枚暨性靈派詩傳》，頁56。

[172] 邵海清：《論蔣士銓及其詩文》，《杭州大學學報》（哲學社會科學版），1993年。

　　蔣士銓可謂在貧病中度過了大半生，他幼年寄居外祖家時，就遇過饑荒，又曾痘發遍身，驚搐幾死。入仕以後，他又因個性耿介，以致仕途多蹇，生活依舊貧困。究竟他與同僚之間發生了甚麼問題？假使是當時吏治敗壞，使他不能獨善其身的作個循吏，於是他把問題癥結點出，那不是個人真性情的表現嗎？所以《忠雅堂詩集》中關顧民生的作品，正是他「私人感情領域」下的心聲。

　　蔣士銓透過自身經歷，指出了當時百姓在民生上面對的問題：

痘殤流行

　　蔣士銓幼年患痘幾死，妹妹又因痘殤，更有一子一女殤亡，所以當乾隆二十八年北京有大量嬰孩患痘，他就借〈痘殤嘆〉[173]道出百姓苦況了。蔣士銓目睹大量嬰孩因患痘殤亡，更有父母恐怕難以照顧，委棄親兒，所以望朝廷效古育嬰堂之制，助百姓哺育嬰兒，就算嬰兒長大後沒有父母，一同長大的被遺棄的一群，彼此也有兄弟之誼。他又借嬰兒「破棺出」之事，盼望父母勿輕言拋棄骨肉。這種對百姓的關顧，絕對是由他的個人遭際誘發出來的。

災民無助

　　蔣士銓幼年寄居外祖家，已嚐過饑荒的滋味，所以在乾隆十三年，他，眼見台莊在饑饉之下「流亡絡繹，死者塞途」，便寫下〈逋逃〉[174]一首，他說濟南饑饉告急，但在朝廷的荒政、積弊下，賑粟一

---

[173] ……昨聞車箱有兒破棺出，痘母所敕城闃喧。

　　入堂兩日哭者至，三世孀婦來兒前。喜兒不死嗣弗斬，揭盍負去歡生顏。

　　歸家遍語四鄰婦，兒死慎勿輕拋捐。邵海清、李夢生：《忠雅堂集校箋》，頁864。

[174] 接踵逋逃入眼真，濟南饑饉告災頻。朝廷轉粟勞飛輓，道路流亡說苦辛。

　　荒政可能除積弊，凶年何以救疲民？哀鴻似為監門哭，慚愧儒冠絆此身。邵海清、李夢生：《忠雅堂集校箋》，頁173。

直未見發放，以致哀鴻遍野，百姓流離。蔣士銓既為百姓的無助感痛心，也為自己的無能為力深感慚愧。

乾隆十五年的〈乞人行〉[175]道出一些「有廉恥」的人在饑荒下的窘態。一些「良家子」，在饑荒之下，恥於向人乞討，更不會與人爭搶，結果自是要繼續受飢餓煎熬的了。有些人一家大小，衣不蔽體，嬌生慣養的小孩子，陪著捱餓，尤其可憫；而女眷們就算得到食物施捨，也覺羞愧。若官府及早伸出援手，他們定不致如斯狼狽的啊！

南昌在乾隆二十九至三十年並罹水災，蔣士銓乾隆三十年初夏，閒居南昌，眼見饑民苦況，就寫了以下三篇了。

〈饑民歎〉[176]寫南昌百姓連續兩年都逢霪雨不止之災，以致有人餓死道旁，有人流離失所。眼前「屍積河壖」的慘況，待埋掉屍體後，問題便可解決；但「良田廢壞地不毛」，不少百姓因此而失去了唯一的謀生工具，問題的嚴重性便難以估計了，但朝廷從來都不會關注這個問題的。

〈後饑民歎〉[177]寫往年賑濟安排不善，導致不必要的人命傷亡，又有吏胥從中漁利，使百姓得不到足夠幫助；今年新官到任，安排大有改善，但新官瞬即要調任，饑民又要為未來擔憂了。在那個年代，人禍往往甚於天災呢！

---

[175] 天意厭蚩蚩，善惡當有別。奈何良家子，饑驅泣幽咽。不幸有廉恥，彳亍類跛鱉。蔽體無完裙，嬌兒白勝雪。清淚瀆襤褸，姓名焉可說？聊復哀閭人，得食面猶熱。（其二）

青裙雜編袂，顏色奉羅敷。饑寒半怵惕，掩淚行路衢。誰家輕薄兒？側目相揶揄。日落氣昏黑，爪痕徧肌膚。得粥涕泣歸，何以謝其夫？風俗竟如是，偷生毋乃愚！（其五）邵海清、李夢生：《忠雅堂集校箋》，頁241。

[176] 邵海清、李夢生：《忠雅堂集校箋》，頁1013。

[177] 邵海清、李夢生：《忠雅堂集校箋》，頁1014。

〈滿岸〉[178]寫災民須長時期為生計擔憂，加上富家從中剝削，使貧者愈貧，富者愈富，蔣士銓愛莫能助，唯盼豐年來臨，使百姓得以安居。詩中說「小人劫數君子憂」，蔣士銓自覺是個君子，所以會為百姓擔憂，可是，在當朝官吏中，像他的卻沒有多少個呢！反過來說，那些數之不盡的敷衍塞責者，就使百姓無辜受罪了。

乾隆四十二年，蔣士銓曾為羅聘的「賣牛圖」賦詩一首，在〈賣牛圖歌為兩峯作〉[179]，蔣士銓說出在乾旱的日子，農民沒錢完糧，為免人牛俱餓死，便只得賣牛了。牛在被帶走的一刻，農民一家號哭相送；這頭牛一直為農民貢獻勞力，甘受鞭笞而不怨，在這個時候，牠犧牲自己，奈何也只為主人掙得三貫錢吧！農民要賣牛完糧，是官員不體恤百姓的表現，蔣士銓寫牛願殺身報恩，是否比催糧之官吏更具人性？百姓為完糧而賣牛，有若涸澤而漁，雖解一時之困，但沒有了牛的農民，未來的日子又怎麼過呢？

農家賣牛固然可憫，不過，若與賣掉自己以養活子女的母親相比，賣牛又顯得十分平常了。〈自鬻〉[180]中的老婦人，為使兒女能免餓死，寧願賣掉自己，這就是母愛的偉大了，但為民父母的官吏們，又是否有盡為人父母之責呢？

風俗敗壞

《忠雅堂詩集》點出了不少影響民生的社會問題，而社會風俗敗壞，就是十分嚴重的一個。

乾隆十五年，蔣士銓居於南昌，年譜謂他「檢米甕，僅餘五

---

[178] 邵海清、李夢生：《忠雅堂集校箋》，頁1014。

[179] 邵海清、李夢生：《忠雅堂集校箋》，頁1465。

[180] 老婦攜兒女，哀哀哭向天。惟求免餓死，豈復計身錢。自鬻難為母，生離最可憐。高禖祀神者，目斷燕巢邊。邵海清、李夢生：《忠雅堂集校箋》，頁1588。

斗」，但當時的「乞人」，生活可能過得比他還好。在〈乞人行〉[181]
中，當時的乞丐在行乞時態度囂張，不只要飯要羹，還要索魚索肉，
你不滿足他們的要求，他們便耍潑耍賴，這類人與其說是乞人，倒不
如說是心存貪欲的無賴惡霸，有這些人在世上，安分守己者亦難獨
善其身，所以蔣士銓以為，凶年時把這些無賴餓死，也是上天的仁慈
了。有些乞丐是該死的，不過，有些卻是值得同情的。略有姿色的婦
女，在行乞時被市井輕薄兒凌辱，時時有之；他們輕則被評頭品足，
更甚者，則弄至「爪痕徧肌膚」，就是能乞來食物，又如何向丈夫交
代呢？如此風俗，是最令蔣士銓痛心的（見註175）。

號稱盛世的乾隆時期，就算在一般日子，亦有一些不良分子，敲
詐百姓，〈康莊〉[182]一首，寫刁民在道中設陷阱，使過路者陷其中，若
要脫身，便得付錢！官吏對此等事是否全不得情？蔣士銓其實亦是心
存懷疑的。

蔣士銓的家鄉鉛山，盜葬流行，這也是令他始終耿耿於懷的。
〈害冢〉[183]一首，指出盜葬流行，不法之徒毀壞墓穴，棄置骸骨，所以
百姓立假冢、造假券，並將先人埋於深山，使墓地長滿生苔，以保先
人安寧。不過，日子久了，那些未立碑記的真冢，可能被人錯認，一
旦有人興訟，與訟雙方往往為訴訟而破家沒產。蔣士銓除指出當時之
風俗破壞，亦暗示了官府之辦事不力。

官府無能、吏治敗壞

上文已提及，風俗敗壞之問題，有關官吏是責無旁貸的。蔣士銓

---

[181] 乞人無古風，丐食淡呼蹴。羹飯得豆區，肥腥索魚肉。所求一不應，詈怒雜啼哭。
（其一）邵海清、李夢生：《忠雅堂集校箋》，頁241。
[182] 邵海清、李夢生：《忠雅堂集校箋》，頁926。
[183] 邵海清、李夢生：《忠雅堂集校箋》，頁1325。

的某些作品，更直接地指出官府官員之不濟事。乾隆十五年，南昌饑荒，官府的辦事效率，令蔣士銓十分失望。據〈乞人行〉[184]第三首所述，一個賑災活動，在文告發表後，待兩個月才可發賑；到發賑時，堂上的發賑者又要先問明居里，方肯發放，在堂下等候的饑民，已成餓殍了！更甚者，是等候竟日，依然有災民領不到食物，而受害者往往是奉公守法的一群呢！

　　第四首諷刺的，是官吏們未能控制秩序。災民都是天明便來等候施粥的，最初大家都肯守秩序，魚貫而入，但可能是派發的速度太慢了，只要有人等得不耐煩，便會引發事端，最終「千夫爭一閫」，秩序大亂，「後來氣力薄」者便得不到施粥了，這又是誰的責任？官吏們甚至以「爾饑食欲急，官令我則遵」為自己辯護，就更顯得涼薄了。

　　最後一首，蔣士銓指出一些大臣只懂向天子邀功，而視百姓如草芥。皇帝是體卹民命的，但中央官員虛報豐年，以博主上歡心；及至地方官員告災，惹得龍顏大怒，官員們還是「擁氅醉飽去，已忘閭閻窮」，朝廷有這樣的官員，百姓們還可以指望甚麼？

　　達官貴人之不恤民困，〈米貴倒疊前韻〉[185]一首就說得更明白了。鄰縣因水災鬧饑荒，越州官員為免糧食被搶購，於是抬高米價，此舉固能防止糧食外流，但越州一般百姓卻是被迫陪著捱餓了。越州官員毫不體恤百姓，只管自己朱門酒肉臭，不理他人路有餓死骨，當時是否有人說出有若晉惠帝「何不食肉糜」般的荒唐話，雖未可知，但讀者可以推知，即使越州有難，這些官員也只會為自己打算，是不會把

---

[184] 煮糜食饑民，愷悌在文告。度日如歷歲，兩月始成竈。一日給粥籌，婦女雜悼耄。堂上問里居，堂下成餓殍。性命爭一息，得籌恨不早。……

　　忍饑且竟日，明朝庶幾飽。（其三）邵海清、李夢生：《忠雅堂集校箋》，頁241。

[185] 邵海清、李夢生：《忠雅堂集校箋》，頁1266。

百姓放在心上的。他在〈可憐〉[186]一首云：「衰親九十倚門閭，赤子紛紛死路衢。胥吏金多僮僕飽，可憐曾讀聖賢書。」蔣士銓對這類飽讀聖賢書，卻只顧自家快活，不理百姓死活的權貴，極端痛恨。

（4）自傷不遇

《忠雅堂詩集》中第一、二兩首作品，都是蔣士銓二十歲（或不足二十歲）之作，詩句當中，已流露出男兒須及時建功立業之意。第一首〈浩歌〉[187]，說自己年已二十，但仍未能有一番作為，惟有借酒放達，以作排遣，他感慨人生短暫，若再虛度光陰，轉眼便身歸丘隴了。第二首〈對酒〉[188]，則點明自己的志向是做個建立經世大業的循吏，並不以彫章琢句為務。這種心態，我們可以蔣士銓其他作品見其大概。

二十一歲時的〈雜詠〉[189]三首，他說自己自小便學習文辭，而且文氣豪宕，健筆如飛，但他深知三不朽中，立言最不可恃，故謂「經世無大業，何以章句為」，而且「朱顏易為老」，要建功立業，便要把握時機，他絕不能再蹉跎歲月了。

蔣士銓二十四歲前的作品，雖是自傷不遇，但仍是不失自信的，自古以來，就是「成敗天難問，英雄恨略同」[190]，個人不遇，只是天意難測，但自己總算是個英雄啊！初時，他對自己的遭遇，儘可以一

---

[186] 邵海清、李夢生：《忠雅堂集校箋》，頁1032。

[187] 二十男兒不得意，酒壚醉臥游新豐。……生年既不滿百歲，北邙墓草成高叢。邵海清、李夢生：《忠雅堂集校箋》，頁1。

[188] 男兒生不圖畫麒麟臺，高冠長劍胡為哉？雕蟲刻鵠不足數，何取齷齪夸奇才。……邵海清、李夢生：《忠雅堂集校箋》，頁2。

[189] 邵海清、李夢生：《忠雅堂集校箋》，頁32。

[190] 邵海清、李夢生：〈渡江〉，《忠雅堂集校箋》，頁27。

笑置之[191]，因為只要自己「壯心未老」，事情便有轉機，他絕不甘心去做另一個嚴子陵，去過歸隱生活的[192]！不過，稍後的作品就沒有這麼樂觀了。在二十八歲時的《九月十日偶然作》[193]，他說「烈士悲秋是壯心」、「一代才華命不齊」，似為前景感到憂慮，但在同一組作品，又有「仕宦他時知不免」之句，他的內心，是充滿矛盾的。

蔣士銓到二十九歲仍是布衣之身，於是他寫下〈雜詠〉[194]，一再提點自己，不能像揚雄、司馬相如一般「甘為文章士」，不能玩物喪志，否則，便「去道日以遠」了！可惜，三十二歲時的蔣士銓，仍未登第，這個時候的他，似乎已預計自己會書生終老，所以他感慨「書生只合在家貧」[195]，他期望有人能像閻伯嶼賞識王勃般賞識自己，但這個願望畢竟難以實現，他也只能像眾多的失意者一般，低迴而去吧[196]！

雖然蔣士銓經歷了一段頗長的失意時期，但在此期間，他對自己還是有要求的，就算他要以布衣終老，他也要置身清流。「君子非孤生，安能不謀食？」[197]不過，就算要謀食，也要做個有所不為的君子，因為道德之防一旦潰缺，將對國家造成莫大影響[198]。如何在窮達

---

[191]〈再過楊林塢〉：「青衫堪一笑，仍是隔年身。」邵海清、李夢生：《忠雅堂集校箋》，頁128。

[192]〈過嚴子陵釣臺〉：「壯心未老中猶熱，古跡無端弔且休。」邵海清、李夢生：《忠雅堂集校箋》，頁160。

[193] 邵海清、李夢生：《忠雅堂集校箋》，頁310。

[194] 邵海清、李夢生：《忠雅堂集校箋》，頁322。

[195] 邵海清、李夢生：〈一春〉，《忠雅堂集校箋》，頁479。

[196]〈滕王閣〉：「一序傳高閣，閻公本愛才。……年年客登覽，何但我低迴。」邵海清、李夢生：《忠雅堂集校箋》，頁523。

[197] 邵海清、李夢生：〈雜詠〉，《忠雅堂集校箋》，頁322。

[198]〈雜詠〉（其十八）：「一朝潰隄防，狂瀾浩無涯。嫌疑積禍患，國家終受之。」邵海清、李夢生：《忠雅堂集校箋》，頁322。

之際善作取捨，對一位君子而言，就是考驗識見的時候了[199]。

蔣士銓三十三歲登第，他在次年的〈送張惕庵甄陶宰昆明〉[200]中，說「我生不願作公卿，但為循吏死亦足」，可見他的志向，就是做個循吏。可惜，在蔣士銓出仕後，他便發覺欺世盜名之輩比比皆是，要做個為百姓謀福祉的循吏，絕非易事，所以，他就有壯志難酬的感慨了。他在三十五歲時的〈述懷〉[201]，說自己本想為百姓做點事，但他這個官就像「匏瓜徒懸」，是給人看的，是不可能有甚作為的。無論他有多大的才，最終都是做個飽食晏眠的閒吏，虛耗光陰。他又說自己不想高談道學，欺世盜名，但在當時的社會，這類人卻比比皆是呢！

蔣士銓在四十歲時辭官離京，臨行時，他似乎為自己在官場虛耗了八年光陰而感到不值，在〈四月二十日出都口占〉[202]中，他說「出門西向舊愁瀾」，離任時竟覺得一切愁悶都一掃空，到兩年後的〈典衣〉[203]，他說就算因家貧而要典掉朝衣，也不覺可惜，可見他對官場生活的厭惡了。不過，有一憾事是令他始終不能釋懷的，那就是他覺得自己這匹千里馬，未騁健足。在〈郭隗里〉[204]一篇，他說當年的郭隗得到燕昭王的禮遇，但現今之世，已沒有人築黃金臺以求士了；當年

---

[199] 〈雜詠〉（其二）：「嗟來可調饑，盜泉可止渴。丈夫無高識，何以處窮達？」邵海清、李夢生：《忠雅堂集校箋》，頁322。

[200] 邵海清、李夢生：《忠雅堂集校箋》，頁588。

[201] 恐與玉卮無當等，一官隨分繫匏瓜。（其一）
才多畢竟歸才盡，官薄終難望宦成。飽食晏眠成坐廢，幾人身後得高名？（其二）
高談道學能欺世，纔見方隅敢著書？（其三）邵海清、李夢生：《忠雅堂集校箋》，頁647。

[202] 邵海清、李夢生：《忠雅堂集校箋》，頁902。

[203] 朝衫豈惜因糧賣？彩服終當為母留。邵海清、李夢生：《忠雅堂集校箋》，頁1074。

[204] 邈矣黃金臺，誰為薦奇士？朽骨苟可售，駿馬期速死。邵海清、李夢生：《忠雅堂集校箋》，頁911。

郭隗找不到千里馬，就以千金買馬骨，所以蔣士銓想，若死後方能受賞識，倒不如速死了，詩中道出了他對生不逢時的感慨。蔣士銓這個時期的作品，更隱隱道出，這個乾隆盛世，根本不可以說是「清時」。若是清時，怎會使這個立志以身許國的壯士中年便引疾辭官，終至天涯落魄，凋盡朱顏？他的志向是做個循吏，若是清時，可以給他發揮抱負的機會，他又怎會寧願回家奉母、讀書[205]？

蔣士銓要做個循吏的志向，直到他五十三歲時，還未有改變[206]，只可惜，雖然他的「壯心」未改，但始終歲月催人，就算他在次年再次出仕，但也受風痹影響，難有作為；不過，他的不遇只是未能為百姓多出一份心力，比起苦苦尋求晉身之階的黃景仁，已是幸運得多了。

（三）蔣、黃兩人的關係

蔣、黃兩人之結識以至交往，可徵資料不多，詹松濤撰《蔣心餘先生年譜》時，把黃景仁視為蔣之門生，惟只在乾隆十四年一條，說是年門生黃景仁生[207]，但蔣、黃兩人如何結下師生之緣，並未提及。陳述《蔣心餘先生年譜》[208]，則只記下乾隆四十二年，黃景仁於蔣離垢庵觀〈范巨卿碑額〉拓本並有詩作一事，自此以外，別無記載。

簡有儀《蔣士銓及其詩文研究》[209]，謂「乾隆三十九年十月，洪亮

---

[205] 〈底事〉：「底事中年引疾還，清時宜興敢全刪？讀書心較求官急，許國身容戀母閒。本為無家拋梓里，翻因乞食謝柴關。炎風朔雪天涯路，凋盡江湖壯士顏。」邵海清、李夢生：《忠雅堂集校箋》，頁1081。

[206] 〈薄酒〉：「薄酒不成醉，朔風吹壯心。掩書籌古事，欹枕發長吟。」邵海清、李夢生：《忠雅堂集校箋》，頁1524。

[207] 詹松濤：《蔣心餘先生年譜》，《蔣士銓研究資料集》，頁42。

[208] 陳述：《蔣心餘先生年譜》，《蔣士銓研究資料集》，頁32。

[209] 簡有儀：《蔣士銓及其詩文研究》（臺北市：洪葉文化出版社，2001年），頁115。

吉與黃景仁至揚州安定書院，由洪亮吉介紹黃景仁與蔣士銓相識，蔣氏與黃氏兩人，從此訂交。」不過，我認為此說並不可取。按呂培〈洪北江先生年譜〉[210]，乾隆三十九年七月，洪、二人同赴江寧鄉試，同寓明徐氏東園舊址，但到十月復詣揚州，呂培並未提到黃景仁是否同行。至於黃逸之撰黃景仁年譜，就說得更清楚了[211]：黃景仁與洪亮吉同赴虞山謁邵齊燾之墓，接著兩人便分道揚鑣，洪先行，黃則到隨園謁袁枚，並在隨園度歲。

所以，黃逸之按《兩當軒集》詩之排序，將黃景仁於蔣離垢庵觀〈范巨卿碑額〉拓本一事置於乾隆四十三年，並謂兩人之交遊始於此時，是合理的。

在《兩當軒集》中，黃景仁並未有投贈蔣士銓之作，與蔣有關的，只有〈蔣心餘先生齋頭觀范巨卿碑額搨本〉一首，純屬題詠搨本之作。至於蔣士銓，集中亦只有兩首有關黃景仁的作品。蔣士銓《忠雅堂詩集》中，乾隆四十二年有〈藏園廿四詠〉，當中有〈兩當軒〉一首[212]，但這首只是戲謔之作，是說兩當軒極之簡陋。蔣作此詩時，身在撫州，應該尚未認識黃景仁，可能他從洪亮吉口中得悉黃景仁及兩當軒之事，故戲言之。甚或他在某地得見同樣名為兩當軒的地方，故加吟詠，總之，此作並不能證明蔣於此時已跟黃有交往。

按〈清容居士行年錄〉[213]，蔣於乾隆四十三年七月到京，隨即染病，兩個多月後方痊癒；以此推之，蔣於是年九月前，不會有甚麼時間與京師諸人交遊。按陳述《蔣心餘先生年譜》[214]，蔣是年最早之題跋

---

[210]（清）洪亮吉：《洪亮吉集》，頁2331。

[211] 黃逸之：《清黃仲則先生景仁年譜》，頁34。

[212] 笑彼兩當軒，似我一桁屋。朝曦東牖來，夕月西窗宿。居之實能容，戲捫空洞腹。
（清）蔣士銓：《忠雅堂詩集》第1436冊，頁444。

[213]（清）蔣士銓：《清容居士行年錄》，《蔣士銓研究資料集》，頁77。

[214] 陳述：《蔣心餘先生年譜》，《蔣士銓研究資料集》，頁33。

作品，是應翁方綱之請為題蘇東坡「天際烏雲帖」，而翁方綱《復初
齋詩集》，當年十一月有〈三題天際烏雲帖九首〉，可見蔣士銓須到
十一月才重新投入社交生活，而且，交往諸人都是以翁方綱為中心的
京師名人、文人。在翁集中，是年十一、十二月間有〈題黃仲則江上
愁心圖二首〉，可見黃於是時與翁有交往，故我推測，蔣、黃兩人是
透過翁方綱相識的。黃景仁〈蔣心餘先生齋頭觀范巨卿碑額搨本〉，
是乾隆四十三年的最後一首作品，而蔣在同年的〈題施生晉詩本並柬
黃生景仁〉[215]，次序在題蘇東坡「天際烏雲帖」之後，即在十一、十二
月間，故兩人之結識，最可能在當年歲暮。

　　按蔣、黃兩人之作品看來，兩人只在結交之初有文字來往，交情
未必怎麼深厚。不過，黃景仁可能視蔣為一般的京師名人，但蔣之視
黃，就未必是一般投謁的後輩了。觀乎〈題施生晉詩本並柬黃生景
仁〉一首，蔣對黃之不遇，寄予深切同情，對黃的情深而善言愁，亦
表示欣賞，可見他是極為珍惜這位青年才俊的，究其原因，可能是洪
亮吉跟蔣士銓說過不少關於黃景仁的事，也讓蔣看過不少黃的詩作。
蔣之性格耿介，故不諧於俗，黃景仁何嘗不是如此？黃情深而善言
愁，蔣詩表達之情的深度廣度，比黃景仁亦有過之而無不及，所以，
若非蔣到京不久便患風痹，說不定他能像邵齊燾一般，跟黃景仁建立
亦師亦友的關係啊！

---

215 棋鐙雪屋暫淹留，相倚真同李郭舟。才大士多嗟不遇，情深人每善言愁。
　　江東年少雙行笈，燕市天寒一敝裘。史館餐錢書局紙，因貧聊復與沉浮。（清）蔣
　　士銓：《忠雅堂詩集》，頁495。

二　吳錫麒

（一）生平及性格

　　按《清史列傳》[216]所載，吳錫麒於乾隆四十年（三十歲）進士，生平不趨權貴，然名著公卿間。性至孝，以親老乞養歸里。在揚州，主講安定、樂儀書院期間，所拔多積學礪品之士。昭槤《嘯亭續錄》[217]說他性爽闊，與一般權要杜絕往來，潘衍桐〈兩浙輶軒續錄（引杭州府志）〉[218]也有類似記載。吳錫麒成進士後，一直恥於與權貴們拉關係，所以要到登第後的二十多年才至國子祭酒，他的耿介個性，可想而知。嚴迪昌《清詩史》[219]引〈春冰室野乘〉的一則記載，說和珅在乾隆時期可謂翻手為雲，覆手為雨，吳錫麒偏不賣他的帳，所以，自然難有出頭之日了。黃景仁恥於與權貴們拉關係，也得無奈地應酬一下翁方綱等名流，可惜，他的犧牲是白費的，因為他最終還是羞於做隻媚人的餒虎，乾脆放浪形骸，與一輩伶人周旋；跟黃相比，吳錫麒這個窮官，已是幸運得多了。

（二）詩歌特色

　　吳錫麒徜徉詞苑二十餘年始至祭酒，在京期間，與其他權要杜絕往來，其耿介性格，可以想見；和珅貴盛時，慕其名而欲招致門下，吳絕不領情，但和珅又對他無可奈何，只能使他「終身不得一差」，

---

[216] 周駿富：《清史列傳》，第9冊，頁988。

[217] （清）昭槤：《嘯亭雜錄》（北京市：中華書局，1980年），頁489。

[218] 錢仲聯：《清詩紀事》，頁6323。

[219] 嚴迪昌：《清詩史》，頁886。

由此可見吳錫麒外柔內剛的性格了。不過，詩人性格內斂，讀者就不容易從詩作中窺見他的真性情了，我在下文就嘗試從他的詩作探討他的性格特質吧。

我們若將《有正味齋詩集》的作品分為出仕前、仕宦中及致仕後三個階段，吳錫麒在每個階段的作品還是有較統一題材的。

1　出仕前——自傷不遇

吳錫麒不是程晉芳，他在登第前，家境並不豐裕，所以，他在這段期間不得不為生計而擔憂；及後離家赴考，旅途漂泊，卻又恐布衣終老，種種憂端，就不能不見之詩篇了。在這時期中，他自述生計維艱的作品為數不少，例如〈消寒絕句六首〉[220]，當中「破裘補綴十斤重，壓倒詩人山字肩」，令人想見他的瘦弱，而「聽得鄰家柳板急，夢隨饑雁落霜田」，驟見之似自我調侃，但細味之下，當覺箇中蘊藏了難以言喻之辛酸呢！若是在別人眼中的豐年裏，他還是難以舉炊，那麼他的貧困便可想而知了。

春天詠燕，有寫不盡的情事，但吳錫麒在〈春燕和劉春及韻〉一首[221]，偏選「破屋數間」為題材，其苦況可想而知；難怪他在當年秋闈報罷後，便生發出「稻粱辛苦感吾生」[222]的感慨了！總而言之，在

---

220 今年人說是豐年，膡我山廚晚未煙。聽得鄰家柳板急，夢隨饑雁落霜田。（其一）
　　濕絮濛濛白戰天，忍寒不肯裹衾眠。破裘補綴十斤重，壓倒詩人山字肩。（其四）
　　（清）吳錫麒：《有正味齋詩集》，《續修四庫全書》（上海市：上海古籍出版社，1995年），頁386。

221 今年燕到過春分，依舊營巢補綴勤。破屋數間偏戀我，落花三月正思君。（清）吳錫麒：《有正味齋詩集》，頁388。

222 〈秋闈報罷仍至嚴江諸同好賦詩送別身中感懷寄畣四首〉（其二）：「霜信寒催一雁鳴，稻粱辛苦感吾生。」
　　（清）吳錫麒：《有正味齋詩集》，頁398。

吳錫麒詩中，他本身貧士的形象，是極為鮮明的。

　　吳錫麒這個時期的詩歌，感慨漂泊、訴說離愁的亦復不少，〈春草四首〉[223]，他面對眼前春草，想到的不是無限生趣，卻是離愁如春草不斷，從「年年腸斷洞庭湖」一語，更可見他是連年作客的。春天作客，尚且如此，我們試想想，他在深秋騎著偃蹇疲驢，獨自上路，在自嘆飄搖身世之時，又想到在遠方獨守空閨的妻子[224]，他會有甚麼感受？所以，當他在秋氣襲人之際登樓極目，聽雨天涯，便有自悔浪遊之慨了[225]，不過，當代的讀書人若要謀發展，捨此以外，還有其他選擇嗎？〈舍弟錫麟將有山西之役感今追昔愴然于懷成排律一百六十韻〉[226]，則寫兄弟兩人分首在即，一個為公務而奔波，一個為晉身而勞碌，但與弟相比，自己卻仍是布衣之身，而且，這種漂泊生活恐怕是永無休止的，在寫手足情之餘，又多一分自憐了。

　　吳錫麒這時期的詩歌，還有是深恐年華漸老，一事無成的。二十三歲時的他，正值盛年，竟有「浮生易老蒼」[227]的感慨；二十四歲時，就是「白髮如渠亦易生」[228]、「風煙入鬢催成老」[229]；到他二十五

---

[223] 多少鷗鶄啼處客，年年腸斷洞庭湖。（其一）
　　萋萋送別先愁我，不獨江淹是恨人。（其二）（清）吳錫麒：《有正味齋詩集》，頁393。

[224] 〈秋日雜詠八首〉：楓樹蘆花照眼秋，飄搖身世感浮漚。（其一）
　　征人遠夢驚砧杵，少婦空閨怨鼓鼙。（其五）（清）吳錫麒：《有正味齋詩集》，頁390。

[225] 〈秋感三首〉：秋氣西來樹木疎，登樓極目欲愁予。（其一）
　　西風莫酒一時休，聽雨天涯悔浪遊。（其二）（清）吳錫麒：《有正味齋詩集》，頁395。

[226] 予季嗟行役，吾身亦浪浮。別離殊慘慘，道路況悠悠。（清）吳錫麒：《有正味齋詩集》，頁404。

[227] （清）吳錫麒：〈秋郊晚眺二首〉，《有正味齋詩集》，頁382。

[228] （清）吳錫麒：，〈春草四首〉《有正味齋詩集》，頁393。

[229] （清）吳錫麒：〈秋感三首〉，《有正味齋詩集》，頁395。

歲時仍未登第，他就為「此鬢能青更幾年」[230]而擔心了。不過，他這些感嘆，應都源自他對「長楊未獻相如賦」[231]的失望。

2　仕宦中──自傷困躓

上文論及吳錫麒在京期間，與其他權要杜絕往來，又因忤和珅意，終身不得一差。在他處身之年代，當然不便對朝廷有怨懟之言，但仕途困躓，家貧問題又未能解決，他也不可能處之泰然，所以，從《有正味齋詩集》部分詩作中，我們可見吳錫麒心境的落寞，以及對個人現況的不滿。

吳錫麒的出仕，本是為報君恩，要一展濟世的抱負的。他三十三歲前的〈假滿還京作四首〉，說臨行前父親督促自己要報君恩[232]，在〈雜詩十二首〉[233]，他也說「但回一顧恩，輒奮千里想」，可見他在為官之初，是希望為朝廷、為百姓做點事的。吳錫麒的性格可能與蔣士銓有點相似，他總是與那些權貴們格格不入，所不同的，是蔣士銓在初度為官時，既覺合不來便辭官而去，至於吳錫麒，則雖與那些權貴保持距離，但仍在朝廷當了二十多年官，不過，他這些日子過得並不暢快。

在京為官的吳錫麒，似乎一直感到一分難以排遣的孤獨，他在三十二歲時的〈假滿還京作四首〉[234]，說自己彷彿一到京師，就只能在燕市悲歌，或借酒消愁，不能指望在朝廷中找到知音者。

---

230 （清）吳錫麒：〈秋闈報罷仍至嚴江諸同好賦詩送別身中感懷寄畬四首〉，《有正味齋詩集》，頁398。

231 （清）吳錫麒：〈秋日雜詠八首〉，《有正味齋詩集》，頁390。

232 （清）吳錫麒：《有正味齋詩集》，頁415。

233 （清）吳錫麒：《有正味齋詩集》，頁419。

234 師友傷零落，西風又一年。……只應燕市笛，愁聽酒壚邊。（清）吳錫麒：《有正味齋詩集》，頁415。

〈雜詩十二首〉[235]，很能反映吳錫麒當時的心境。他說自己在京師裏有一種「獨立蒼茫裏，四顧誰晤言」（其六）的感覺，這種無人可晤言的孤獨，源於難以找到以濟世為抱負的同列者。「徒抱濟世心，望極中流樹」（其八），他熱切期盼能做些濟世利民的事，但現實環境卻不容許他的理想成為事實。當時的吳錫麒，就像南園群卉中的「不秋草」，在惡劣環境之下，只有他仍能「涼雨立蕭森，嚴霜凜寒皓」（其四），堅守個人志節，不隨波逐流；不過，他的「甘守君子性」（其十二），就使他只能繼續他的薄宦生涯了。

吳錫麒的仕宦並沒有帶給他較安穩的生活，在〈移居用樊榭集中韻四首〉[236]中，他說自己為官五年，屢屢遷居，經濟情況每況愈下，最後甚至落得要典衣買酒的窘況！往後的日子，他依舊貧困，乾隆四十六年，吳錫麒三十六歲，為官已踏入第六個年頭了，在〈辛丑十月移居蒲褐山房即趙天羽給諫寄園故址〉[237]一首，他說自己俸祿微薄，就是居破屋，也覺難以支持，妻子面容消瘦，僕人也是寒酸得可以；「一年官俸抵不得，打門那免人追呼」，他還得應付不時上門討債的債主呢！

吳錫麒在三十九歲的一年，終於難以負擔一家人在京城生活的使費，要遣妻子南歸了。在〈遣妻子南歸志別六十韻〉[238]中，他自愧人到中年，身羈薄宦，既未能好好供養雙親，也要妻子陪他捱苦。「持釵付僕沽」，雖稍勝於元稹的「泥他沽酒拔金釵」，但箇中苦味，並

---

[235]（清）吳錫麒：《有正味齋詩集》，頁419。

[236] 巢痕椓觸雨風餘，一歲長安屢卜居。（其一）

縛成薄宦偏多感，卻為新居屢損眠。祭竈明朝謀一醉，典衣先辦酒家錢。（其二）

（清）吳錫麒：《有正味齋詩集》，頁421。

[237]（清）吳錫麒：《有正味齋詩集》，頁428。

[238]（清）吳錫麒：《有正味齋詩集》，頁431。

沒有兩樣；所以，他在其後的〈抵舍後作〉[239]，便說自己在京時「一日不再炊」，結果落得形容消瘦，滿面髭鬚了。

四十歲時的吳錫麒，在京的生活更為貧困，在〈旅述八首〉[240]，他感嘆長安不易居，官微俸薄的他，已淪落到家徒壁立的地步，難怪他在四十三歲時的〈述懷〉[241]，生發出「有田而後歸，得歸知何時」的嘆唱呢！

總而言之，對懷著滿腔濟世熱誠的吳錫麒而言，為官二十多年，結果是「風塵久困躓，櫪下首頻仰」[242]，連養妻活兒也有困難，那種壯志難酬的感慨，是極度濃烈的。

3 致仕後——多愁多感

吳錫經歷了二十多年的仕途失意，自然感慨良多；加上滿清踏入中葉，憂患方興，也為他的詩作增加了一點傷時的題材；再者，他在官場結交不了多少朋友，若在暮年失去一位知交，那種傷痛也是難以言喻的。以上種種，就構成了吳錫麒致仕後詩作的主要題材了。

（1）感慨平生

吳錫麒一生最大的遺憾，大概是在蹭蹬的宦途中消磨了他的黃金歲月，所以，他在致仕後仍對此耿耿於懷。在〈乞養將歸留別都中知好四首〉[243]，他說宦途有如一夢，辭官才是正確的選擇，不過，最使他

---

[239]（清）吳錫麒：《有正味齋詩集》，頁439。

[240] 十年桂玉炊，辛苦長安市。（其一）

家貧四壁立，一味留儒酸。（其六）（清）吳錫麒：《有正味齋詩集》，頁444。

[241]（清）吳錫麒：《有正味齋詩集》，頁457。

[242]（清）吳錫麒：〈雜詩十二首〉（其一），《有正味齋詩集》，頁419。

[243] 前度原非計，今番始是歸。（其二）

弟妹多貧賤，妻拏劇苦辛。徒教成薄宦，何計慰衰親。（其三）（清）吳錫麒：《有

內疚的，就是連累家人吃貧了。同年歲暮，他仍為頻年在外浪費青春而感慨，他自嘆半生漂泊，足似勞薪，青春歲月，只換來連年薄宦，僕僕風塵[244]；他到六十歲後仍說「不須更問功名事」[245]，可見他自覺在官場的日子是浪費青春的。

吳錫麒在七十歲時，有〈七十自述八首〉[246]，他在詩中自嘲功名之事，可望而不可即，國家大事，就由那些號稱「鉅公」的達官貴人們去辦吧！自己為官多年，連基本溫飽也掙不到，他還可以怎樣做呢？（其一）為官多年，他自知榮華富貴是可遇而不可求，自己亦不再對功名有所期盼了，但多年以來，既未能建功以報君，也未能立業以報親，始終是一大憾事。（其二）

他這個時期的作品，還有一些是珍惜年華及寫閒居雅興的，但對一位年過五旬及久躓官場的人來說，都是常見的題材，茲不冗述。

（2）悼念亡友

暮年喪友，容易使人自傷衰颯，吳錫麒在五十歲後的悼傷作品，往往是既傷友逝，復自傷年邁的。張銘比吳錫麒年長十歲，在〈哭張警堂觀察銘〉[247]中，吳在哭張銘之餘，也「搔鬢不禁吳髮短」，自傷衰颯了。〈哭何春渚二首〉[248]，他在「垂老淚因知己灑」之際，亦感慨「白首幾人能健在」，良朋已逝，自己亦垂垂老去，友儕之中，健在

　正味齋詩集》，頁484。

[244]〈重返敝廬已屆歲暮自慰二首〉（其一）：「歸來仍是歎勞薪，卻借年華換客塵。」（清）吳錫麒：《有正味齋詩集》，頁537。

[245]（清）吳錫麒：〈舟過新市沈梅村治具留余感舊傷今愴然有作二首〉，《有正味齋詩集》，頁561。

[246]（清）吳錫麒：《有正味齋詩集》，頁597。

[247]（清）吳錫麒.《有正味齋詩集》，頁517。

[248]（清）吳錫麒：《有正味齋詩集》，頁541。

的為數已不多，回首往事，倍覺淒然。〈輓戴雨峰潤〉[249]時，則「關心白髮憐吾輩，過眼黃花剩獨看」，眼見儕輩俱年華老去，惟恐終有一天只剩自己孤獨一人呢！

吳錫麒比較特別的悼傷作品，是〈哭羅兩峰三首〉[250]。按道理說，在暮年失去一位相交二十年的摯友，悲痛自是難以言喻的，但這三首詩歌，尤其是第一首，看來根本像首傷別之作，「世事畢秋雲」，如寫世事滄桑；第二首的「聊憑無賴月，舊事一思量」，似為感舊而作，只憑「斯人又永傷」，帶出永訣之感；第三首也只是憑「應結後身緣」隱隱點出斯人已逝。我們試將此作與他三十九歲時悼程晉芳之作相比[251]，當中「愴」、「淚獨垂」、「悲」、「恨」、「視蓋棺」、「尋君墓」、「腸斷」等用語，直接表達出吳錫麒內心的沉痛，與悼羅聘的淡然，大相逕庭；可能是吳錫麒在京為官多年，早已養成多寫感慨，少生怨懟的習慣，再加上人過五旬，飽經世故，所以哀悼之情，也是來得淡淡的，更像感慨滄桑之作吧！

---

[249]（清）吳錫麒：《有正味齋詩集》，頁593。

[250] 論交二十載，南北合還分。豈意帆歸里，俄驚雁去群。酒杯拋昨日，世事畢秋雲。夢裏能相見，休教落葉聞。（其一）
相國園中會，年年賦海棠。青山猶未買，綠野已全荒。知己今誰是，斯人又永傷。聊憑無賴月，舊事一思量。（其二）
狂哆談詩口，豪揮賣畫錢。一龕依古佛，隻眼看青天。海外名尤重，門中藝並傳。梅花三百樹，應結後身緣。（其三）（清）吳錫麒：《有正味齋詩集》，頁497。

[251]〈魚門將由陝西而南病卒於秋帆中丞署中賦詩志痛三首〉：
淚難垂處送行時，愴我今朝淚獨垂。繞出潼關來死耗，轉悲燕市豈生離。
情緣頓了桑三宿，別恨常懸柳萬絲。身後不教遺憾在，九原那不感心知。（其一）
米市街頭寬復寬，可憐斜照易生寒。門前我記頻停馬，室內人誰視蓋棺。
通負雅稱名士債，清華老博翰林官。者番腹痛經行處。偏是通衢欲避難。（其二）
說到長干要卜鄰，只今梅竹畫中春。百年天地誰非客，六代江山欠此人。
著述等身皆可久，鬚眉合眼總如真。竹西他日尋君墓，腸斷秋風薦白蘋。（其三）
（清）吳錫麒：《有正味齋詩集》，頁434。

（3）憂國傷時

　　嚴迪昌認為，吳錫麒的〈風信〉，寫於嘉慶三年的，當時正值白蓮教之亂，是作表現出吳對時局的關心。不過，若要突顯吳錫麒的憂國傷時，作於嘉慶六至七年的〈感懷四首〉[252]亦是不容忽略的。

　　第一首，先寫戰時烽煙密佈，目前殘局未易收拾，但「在昔微熒本易澆」，道出了朝廷未有及早處理，使賊兵壯大，「誰憐上客已頭焦」道出了有人具先見之明，只是意見未被採納吧！第二首寫亂事已連綿六載，「莫倚萑苻作重輕」道出所託非人，「太息征輪前度竭」道出軍情曾被延誤，但吳錫麒仍深信朝廷（周公於廬水西營建周城）終獲上天眷顧。第三首寫白蓮教之亂終被平定，作賊的終難有成，「群公地位皆韓范」一句，只說掌權者有韓范之地位，暗示他們未必有韓范之謀略，不過，那總比報國無門的自己優勝了。第四首寫亂事已平定，但「亂定尤須往事懲」，暗指朝廷還有隱憂，「此後長官須努力」指各官員未宜高枕，不過更嚴重的問題要在吳錫麒歿後才出現，他也不及見矣！

---

[252] 洗兵何日倒天瓢，夜望槍槍氣未消。江漢軍聲堅四壁，風煙路勢走中條。
祇今殘局猶煩算，在昔微熒本易澆。玉靶雕弓金勒馬，誰憐上客已頭焦。（其一）
兩年烽火接蠻程，六載潢池敢盜兵。石變劫灰猶鐵色，馬敲瘦骨已銅聲。
豈容螻蟻常屯結，莫倚萑苻作重輕。太息征輪前度竭，風雲愁護水西營。（其二）
撫勤全勞宵旰謀，頻傳恩詔下西州。除凶原為安黔首，作賊何能到白頭。
滾滾蟲沙隨巨浪，蕭蕭豺虎出高秋。群公地位皆韓范，肝膽何時聖主酬。（其三）
東風合眼想艒棱，願祝春臺舉世登。鏡曲有情催酒琖，戰場無夢到書燈。
禍深已信天心悔，亂定尤須往事懲。此後長官須努力，好添臺笠補荒塍。（其四）
（清）吳錫麒：《有正味齋詩集》，頁511。

（三）吳、黃兩人的關係

　　在《兩當軒集》中，黃景仁未有投贈吳錫麒之作，而在《有正味齋詩集》中，〈桂未谷以所藏山谷詩孫印贈黃仲則景仁屬余為詩記之〉只屬金石跋之作，不涉個人交情，但〈題黃仲則遺詩後〉[253] 一首，則惜其具謫仙之才而享年不永，「才子閒情若個知」，更似為黃景仁之不被世人瞭解生發感慨。可能在黃景仁眼中，吳錫麒跟一般士大夫沒有甚麼分別，不過，其他人卻未必會像吳錫麒般欣賞黃景仁的。

　　我認為吳錫麒的性格與際遇，跟黃景仁實有相似之處。第一，吳的性格孤傲，生平不趨權貴，成進士後也恥於與權貴們拉關係，在和珅當權之際，也不向其屈膝，這跟黃景仁的恥於周旋於名流間如出一轍，只是黃景仁沒有官職在身，可以更為放誕。第二，黃景仁一生窮困，但吳錫麒入仕後，在經濟上也是捉襟見肘的，一個是寒士，一個是窮官，黃景仁的「全家都在風聲裏，九月衣裳未剪裁」，跟吳錫麒的「聽得鄰家柹板急，夢隨饑雁落霜田」，當中苦況，沒有兩樣。第三，吳錫麒二十來歲便有「浮生易老蒼」之嘆，黃景仁也是二十出頭便自傷早凋，在心態上都流於悲觀。最後，吳錫麒憂國傷時，要一展濟世抱負，黃景仁自少便想「男兒作健向沙場」，他們同樣具備對國家的使命感。他們之未能發展更深厚的交情，應是黃景仁既把一眾京城士大夫視為求仕津梁，吳錫麒亦只能視黃為一介狂士吧！

---

[253]（清）吳錫麒：《有正味齋詩集》，頁435。

三　張塤

（一）生平及性格

　　嚴格說來，張塤在清代詩人中未足名家，在《清史稿》及《清史列傳》都未有張塤的記載。《清詩紀事》[254]對他的介紹，只有聊聊數語，說他「字商言，號瘦銅，江南吳縣人。乾隆三十四年己丑進士，官內閣中書。有竹葉庵集。」在性格方面，陸元鈜[255]謂其「胸次灑落，篤於倫紀，有古君子風」，王昶[256]則謂其與翁方綱等友善，雅好金石考證。總結以上資料，我們只能知道張塤是蔣士銓、翁方綱的好友，精於金石考訂之學，在時人眼中，他也是個君子。我們要從張塤的詩作中了解他的為人，亦非難事。《竹葉庵文集》[257]中有《南歸集》一卷，嚴長明序云：「《南歸集》者，張舍人塤奉其母櫬還吳作也，……大都表綴穆行，補狀記所不詳者。」可見他是事母盡孝的。郭則澐在《十朝詩乘》中[258]，又記載了他作〈迪化新樂府〉以歌頌為人廉正的兄長一事，所以，陸元鈜對他的評價，殆非虛語。按理說，張塤這個篤於倫理的君子，跟黃景仁的性格是頗為契合的。

（二）詩歌特色

　　袁枚在《隨園詩話》[259]指張塤時刻苦吟，但彫刻太過，故詩境瑣

---

[254] 錢仲聯：《清詩紀事》，頁6180。
[255] 錢仲聯：《清詩紀事》，頁6182。
[256] 錢仲聯：《清詩紀事》，頁6181。
[257] （清）張塤：《竹葉庵文集》，頁116。
[258] 錢仲聯：《清詩紀事》，頁6182。
[259] 錢仲聯：《清詩紀事》，頁6180。

碎，不入大家。徐世昌《晚晴簃詩匯詩話》[260]說他學黃庭堅、陳師
道，偶有流於鄙俗。嚴迪昌《清詩史》[261]則說他與翁方綱一樣，是學
宋詩的。綜合以上三節評論，可推知張塤的詩歌風格與翁方綱頗為接
近。

　　《竹葉庵文集》中，大部分詩歌為記遊、寫景、詠物、題書畫金
石及儕輩唱酬之作，要從中認識張塤，並不容易，不過，我會嘗試從
他詩作的一鱗半爪，窺探他的本來面貌。

　　張塤於乾隆三十四年登進士第，官內閣中書，主要負責校書，但
他對這個工作不感愜意。校書雖屬清閒之職，但既花時間，復耗心
神，他往往要「校書五夜」[262]，落得兩目乾澀，心神皆倦，結果，眼前
仍是殘書山積[263]，怎不令人沮喪？不過，專職校書，總算可以避免與
事者發生衝突，所以，在疲憊之際，他也會以「如此生涯非落拓，是
非恩怨我何曾」[264]自我開解。

　　對一個尚在有為之年的人來說，校書工作始終是浪費青春的，所
以張塤在無聊之際[265]，也會嘆一句「弟兄拙宦感蹉跎」[266]。當他眼見直
廬前的小樹，在他三年培養下，亭亭直上，但他自己在仕途上卻苦

---

[260] 錢仲聯：《清詩紀事》，頁6182。

[261] 嚴迪昌：《清詩史》，頁977。

[262] 〈立秋日作〉：「結客十年羞瑟鼓，校書五夜聽鐘撞。」（清）張塤：《竹葉庵文
集》，頁159。

[263] 〈校書稍倦述懷十韻〉：「中年奇氣漫崚嶒，山積殘書校未能。心血耗多如撞鹿，目
光枯少若飛蠅。」（清）張塤：《竹葉庵文集》，頁156。

[264] （清）張塤：〈校書稍倦述懷十韻〉，《竹葉庵文集》，頁156。

[265] 〈雨中對菊三首〉：「古人勤仕宦，何以慰無聊。」（清）張塤：《竹葉庵文集》，頁
176。

[266] （清）張塤：〈早發駱駝灣輿中夢與家兄同應童子試……感歎久之〉，《竹葉庵文
集》，頁154。

無寸進[267]，這種沉淪下僚的無奈，又如何排遣呢？初時，他還是「白髮英雄未易降」[268]，不肯屈服的，他深信自己終有機會一展抱負。不過，七年時間過去了，他始終不能改變自己的命運，所以，他便辭官去了[269]。在這段日子裏，他贏得了兩鬢如霜[270]，但贏不到那些新進顯達們的尊重[271]，這是最令他惆悵的。最後，他只能以雲出無心以自我開解，但究竟是他當初雲出無心而接受這個閒職，還是這個閒職最終使他對仕途意興闌珊？答案肯定是後者啊！

張塤身居閒職，無可作為，於是把心神放在考證金石、題跋書畫上，亦是可以理解的；不過，若以詩論詩，此類作品之價值不高，姑且置之不論。反而他一些七絕，用語淺白，命意出奇，更耐人細味。例如〈題灞橋風雪圖二首橋以屢築不成……所謂消魂之柳無一株矣〉[272]，第一首將滄桑變化說成皇天惡離別，故不讓灞橋楊柳再現人間，構想出人意表；第二首將清清灞水說成離人涕淚，結句，「五字河梁涕淚痕」，看似湊字的遊戲文章，但既用得新穎，便可收出奇之效。又如〈灞橋二首〉之一[273]，說灞橋傷別，人盡魂消，一旦消到無

---

[267] 〈小樹〉：「我初到直廬，此樹未過垣。……爾尚非貞木，得勢猶騰騫。哀哉澗底松，屈鬱盤孤根。……物情雖自得，物理竟難言。」（清）張塤：《竹葉庵文集》，頁169。

[268] （清）張塤：〈立秋日作〉，《竹葉庵文集》，頁159。

[269] 〈封印日直廬作〉：「七年牛磨三閒地，終日難栖半世人。」（清）張塤：《竹葉庵文集》，頁180。

[270] 〈春夜直廬石石泉舍人同年同飲得花字〉：「同年雙鬢已俱花」（清）張塤：《竹葉庵文集》，頁182。

[271] 〈野花〉：「今人不及古人達，老輩常為後輩訶。」（清）張塤：《竹葉庵文集》，頁161。

[272] 灞橋今日已無橋，楊柳千株亦盡涸。此是皇天惡離別，故教陳跡一齊消。（其一）灞水千年清不渾，風風雨雨到今存。可知不是真風雨，五字河梁涕淚痕。（其二）（清）張塤：《竹葉庵文集》，頁145。

[273] 灞水滔滔未寂寥，當時祖餞綠楊橋。銷魂銷到無魂處，請賦人間大小招。（清）張

魂，便賦招魂，與「五字河梁涕淚痕」之用法，有異曲同工之妙。

　　若說性靈詩是不假彫飾地寫真性情，張勛部分詩作亦可說符合條件，例如〈古鏡寄內〉[274]，這首用語淺白的作品，道出了夫妻長久別離後，丈夫對妻子的懷念，「關山月」道出相隔之遠，「分照空閨」，亦有此心如月之意。另一首〈塞上七夕集孫春臺侍讀同年寓齋二首〉之一[275]，同樣是用語淺白，以年少情懷對比哀樂中年，置身邊塞，已見孤獨，加上晦月冥冥，填橋仙鵲亦踪跡杳然，天上人間，一般孤獨，亦是語淺情深之作。

　　另外兩首七絕，則道出他與王昶間的友情，〈次三道梁雨夜懷王述庵臬使二首〉[276]，第一首先寫當日同吟之情境，再寫目前孤獨一人，而且「月鏡松亭」已然不見，代之而至的是「山風卷雨」，在兩重變遷下，孤獨感更為強烈；第二首收結得巧妙，「風雨夜同明月夜」，淺白而不淺俗，而「並傷神」一語，不單指兩種晚上，還指自己和王昶兩人。所以，這兩首都是文字淺白，純以命意取勝之作。

　　除了以上所引之七絕，張勛亦有語淺情深之作，例如〈席侍讀世綿家進士時憲頻聞奄歿詩以悼之〉[277]一首，首兩聯寫接得兩人殂逝消息，故自傷搖落，下半首引曹丕率眾為驢鳴以弔王粲之典，能突顯二人之交誼，最後以「獨立看斜陽」作結，除帶出一分孤獨感，亦有自

勛：《竹葉庵文集》，頁131。

[274] 手捧秦銅拭古文，明光青蓋總紛紛。年來化作關山月，分照空閨寄細君。（清）張勛：《竹葉庵文集》，頁162。

[275] 少年瓜果祀雙星，中歲悲懷酒不醒。如此長城如此夜，鵲何窈窈月冥冥。（清）張勛：《竹葉庵文集》，頁137。

[276] 月鏡松亭取次開，吟詩此地舊徘徊。而今半夜懷人坐，坐待山風卷雨來。（其一）青山如畫兩詩人，當日題詩亦苦辛。風雨夜同明月夜，不知何事並傷神。（其二）（清）張勛：《竹葉庵文集》，頁139。

[277] 遠地頻聞訃，真成搖落傷。故人似秋艸，無地不逢霜。蓍卜知誰健，驢鳴為汝長。百年生趣短，獨立看斜陽。（清）張勛：《竹葉庵文集》，頁150。

傷之意。詩中「搖落」、「鸕鳴」均是熟典，所以，整體而言，此作
仍是用語淺白的。

（三）張、黃兩人的關係

在《兩當軒集》中，未見有提及張塤之作；不過，在《竹葉庵
文集》中，作於乾隆四十一至四十二年的〈再集詩境軒觀撢石續尺
牘……聯句〉一首中，參與聯句者包括張塤、黃景仁、陳崇本、翁方
綱、馮敏昌、溫汝适幾個，可見張、黃兩人是在這類雅集場合中認識
的。張塤集中，有關黃景仁的還有兩首，在〈論詩答友人四首〉[278]，張
塤說他對黃景仁是「生相輕薄死珍重」，在自注中又說「仲則存時予
頗不愜其詩」，可能黃景仁此時在行為上的放誕與詩歌的憤激，跟張
塤的性情、詩風格格不入，故兩人的相處，並不怎麼融洽；可是，在
他知道翁方綱欲嚴刪黃詩時，也不大同意翁的做法（見頁111），並
稱黃景仁為「亡友」，我們便不能完全抹殺兩人的朋友關係了。

---

278 （清）張塤：《竹葉庵文集》，頁244。

第五章

至死不渝的友情
——黃景仁與洪亮吉

　　按黃逸之年譜載，洪亮吉與黃景仁自小相識，洪時十歲，黃方七齡；兩人居同里閈，十八歲訂文字交，又同受業於邵齊燾，交情匪淺。自黃景仁開始遊歷，兩人便聚少離多，但每當黃景仁有未了心願或遭遇難題，都想到洪亮吉這位摯友，而洪亦每每盡心盡力，把事情辦妥。例如黃景仁二十六歲時生怕自己享年不永，便囑洪亮吉到時為自己編訂遺集，到黃景仁去世，洪便求畢沅出資，嚴長明、王昶出力，急欲辦好此事；又如黃景仁二十九歲時要把一家人接到北京，便託居喪於里的洪亮吉為己營畫，洪終不負所託，把黃一家送到京城；最後黃景仁臥病運城，臨終致函託洪以後事，洪即借馬疾馳，日走四驛，惜不能見摯友最一面，而黃之後事，最終亦賴洪一力經營，故把洪視作黃之生死之交，絕不為過。

第一節　洪亮吉之生平及性格

　　洪亮吉，……六歲而孤，母蔣賢明，督課嚴，……亮吉純孝，既壯，為嬰兒戲娛母。……聞母凶耗，慟絕墜水，得救免，三年徹酒肉，不入中門。

　　少工文辭，與同邑黃景仁詩歌唱和，時稱洪黃。……仁宗親政，詔求直言極諫之士。亮吉念身自微賤，受知兩朝，古侍從

之列，……乃反覆極陳時事，累數千言，……上見視朝稍晏，
小人熒惑等語，論及宮禁，震怒，革職對簿。……奉旨免死，
發往伊犁，……亮吉忼爽有志節，自稱性褊急，不能容物，好
古人偏奇之行，………生平好學，不以所遇榮枯釋卷帙。……

《清史列傳・儒林傳》[1]

《清史稿》[2]所載，與列傳大致相同，都是重點敘述洪亮吉天性純
孝，在守喪期間極盡其哀，以及於嘉慶年間越職言事，被遣戍伊犁，
幸得仁宗寬仁，最終被釋放回籍之事。

王昶《湖海詩傳蒲褐山房詩話》[3]說洪亮吉「少孤失怙，為母夫
人守節教養而成，是以刻意厲行，刻苦自持。每當絲竹長筵，輒徐
引退。而於取與尤嚴，蓋古之狷者也。」論語說：「三年無改於父之
道，可謂孝矣。」洪亮吉一生不忘母親的教誨，可算是個真孝子。

不過，我認為說到洪亮吉的生平行事，他的篤於友誼絕對不容忽
略；他跟黃景仁在成長後的性格是大有分別的，洪是個穩重敦厚的學
者，黃則是個我行我素的狂生，根本是兩類人，只因為兩人共有的篤
於友誼的性格，使他們發展出一段至死不渝的友情。

畢沅〈吳會英才集〉[4]說，洪亮吉「至性過人，篤於友誼，暨黃客
死，素車千里，奔赴其喪，世有巨卿之目。故其贈友諸什，情溢于
文。」黃景仁與洪亮吉是少年相識，但兩人在性格方面，大相逕庭，
黃的憤世嫉俗，洪是不大欣賞的，所以在洪的心目中，孫星衍才是最
要好的朋友（詳見下文）。黃景仁在去世前的日子，「踰閑蕩檢」，友

---

[1] 周駿富：《清史列傳》，第9冊，頁516。

[2] （清）趙爾巽：《清史稿》，頁11307。

[3] 錢仲聯：《清詩紀事》，頁6787。

[4] 錢仲聯：《清詩紀事》，頁6787。

儕多加趨避，洪亮吉對他的行徑，自亦不以為然的，可是，洪在乾隆四十八年接到黃景仁遺札，託以後事，便立即從西安「借馬疾馳，日走四驛」[5]，趕赴山西運城，為黃營畫歸葬之事，他對亡友的情，委實令人感動。

根據上以上記載，我們可以想見洪亮吉篤於孝道，篤於友誼，敦品厲行的性格，要瞭解洪亮吉的性格，我們先要對他的成長過程有概括認識。

按呂培《洪北江先生年譜》[6]所載，我們可知洪亮吉的雙親早已為他的前途作好安排。洪亮吉在四歲時，他的父親便要他先學識字，其後兩年，他便在家塾學習《大學》、《中庸》、《論語》幾部；在當時的科舉考試而言，這些可是入門必讀之作了。

洪亮吉六歲喪父，往後的學習，便由母親安排了。父親去世後，洪一家貧無所依，所以他的母親便帶他回娘家居住，並要他在外家塾繼續讀完《論語》，再讀《孟子》、《毛詩》。十一歲時，洪亮吉的母親跟他遷回舊宅，並讓他跟塾師學習《尚書》、《禮記》，稍後又帶他回娘家，讓表兄指導他繼續學《禮記》，再讀《周易》，而其後他學的《左傳》、《史記》、《漢書》、《公羊》、《穀梁》等，所有老師，都是母親為他挑選的，他母親是要他在每一部作品都得到最好的指導，要他在學問方面打下堅實基礎。

在制舉文的學習方面，他從十四歲時才開始，按年譜載，他先後從董獻策、唐麟臣、荊廷緯諸人學習，當中荊廷緯「舉業最工」，洪亮吉「因是始識作文法」，可見他母親對他的學業是安排得無微不至的。

5　（清）洪亮吉：〈平生遊歷圖序・蕭寺哭臨圖跋〉，《洪亮吉集》，頁1081。

6　（清）呂培：《洪北江先生年譜》，《卷施閣集》，收入《四部備要》。

洪亮吉先讀經、讀史，到有一定學問基礎，方學制義，在他成長過程中所學的，都對他的應舉以至性格成長產生重大影響；所以，若說他母親的安排影響了他的一生，並不為過，而他對母親的純孝，也就顯得順理成章了。

從洪亮吉的詩作中，我隱隱感覺到他的意向是想做個學者多於在政治上有所作為，這很可能是自幼讀經帶來的影響。以下幾首，都是洪亮吉在廿四至廿七歲間的作品，我們可從中窺見他的立志。

在〈勸學篇〉[7]中，他感慨自秦始皇焚書，後之儒者便各逞臆測，使儒家聖學的微言古義中道而絕，所以他立志弘揚儒家正統學說，闡發諸經的微言大義，以使聖學不頹。

二十四歲時的洪亮吉，在〈雜詩〉[8]中有「士生鮮實學，何苦爭時名」之語，明顯表示出他要做個具「實學」的人，而不願像當時的文壇臣擘般沽名釣譽。

汪中少年時是狂生一名，但其後折節讀書，拔貢後不赴朝考，三十歲專研經術，卒為名儒。洪亮吉在〈送江都汪中歸里〉[9]中，讚他滿腹奇策，可惜他生不逢時，故只能作客太平，做個書記，終日面對堆如山的公文。現在他決定歸里，所以洪在詩中說「我今勸君歸計速，樂土何如反邦俗。他時好結竹西隣，白晝從君借書讀。」可見洪亮吉覺得與好友切磋學問，就是人生一大快事，置身官場，是有礙研習的。

洪亮吉在廿七至廿八歲時的〈贈邵進士晉涵八十韻〉[10]，清楚表明自己對正統儒學土崩的憂慮，他說「自從熹平來，經史毒霧蒸」，自

7　（清）洪亮吉：《洪亮吉集》，頁 1931。

8　（清）洪亮吉：《洪亮吉集》，頁 1934。

9　（清）洪亮吉：《洪亮吉集》，頁 1948。

10　（清）洪亮吉：《洪亮吉集》，頁 1959。

漢以來，談經說史者，妄逞臆說，後來的學者，「堆胸富陳言，得一即自矜」，只懂在前人的陳腔濫調中剽竊片言隻字以為己說，而且，「後來羣師儒，厄言競鈔謄。私為一家說，遑辯淄與澠」，不辨是非，只講門戶！可見洪的志向，並非澄清天下，而是為儒學撥亂反正。就在這個時候，廿四、五歲的黃景仁，正在到處遊歷，盡騁詩才。不過，一個詩人，一個學者，仍是相得相知的。

　　早年的洪亮吉，並非絕意仕進，但他的求名求仕，也只為滿足母親的要求，他在〈除夕〉[11]中的「無多苦語憑南雁，不盡名心為北堂」，已把事情說得很明白。

　　洪亮吉三十一歲時，遭逢喪母之痛，居喪期滿，方再握管。可能是再不須再為逢迎母意而求名求仕吧，他三十四歲時的〈客舍〉[12]，就說自己在母親去世後，已沒有少年時候考取功名，為社會、為人民服務的念頭了。同年的作品尚有〈傭書〉[13]一首，他乾脆說寧願收起吟詠的雅興，埋頭於校對書籍的沉悶工作，亦不願在仕途爭逐呢！

　　洪亮吉三十六歲時仍未登第，他也曾說自己「未堪終歲作游民」[14]，他對自己的未能進入主流上層社會，是心有不甘的，但他既有埋頭著書的意願，便把科場上的失意擱在一旁了。

　　他在同年所作的〈關中送黃二入都待選〉[15]，說「我非憂患不克伸，兀兀何為著書苦」，似乎已厭倦了終日埋首著書的生活，但不想著書，並不等於要做官，他絕對不是見黃景仁入都待選而心生企羨！

---

[11] （清）洪亮吉：《洪亮吉集》，頁1941。

[12] 應憐孤露餘生贅，無復髫年入世心。（清）洪亮吉：《洪亮吉集》，頁470。

[13] 傭書生計尚淹留，并疊吟懷事校讎。……卻厭軟紅塵裏逐，放教愁坐轉忘愁。（清）洪亮吉：《洪亮吉集》，頁471。

[14] 〈清明日闈中夢先慈感賦並寄孫大關中二首〉：「各有著書心跡在，未堪終歲作游民。」（清）洪亮吉：《洪亮吉集》，頁493。

[15] （清）洪亮吉：《洪亮吉集》，頁515。

他在詩中說，要約黃景仁在一兩年後見面，在他想象中，那時的黃景仁已有官職在身，自己則過著寫意的漁樵生活，在江乾守親之墓，官場爭逐，始終非他所願啊！

洪亮吉此後的詩作，在在顯出他著書的心願，例如三十七歲時的〈十六日早夢破書懷〉[16]，表明自己已好古成癖，並希望自己的著作能流傳後世，能有知音者瞭解自己的懷抱。同年的〈歸臥孫大書齋讀所著山海經音義卻寄一首〉[17]，他對孫星衍之能有著述傳世深表羨慕。四十歲時的〈偶得五百字酬景方伯安枉贈之作〉[18]，說自己在十年作客生涯之中，從未停止讀書、著作。四十四歲時的〈卷施閣落成偶賦四首〉其四[19]，說自己已埋首著書二十年，雖然著作未必可以傳世，但已「庶足慰目前」，可見他著作之志是不因貧賤稍移的。

洪亮吉以四十五之年登第，登第後，家計依然貧困，但他毫不介懷，因為他最大的興趣，還是在讀書。他四十六歲時的〈歲暮飲酒詩〉[20]，說自己一家人吃不飽、穿不暖，致被親友詈罵，但既有書可讀，自己便處之泰然了。雖然他的貧困使不少親朋都與他疏遠，但賓朋交疏，反而讓他有更多時間讀書著作呢！到了五十歲時的〈清明〉[21]，他又說自己「三年寒食住三州，一樣攤書據案頭」，可知這些

16　寥寥一編望古今，今音不操操古音。三千卷在儻傳世，寄此一寸空明心。（清）洪亮吉：《洪亮吉集》，頁 518。

17　應愧故人耽著述，一編留與濟心靈。（清）洪亮吉：《洪亮吉集》，頁 526。

18　五年客京師，五年客西秦。十年亦何為，顧與載籍親。（清）洪亮吉：《洪亮吉集》，頁 595。

19　昔者慕著書，鉛槧二十年。傳世難預期，庶足慰目前。（清）洪亮吉：《洪亮吉集》，頁 618。

20　周親復交詈，食窘衣不暖。笑讀東觀書，何如北門管。（其三）
　　人皆處城西，我獨居城東。城西人不來，賓坐時時空。非徒息紛紜，藉臥篇籍中。
　　（其八）（清）洪亮吉：《洪亮吉集》，頁 687。

21　（清）洪亮吉：《洪亮吉集》，頁 824。

年來，他雖身在官場，而且屢被調任，但只要能繼續讀書著作，他便
不計較萍踪漂泊了，似乎著述才是他的主要職事呢！

　　洪亮吉五十一歲時的〈偶成〉，說明了自己在入仕六年後的心
態。他覺得自己在學問及人格上的修養，自己是最清楚的，所以，
他毫不在乎別人對他的評價[22]。在為官的日子裏，他已學習到韜光養
晦，不與別人作口舌之爭，也不會為個人寵辱而介懷，他覺得自己
略有功名，致仕後總算有安身之所，他已感到滿足了[23]。洪亮吉的最
大意願，是要有著述流傳後世[24]，至於仕途上的發展，就讓其他朝士
去爭逐吧[25]。他的立志，使他富於著述，但在經濟上，他是捉襟見肘
的。到了五十二歲，洪亮吉在經濟上已頗為困乏，買得柴來，便買不
了糧；不過，他仍將讀書放在生活的首位，只要有奇書可讀，一切問
題他都可以拋諸腦後了[26]。總而言之，他在任官期間從未埋怨自己官
位低微，而是不斷強調，只要有書可讀，便感滿足了。

　　在儒家思想影響下，洪亮吉養成了有所不為的狷介性格，在絲竹
長筵的場合，輒徐引退，不過，他這種性格也使他的仕途發展並不順
利。在他登第前，朱筠本欲加以提攜，不過，他竟公然指出朱筠崇信
釋道，可謂邪教首領，平白放棄了大好機會[27]。在為國盡忠的大前提
下，他又患有所不避地越職言事，若非仁宗寬大，他準會送掉性命。
在親情方面，母親對他恩重如山，他自然生則盡孝，死則盡哀。黃景

22　平生學行吾能審，豈待悠悠論定時。（其一）（清）洪亮吉：《洪亮吉集》，頁862。
23　胸次漸能忘寵辱，舌鋒從不快恩讐。白雲溪畔三間屋，署有頭銜好乞休。（其二）
　　（清）洪亮吉：《洪亮吉集》，頁862。
24　難忘硯北千秋業，卻有城南二頃田。（其三）（清）洪亮吉：《洪亮吉集》，頁862。
25　互互平生一寸心，不同朝士競升沉。（其四）（清）洪亮吉：《洪亮吉集》，頁862。
26　（清）洪亮吉：〈古意十首貽晉齋應教同作〉，《洪亮吉集》，頁870。
27　洪稚存編修亮吉，……先生曰：「此正所以報師尊也。」（清）昭槤：《嘯亭雜
　　錄》，頁186。

仁的「狂」，他是未必欣賞的，但既屬生死之交，黃景仁一旦「遺札到三更，老母孤兒惟我託」，他便「炎天走千里，素車白馬送君還」了。以上種種，都是洪亮吉在性格、人格上值得後人尊重的。

第二節　洪亮吉之詩歌特色

一　詩歌主張

洪亮吉與袁枚、翁方綱兩人都有交往，但在詩歌主張面，則與袁枚較為接近，王英志對此問題作過深入的研究。他在〈洪亮吉論詩管見〉[28]一文，認為翁方綱的肌理詩，只講學問不講情，袁枚的性靈詩，講的情就可能流於淫靡，而洪亮吉則講合乎儒家道德規範的性情，總的來說，還是與袁枚較為接近。

我個人認為，洪亮吉對性情有如此看法，不足為奇，因為他自五歲開始，就讀正經正史，所以在他心目中，性靈派末流那些「失之淫豔」的詩作，就如「鄭衛之音」，而不是詩人「溫柔敦厚」的「真性情」了。

嚴迪昌在《清詩史》[29]中論及洪詩，則認為他的詩本來都是講性情的，所以跟袁枚的性靈說頗為接近，但到他中年以後，「學識漸富」，便使詩歌漸遠性情，由詩人之詩轉而為學人之詩，與袁枚所見亦愈來愈多矛盾。至於他為甚麼會有如斯轉變，朱庭珍在《筱園詩

28　王英志：〈洪亮吉論詩管見〉，《文藝論叢》第21輯（上海市：上海文藝出版社，1985年）。

29　嚴迪昌：《清詩史》，頁924。

話》[30]中，則認為他是「誤交損友」，認為張問陶的詩格低下，洪亮吉與他唱和太多，故在不知不覺中感染惡習，以致詩格掃地。

洪亮吉的詩歌並非全寫真性情，確是事實，下文自有論述，但洪亮吉本身始終覺得詩歌是要寫性情的，也是實情。

在洪亮吉五十二歲時，翁方綱刪訂黃景仁的詩作，編成《悔存詩鈔》，劉大觀刊行工竣，洪亮吉便寄之以詩，在〈劉刺史大觀為亡友黃二景仁刊悔存軒集八卷工竣感賦一首即柬刺史〉[31]中，洪亮吉有「檢點溪山餘屐笠，刪除花月少精神」之句，對「詩為翁學士方綱所刪，凡稍涉綺語及飲酒諸詩，皆不錄入」，頗不以為然。再者，洪亮吉在收到誤傳的翁方綱死訊時，輓詩中亦有「略嫌公少性情詩」[32]之句，可見他到晚年仍主張詩要寫性情的。

不過，若說性情詩人要「寫作者的真性情、真個性」，那麼，洪亮吉是否算得上是個性情詩人，是仍具商榷餘地的，因為他就算是寫真性情，也是有所保留的。洪亮吉不像黃景仁，黃是狂士，甚麼都可以寫，要怎麼寫便怎麼寫，因為他不介意別人怎樣看他，可是，洪的立志是做個學者，還有，到他身在官場，若道出不能道之實情，是有毀家之虞的。

二　詩歌的主要題材

洪亮吉詩，計有四集，《附鮚軒詩》為三十一歲前之作；《卷施閣詩》為三十四歲至遣戍伊犁前之作；遣戍後之作，則收入《更生齋詩》及《更生齋詩續集》。洪亮吉詩作之數量，不可謂少，不過在四

---

[30] 《清詩話續編》，頁2406。

[31] （清）洪亮吉：《洪亮吉集》，頁867。

[32] （清）洪亮吉：《洪亮吉集》，頁2252。

部詩集中，絕大部分是寫友情、友儕贈答及紀遊之作，要從詩作中全面窺見洪亮吉的本來面貌，並不容易。

洪亮吉詩歌的題材，為數最多的，計為寫友情及紀遊兩大類，現分述如下：

（一）寫友情

洪亮吉篤於友誼，於孫星衍與黃景仁，尤其投契，故寄贈孫、黃二人的作品亦最多。孫星衍是洪亮吉相交最久，交情最深的朋友；至於黃景仁，雖得年不永，但臨終仍不忘以後事託洪，洪亦善能撫其孤寡，故可謂生死之交。在二人之外，洪亮吉寄贈一般友儕之作，亦每寫得情深款款，所以，重友情可說是洪亮吉性情上一大特點。

1　黃景仁

在洪亮吉的友儕中，黃景仁與他相交最早，洪在乾隆五十六年有〈歲除以酒炙酹亡僕窺園并 以詩〉[33]一作，當中有「孫黃暨崔趙，識我交最厚」之句，故本節先談黃景仁。

按洪亮吉〈國子監生武英殿書籤官候選縣丞黃君行狀〉[34]所載，洪、黃兩人訂交於乾隆三十一年，當時洪亮吉二十一歲，黃景仁十八歲。（總結黃景仁年譜及洪亮吉其他著作，兩人之相識並非始於此時，本文第二章談城東諸子，已有論及。）是時兩人俱赴童子試，並在逆旅相遇，洪亮吉提出母親所授的漢、魏樂府，兩人一同研習，並各自仿作，但個多月後，黃景仁之作竟優於洪亮吉，稍後，兩人便決定訂交了；依此觀之，洪最為欣賞的，正是黃的才華。次年，黃景仁

---

[33] （清）黃景仁：《兩當軒集》，頁689。

[34] （清）黃景仁：《兩當軒集》，頁604。

與洪亮吉一同受業於邵齊燾門下，兩人的友情便有進一步發展了。

乾隆三十五年夏，黃景仁自湖南歸里，聞得摯友歸來，洪亮吉恨不得立即與黃景仁見面，但因阻雨未能見面，他便急不及待的寫下一首〈聞黃大景仁自湖南歸阻雨不見卻寄〉[35]，表達出「谿南谿北悵睽違」之憾，並調侃摯友將「蠻烟瘴雨」都帶回家鄉了。其實在同年秋天，兩人皆須赴江寧鄉試，肯定有一段不短的共處日子，但洪亮吉見黃歸來，便急不及待的寄詩以表達思念，由此可見兩人之情誼深厚。

乾隆三十六年冬，洪、黃先後投朱筠幕下，直至乾隆三十七年十一月洪亮吉歸營葬事，兩人才分首。在接近一年的時間裏，他們大部分時間是一同度過的（洪在三十七年六、七月間歸武進，再返太平）。在這段時間裏，兩人可算是互相賞識、互相勉勵的良伴，洪亮吉作於乾隆三十七年春的〈與黃大景仁夜話〉[36]，寫他在自傷壯志未酬、年華漸去之際，便與黃景仁「吳鈎三撫罷，相對惜年華」，兩人相知之深，自不待言。

同年中秋，洪亮吉臥病在床，加上思念家鄉，實是悶得發慌，就在這時候，黃景仁攜酒過訪，兩人患難相扶持的交誼，於此可見一斑。洪雖在病中不宜飲酒，但又不想令這個嗜酒如命的老友掃興，所以也喝了一點，在〈中秋病甚偕黃二景仁〉[37]中，他說「承君攜壺慰離疾，飲即不醉心先荷」，黃的友情，使他極為感動。到了重陽，洪亮吉聊落之情無處排遣，又寄黃景仁一首〈舒城九日贈黃大〉[38]。這

---

[35] 纔把征帆卸落暉，谿南谿北悵睽違。無端一夜瀟湘客，帶得蠻煙瘴雨歸。（清）洪亮吉：《洪亮吉集》，頁1930。

[36] 已識牛衣賤，還驚馬齒加。新春同作客，多病獨思家。山色連晨雨，江聲入暮笳。吳鈎三撫罷，相對惜年華。（清）洪亮吉：《洪亮吉集》，頁1945。

[37] （清）洪亮吉：《洪亮吉集》，頁1966。

[38] 少賤猶能役，親衰不近名。避人來九日，為客起新正。土俗寒偏壽，天心雨亦晴。無嗟村落酒，一醉感秋情。（清）洪亮吉：《洪亮吉集》，頁1968。

首詩，洪像是閒話家常，他說自己自少貧賤，但能苦幹，現在母親年邁，照顧母親比求取科名更重要呢！那個時候，洪亮吉不欲參與那些尋常宴集，所以找個偏僻的村落，喝杯淡酒，排遣秋懷，但在他想避俗時，還是會想到黃景仁，他們的友誼，是非比尋常的。

乾隆三十八年，編纂《四庫全書》之工作全面展開，洪亮吉在太平總司江、浙搜採遺書之事[39]，黃景仁則仍在安徽學使署追隨朱筠，兩地相距不遠。對當代「未遇」的知識分子而言，客居臥病，是人生一大苦事，就在洪亮吉抱病在身時，黃景仁到安徽相訪，那便使洪大為感動了。在〈黃大景仁過訪作〉一首[40]，洪亮吉落句便說「十日不束帶，束帶為故人」，好友來訪，怎能輕率以待？當然要細整衣冠的了！洪說「君知我愁憐我病，走語倉皇不能竟」，可知黃眼見好友既愁且病，本欲加以慰藉、開解的，但一旦相見，便縱有千言萬語，卻不知從何說起啊！「送君歸，視君影」，黃終要別去的，他惟有帶著無限依依，目送好友離去，並以「男兒終自戀知己，手把君詩縱復橫」作結，點出自己已心許黃為知己了。同年秋天，洪亮吉在〈欲至北樓不果兼憶黃二〉[41]一首云：「徒勞企英躅，復此念吾黨」，摯友的影子又上心頭了。

同年歲暮，洪亮吉久役在外，客感陡生，便又想起黃景仁了。

---

[39] （清）呂培：《洪北江先生年譜》。

[40] 十日不束帶，束帶為故人。艾家橋下騎馬別，過眼已覺無餘春。……
君知我愁憐我病，走語倉皇不能竟。……
綠鬢婆娑照眼明，花枝須看酒須傾。杜陵忘情任榮辱，李白與爾同死生。
送君歸，視君影，烏帽軟斜玉鞭整。客裏歡事莫遽，高堂白髮行應省。
我客南州無世名，故園有夢且歸耕。男兒終自戀知己，手把君詩縱復橫。（清）洪
亮吉：《洪亮吉集》，頁1985。

[41] （清）洪亮吉：《洪亮吉集》，頁1986。

他在〈登郡齋南樓懷黃二景仁作分韻得覽字〉[42]中，說到自己的作客辛酸和披覽典籍之損耗心神，便勸好友「清修以為範」，好好保重身體，並以「允矣君子心，臨風獨流覽」作結，表達自己的思念。

乾隆四十年歲杪，黃景仁北上，準備參加翌年春在天津舉行的乾隆東巡召試，洪亮吉贈之以〈送黃大景仁至都門〉[43]四首，他指出自己與黃是「弱冠心期誓始終」，並讚黃有江夏黃童之譽，才華之出眾，是毋庸置疑的。他也認為，黃的貧困，只是他不肯隨波逐流使然，雖然，黃的處世態度，不為家小瞭解，但洪詩中「涉世未妨顏更冷」一句，可見他對黃的冷對時流是頗為讚許的。由此可見，洪、黃兩人都以君子自居，是以義合的、志趣相投的金蘭之朋。可惜，「蹤跡平生苦未閒，我貧君病改朱顏」，如他們這般有原則的知識分子，在當代是難以出人頭地的。

洪亮吉同年的詩作，還有〈得黃大書知家叔自潁州歸〉[44]，洪憶及兩人過往相聚的日子，並為與摯友分袂而傷感，在感慨年華漸去之餘，亦勸對方「結束鉛華歸少作」，別再寫那些豔詞綺句了（黃景仁先前寄他〈綺懷〉十六首）。不過，他雖勸故人「休題綺句」，但他最終還是寫了〈讀黃二綺懷詩漫和四首〉[45]作回答，這樣的朋友，甚是難得呢！稍後的〈丹陽酈布衣為予為寫雲谿一曲圖時予客句曲而黃二景仁則遠在淮潁間因并命寫入圖復作詩寄黃〉[46]就更有意思了，別

---

[42]（清）洪亮吉：《洪亮吉集》，頁1988。

[43]（清）洪亮吉：《洪亮吉集》，頁2011。

[44] 潁歌清絕繫人思，開篋欣緘七字詩。感激最憐翻楚調，升沉且復任吳兒。
　　孤猿獨鶴傷岐路，廢瓦　垣夢昔時。
　　多事更休題綺句，春人都已鬢如絲。時黃大寄到綺懷詩十六首（其二）（清）洪亮吉：《洪亮吉集》，頁2038。

[45]（清）洪亮吉：《洪亮吉集》，頁2039。

[46]（清）洪亮吉：《洪亮吉集》，頁2043。

人為他作畫，摯友不在左右，他卻硬要人家把黃景仁也寫進圖去，兩人交情終究是非比尋常的。

　　乾隆四十一年，黃景仁赴津門參加東巡召試後，便「始與都中名流遊」[47]，洪亮吉生怕以他的特立獨行，在當時有如「羅張網布」的社會背景下，會碰得一鼻子灰，更怕他為謀衣食而有改志節，所以寫了一首〈獨鶴行寄黃景仁〉[48]。洪視摯友為有個性的「病鶴」，寄語對方珍重身軀「慎勿使霜毛摧，鐵骨折」，並對黃景仁的不隨流俗，深表支持。當中「汝黑汝白不可知，汝南汝北我則思」一語，表達出自己在任何情況下，都不減對朋友的思念，朋情洋溢紙上。洪亮吉雖恐黃景仁有損志節，但黃並沒有令他失望，黃堅持著自己特立獨行的性格，所以在這段日子裏，常常碰壁！於是，洪亮吉便有〈獨居懷黃二〉[49]之作，他讚黃景仁自少力學，已稍有成，對黃的「雲霄尚無路」及「筋骨疲」深感惋惜，並表明視黃景仁為知己。

　　這年的另一首作品，則交代了洪亮吉與另一摯友孫星衍相識一事。在〈簡黃二景仁〉[50]中，他說黃景仁一生中甚少知交，孫星衍就是其中一個，他讚黃「汝也得人非貌取」，使自己也得以結識孫星衍這個志同道合的朋友。詩中末四句，他對大家的「母病妻愁」深感無奈；洪更說大家都是「固窮不出」，並且要遠離俗世，可見這幾個有

---

[47] 黃逸之：《清黃仲則先生景仁年譜》，頁42。

[48] 獨鶴亦不高，如人長七尺。羅張網布不可以暗飛，悄然墮爾秋原之孤白。
　　幽蟾光短不得長，一星當天病眼黃，鶴于此時何處翔。
　　不隨雅頭青，不隨鴨頭碧，不隨愁鴻南，不隨悽燕北。
　　汝黑汝白不可知，汝南汝北我則思。
　　君不見,羽毛如霜膝如鐵，汝今雖遠遊，慎勿使霜毛摧，鐵骨折。（清）洪亮吉：《洪亮吉集》，頁2065。

[49]（清）洪亮吉：《洪亮吉集》，頁2066。

[50] 可憐蹤跡二三子，母病妻愁總如此。固窮不出誰能勸，離俗未遠吾猶　。（清）洪亮吉：《洪亮吉集》，頁2067。

志節、有原則的讀書人，可真是君子之朋了。洪亮吉自乾隆四十一年歲暮起母喪居家，事母至孝的他，在居喪期間，除日常學習授徒外，謝絕一切應酬，故也未有詩作。按黃景仁年譜[51]載，在他居喪期間，黃景仁給他寫信，託他把一家大小送到北京，以便自己供養老母，洪接信後，即盡心盡力，為老友辦妥此事，洪待友以誠之品格，可見一斑，此事亦為洪、黃交情匪淺之明證。

　　乾隆四十四年，洪亮吉居喪期滿，便再有詩贈黃景仁了。那個時候，洪亮吉到北京應考，黃景仁也在京謀發展，好友久別重逢，他便寫下〈與黃大景仁話舊〉兩首[52]。第一首寫自己與黃景仁不見多時，一旦重逢，有如在夢中的感覺，他續以「尋山蹤跡誰還健」感慨滄桑，以「戴斗文章爾獨奇」對黃的才華表示欣賞，以「書倉終日坐長饑」對黃的未遇表示同情，最後以燕昭王築黃金臺以求士之典故，說出兩人都望有被賞識的一天。第二首的重點，是透過亡母與黃景仁的往事，寫彼此友情之深厚，他們十多年的交情，在「已覺吾親即若親」一句，表達得淋漓盡致。

　　洪亮吉在同年寄孫星衍的作品中，亦對黃景仁寄以無限同情。在〈結交行寄孫大〉[53]中，他說與黃相交十七年，黃雖然身體狀況不佳，時常抱病，但在神態上卻有如仙人，這是他對黃的讚賞。不過，接著的「妻愁親老不思返，白日憔悴長安眠」，就似對黃之「不思返」不表贊同，但無論如何，他對黃的「病」和「憔悴」深表同情，卻是十

51　黃逸之：《清黃仲則先生景仁年譜》，頁46。

52　壯志都從憂患移，離如夢見猶疑。尋山蹤跡誰還健，戴斗文章爾獨奇。
　　塵海此時容小住，書倉終日坐長饑。朝來欲上燕臺望，好覓天街瘦馬騎。（其一）
　　十五年前將母身，同攜襁褓出城闉。緣知來日非今日，已覺吾親即若親。
　　歲互看謀粟米，衰齡密共禱星辰。登堂此度先垂涕，我已傷心作鮮民。（其二）
　　（清）洪亮吉：《洪亮吉集》，頁471。

53　（清）洪亮吉：《洪亮吉集》，頁474。

分明顯的。

同年八月，洪、黃二人同在北京度過，從〈八月二十日偕黃二暨舍弟飲天橋酒樓〉[54]，可見兩人之所以牢落不遇，與性格上的「孤傲」有極大關係，在他們而言，可以傾訴心事的朋友，百不得一，故一朝聚首，便爽語競發了。不過，洪亮吉清楚知道摯友比自己桀驁不馴，所以，他勸黃景仁「萬事要須落人後」，他對黃是透徹了解的。

乾隆四十六年，洪有〈趙大至得孫大入關之信兼聞蔣表弟良卿欲入都城東酒徒無一人居里者感賦此首近簡黃二楊三徐大〉一作[55]，詩中有「少年誰最狂，雅數孫與黃」之句，在洪亮吉心目中，黃景仁始終是個「狂生」！不過，他雖未必認同黃景仁的狂，但摯友的健康向來不佳，時復抱恙，始終令他擔心不已，稍後的〈法源寺訪黃二病因同看花〉[56]，他說「今年花盛病亦盛，轉恐病久花難尋。……看花抱病還難顧，我更因花乞同住」，他恐怕黃景仁的病轉劇，所以想借看花為名，與黃同住，時加照顧。至於黃景仁，友伴既不多，自然不欲錯過與友儕共聚的機會，所以他在病中也招集同人作詩酒之會，洪在〈四月初二日黃二景仁邀同人于法源寺餞春即席同賦得饑字〉[57]中，說黃仁「抱疴應客竟日勞，客去閉門頻仰偃」，洪亮吉對摯友在病中仍為款客操勞竟日而感心痛。同年四月十六日，洪亮吉要到陝西投效一直對他賞識有加的畢沅[58]，離京前，他有詩贈別，在〈將出都門留別黃二〉[59]中，他除了深憐黃景仁的多才多病，還表達對重聚的深切期

---

54 （清）洪亮吉：《洪亮吉集》，頁477。
55 （清）洪亮吉：《洪亮吉集》，頁492。
56 （清）洪亮吉：《洪亮吉集》，頁493。
57 （清）洪亮吉：《洪亮吉集》，頁495。
58 （清）呂培：《洪北江先生年譜》。
59 拋得白雲谿畔宅，苦來燕市歷風塵。才人命薄如君少，貧過中年病卻春。（其一）
　　柴腹誰憐詩思清，掩關真欲廢逢迎。期君未死重相見，與向空山證世情。（其二）

待。

　　乾隆四十七年，黃景仁到西安見畢沅以謀資赴選，順道與洪相聚，洪亮吉就有〈九月初三日雨後偕黃二孫大遊薦福寺〉[60]和〈黃二景仁以舊得宋鑄山谷詩孫印屬題即以誌別〉[61]兩作，這兩首，我們或可視之為一般唱酬贈答之作，未必可看到兩人交情，但以下一首，味道便截然不同了。

　　黃景仁別過洪亮吉後，便要再入都待選，這個時候，洪就情深款款地贈他一首〈關中送黃二入都待選〉[62]：

> 欲別復念我，我歸猶無時。……
> 君言少賤耽百憂，欲為卑官已不羞。
> 長生如鶴善俛仰，莫更高視輕同儔。……

當中「莫更高視輕同儔」一語，可謂同心之言，因為，洪亮吉與黃景仁相交多年，深知黃景仁的「傲」使他與俗不諧；不過，就算做個「卑官」，也難以避免要逢仰人意的，他是恐怕黃的性格會為自己招來另一次失望，所以，要再提點他一次呢！此外，「欲別復念我」一句，平凡的五個字，就把摯友深交寫得淋漓盡致，可惜，這首已是黃景仁能讀到洪稚存的最後一首詩歌了。

　　乾隆四十八年，洪亮吉接到摯友遺札，亟赴運城經紀其喪，並寫下〈自西安至安邑臨黃二景仁喪奉輓四首〉[63]。第一首，他將摯友的一

　　（清）洪亮吉：《洪亮吉集》，頁496。
[60]　（清）洪亮吉：《洪亮吉集》，頁514。
[61]　（清）洪亮吉：《洪亮吉集》，頁514。
[62]　（清）洪亮吉：《洪亮吉集》，頁515。
[63]　生何憔悴死何愁，早覺年來與命讎。病已支牀還出塞，家從典屋半居舟。
　　　魂歸好入王官谷，名在空懸太白樓。一事語君傳欲定，卅年心血有人收。（其一）
　　　歸骨中條我未安，為憐親在欲憑棺。須營江畔墳三尺，好種籬前竹百竿。

生不遇和貧病客死歸咎於命運安排，「名在空懸太白樓」，黃的才華
是被世人肯定的。黃景仁對自己詩集的流傳，十分在意，所以洪稚
存最後告之以「卅年心血有人收」，使摯友安心。第二首，洪告訴亡
友，為使他的親人便於料理後事，所以自己會違背他葬於中條山的意
願，而把他送回故里安葬，不過，自己心知他平生愛竹，所以定會在
墓旁種竹，以慰亡友。最後，洪告訴黃景仁，他的才人奇氣，並不會
隨他的辭世而消失，而將會永遠留在後人心裏。

　　第三首，洪亮吉追述往事，感慨當年將洪、黃喻為猨鶴的朱筠已
先謝世，兩人當日一同哭祭的情景仍歷歷在目，今日竟要「獨臨遺
殯」，哀痛之情，溢於言表。最後以范式與張劭生死之交，喻兩人情
誼之厚。

　　第四首，他讚美亡友「倜儻平生」，無人能及，可惜天悼英才，
得年不永。黃景仁臨終時已難有可託後事之人，故洪接遺札，斷無推
搪之理，他也回憶起往年與黃道別時曾勸其善攝生，不過，黃只是表
面答應，其實依然故我，他似還自責未能說服黃景仁好好保重呢！

　　總結各首，當中「交空四海惟餘我」一語，將黃景仁為人「狂
傲」帶來的後果明白道出，更交代出，一旦黃景仁「魂到重泉更付
書」，自己便不能將摯友後事假手於人了。「獨臨遺殯愴生平」，寫
出生死之交辭世之慟，是發自內心的沉痛之語，而絕非客套之辭。
黃景仁歿後。洪亮吉詩作中仍有不少懷念故人之句，同年的〈臨晉

空有頭銜書尺旐，愁餘名紙伴高冠。才人奇氣難銷歇，六月松風刮殯寒。（其二）
早年猨鶴與齊名，月旦人先赴九京。共哭寢門思往日，獨臨遺殯愴生平。
貞孤論盡朱公叔，存歿交餘范巨卿。却愧素車來未晚，樹頭飄雨旐將行。（其三）
倜儻平生孰可如，遺緘欲發屢踟躕。交空四海惟餘我，魂到重泉更付書。
庾亮報函疑可達，臺卿服友感難除。傷心昨歲青門道，執手危言未盡紓。（其四）
（清）洪亮吉：《洪亮吉集》，頁561。

道中〉[64]，洪亮吉在為黃景仁處理後事途中，表明為了兌現對亡友的承諾，那怕是在炎暑天氣之中，也不會有怨言，君子一諾，並不會因對方的存歿而改變的。〈再偕友人登黃鶴樓〉[65]，作於黃景仁去世後幾個月，洪亮吉見到壁間有黃景仁十多年前的題詩，便有「卻望洞庭西灑淚，素交詩句十年餘」之嘆了。洪在八月抵里門之前，還有〈舟中望采石太白樓感賦〉[66]一作，他望見此樓，想到黃景仁當年在太白樓賦詩而名動一時之事，又「我欲登樓淚難止」了。以上諸作，都是在黃景仁去世當年的作品，洪亮吉在為黃經紀後事時有所感觸，亦是順理成章之事，不過，若我們多看一些洪亮吉作於黃景仁辭世多年後的作品，便更能理解兩人間的深厚情誼了。

黃景仁於乾隆四十八年辭世，五十一年，洪在〈喜楊大芳燦至大梁即送入都〉[67]一作談及往事，感慨「重來酒壚邊，恨已無黃公謂仲則」。五十二年，洪的書齋落成，他寫了〈卷施閣落成偶賦四首〉[68]，第四首提到黃景仁時，就有「惜哉同心人，生命均不延」之慨。五十五年的〈送萬大令應馨之官廣東〉[69]，洪亮吉稱黃景仁的兒子能為文章，過去一年，自己曾加以指導，希望萬應馨能把他帶到廣東，若有機會，則加以提攜。同年的〈送趙大令希璜之官夏邑即題其三十二峰詩集後〉[70]，回憶與黃對門而居，談詩論句一事，即沉痛道出「可惜良朋

---

[64] 驛騎抵二更，衣上殘月出。風沙浩茫茫，峻坂復百折。奔馳念亡友，詎憚炎暑日。沉疴逮三載，慈母旨甘缺。臨終馳素札，瞻嶺願歸骨。置茲達士懷，慰彼遙念切。吾徒重然諾，未可異存歿。殘夜聞馬嘶，荒塗險相失。（清）洪亮吉：《洪亮吉集》，頁562。

[65] （清）洪亮吉：《洪亮吉集》，頁5621。

[66] （清）洪亮吉：《洪亮吉集》，頁571。

[67] （清）洪亮吉：《洪亮吉集》，頁616。

[68] （清）洪亮吉：《洪亮吉集》，頁617。

[69] （清）洪亮吉：《洪亮吉集》，頁651。

[70] （清）洪亮吉：《洪亮吉集》，頁654。

已黃土」之慨。五十六年，洪與邵晉涵話舊時，說「對床七輩今誰
似，可惜三人已前死」[71]，黃景仁就是其中之一，由此可見，洪亮吉對
摯友之情是至死不渝的。

乾隆五十七年春，去黃景仁之歿已近十年了，洪亮吉在〈三月晦
前一日清曉獨遊法源寺看海棠花下……同過寺旁亡友黃二景仁舊寓室
已傾圮不可入感賦一首〉[72]，設想眼前破落之舊室已無人居住，正好作
為故友之墳，而且，在聽到鴉啼不住時，便想到「客魂定在花深處」
了。

乾隆六十一年，洪亮吉跟張問陶等讀到黃景仁的《悔存軒集》，
不期然「舊友陡上心，遂令爵無算」[73]，想起黃景仁，惆悵便油然而
生，只有多喝幾杯，藉以消愁了。

嘉慶二年，劉大觀刊《悔存軒集》竣工，洪亮吉有詩紀事[74]，此
詩之作，去黃景仁辭世已近十五年矣！在此作中。洪亮吉既為摯友遺
集得以刊行而感欣慰，但亦對詩集之刪訂失於偏頗而覺可惜；而從他
為黃之子女完成婚嫁一事，可見君子一諾，是不受摯友之亡歿而影響
的。同年他還有〈偪側行同金秀才學蓮作題亡友黃二悔存詩集後〉[75]
一首，詩中寫到他對十多年前赴故友之喪的情景仍歷歷在目，這樣的

---

71 （清）洪亮吉：〈山房與邵侍講晉涵話舊兼呈曹侍御錫齡劉檢討錫五張運判道渥〉，
 《洪亮吉集》，頁684。
72 不然花枝南頭兩間屋，曾有詩魂抱花宿。眠時如鷗立如鶴，看得開時復看落。
 如今寂寞鎖幾春，花屋祇當詩人墳。門闌兩圯紙窗破，時聆唫聲夜深墮。
 君行歎息欲出門，我更代花招客魂。君不見客魂定在花深處，怪底曙鴉啼不住。
 （清）洪亮吉：《洪亮吉集》，頁694。
73 （清）洪亮吉：〈廿三日雪邵進士葆祺餉酒并約張同年問陶過卷施閣小飲別後復獨
 酌池上讀亡友黃景仁悔存軒集至二鼓作〉，《洪亮吉集》，頁859。
74 （清）洪亮吉：〈劉刺史大觀為亡友黃二景仁刊悔存軒集八卷工竣感賦一首即柬刺
 史〉，《洪亮吉集》，頁867。
75 （清）洪亮吉：《洪亮吉集》，頁878。

友情，確是令人感動的。

　　嘉慶五年，黃景仁辭世十八年了，洪亮吉在過臨淮關時，又記起與摯友共讀的往事[76]。那已是三十年前的事了，兩人夜窗共讀，客舫高吟，當時情狀，洪仍清楚記得。黃景仁在世之日，洪亮吉對他的狂可能不大欣賞，但一旦緬懷前事，洪便對他的「貧仍不受憐」流露出讚許之意了。

　　洪亮吉歿於嘉慶十四年，他在去世前的兩年內，每當緬懷舊事，黃景仁的影子便在他腦海浮現。嘉慶十二年的〈自板橋泛舟至青溪感舊〉[77]，他提到當年與黃景仁寓東花園之往事，便有「茫茫六代江山裏，葬盡詩魂與酒魂」，之慨，在悼念亡友之餘，語調亦帶無限滄桑，似有自傷之意味了。嘉慶十三年，洪亮吉六十三歲，黃景仁辭世已過廿五年了，洪在與左輔話舊時，仍想到黃景仁[78]，在〈十日〉[79]一首，他說自己在詞場上已算頗有名望，但「尚愧無雙江夏黃」，黃景仁的才華，始終在自己之上。所以，若說洪亮吉的詩是友情的真實記錄，黃景仁的記錄絕對是最完整的。

2　孫星衍

　　孫星衍《芳茂山人詩錄》收錄了〈題吳君文徵為予畫江湖負米圖六幀〉[80]一組詩歌，其中〈延陵話舊〉一首注云：「予與同里諸子交，

76　〈過臨淮關憶亡友黃二景仁〉：「及到淮南路，尋思三十年。夜窗書共讀，吟舫客如仙。癖更誰能解，貧仍不受憐。傷心黃叔度，泉下已高眠。」（清）洪亮吉：《洪亮吉集》，頁1246。

77　（清）洪亮吉：《洪亮吉集》，頁1743。

78　〈將抵懷甯先柬左大令輔二首〉：「斷魂誰返黃江夏」。（清）洪亮吉：《洪亮吉集》，頁1839。

79　（清）洪亮吉：《洪亮吉集》，頁1770。

80　（清）孫星衍《孫淵如先生全集》，《續修四庫全書》第1477冊（上海市：上海古籍

洪編修亮吉蹤跡尤密」，洪亮吉乾隆四十四年之〈結交行寄孫大〉[81]，亦有「我交數子止可生，不若交子兼幽明。我交數子皆許身，不若許子兼心魂」之語，可見兩者之友情，比洪、黃之交更為深厚。

　　以我之見，洪、孫兩人之所以如斯投契，當是孫星衍在立身及立志著述方面，與洪亮吉尤其接近，按《清史列傳·儒林傳》載[82]，孫星衍為人忠誠正直，立身行事，都謹遵儒家之教條；在著述方面，他在輯撰專著時，能匯集眾人才智，並以自己的見識加以去取，再三審訂，故為海內學者敬重。依此看來，他是個名副其實的學者，既然他與洪亮吉的立志如斯吻合，他們能成為知交，自是是理所當然的。

　　陳康祺《郎潛紀聞初筆二筆三筆》[83]，亦有相類記載，陳氏謂孫、洪兩人「卯角訂交，並負才望」，雖未必符合事實，但說他們的文章經術為士林表率，並能身體力行，表現出清操亮節，卻是毋庸置疑的。

　　按呂培《洪北江先生年譜》[84]所載，洪亮吉是於乾隆三十九年跟孫星衍訂交的，洪亮吉在《簡黃二景仁》[85]則指出「余與孫子訂交因黃二」，依此推之，是黃景仁在乾隆三十九年促成洪、孫訂交之事。

　　洪亮吉作於乾隆三十九年的〈贈孫秀才星衍〉[86]有句云：「孫郎少日偏兒戲，一室狂言及昴季。詩句終能向我誇，姓名真不勞人記。」這時候的孫星衍，在性格上可能與黃景仁還有點相似，是時發狂言，愛誇好句的青年才俊，所以洪亮吉對他也特別有親切感。

　　　出版社，1995年），頁638。

[81]　（清）洪亮吉：《洪亮吉集》，頁474。

[82]　周駿富：《清史列傳》，第9冊，頁509。

[83]　（清）陳康祺：《郎潛紀聞》，頁66。

[84]　（清）呂培：《洪北江先生年譜》。

[85]　（清）洪亮吉：《洪亮吉集》，頁2067。

[86]　（清）洪亮吉：《洪亮吉集》，頁2004。

　　乾隆四十年，是洪亮吉有最多詩作提及孫星衍的一年，計有廿二首。我個人認為，洪亮吉此際與孫星衍特別投契，與黃景仁不在身邊大有關係。據黃逸之的《清黃仲則先生景仁年譜》，黃景仁在這年春天由江寧至太平，自夏天起，主講正陽書院，到冬天北上時，才寄洪亮吉六首道別詩歌；假如洪亮吉賦性耿介，嚴於擇友，平日無可與言者，而孫星衍的性格恰好與黃景仁相彷彿，那麼當黃景仁不在身邊的時候，洪、孫兩人關係倍加密切，也是合理不過的事。

　　洪亮吉以下詩作，可見此時的孫星衍，狂放之處，確有黃景仁的影子，而此際洪、孫之交情，亦已頗為深厚。在〈小除前一日與孫大城北痛飲即送歸句容度〉[87]，洪說孫「君才頗不容鄉里」，可是，孫的不容於眾，責任不在孫星衍，因為他續後說，「世上兒偏苛細微，里中姥忽驚奇狀」，世人過分矯飾，愛在孫的小節上多加挑剔，說孫標奇立異，總之；洪亮吉認為，他們是應該對才華橫溢的孫星衍多多包容的啊！孫既不容於眾，洪亮吉作為他的好友，自然要多加關顧了，所以當孫快要回鄉度歲，自己雖抱病在身，也要與他痛飲一場，孫星衍在多喝幾杯後，便更狂態畢露，高歌當哭了！不過，「新詩別我何橫放，同輩誰能出君上」，他既有傲視同儕的才，又怎麼不能有過人之狂呢？在〈偶成寄孫大〉[88]一首，洪說「邑宰容狂客，居人識寓公」，孫的狂，自是有人賞識的。

　　在洪亮吉筆下，孫星衍既愛飲，又具詩才，狂傲又令人側目，一般「俗士」根本容不了他；而洪本身的難與一般「俗士」相處，在他的作品中，亦屢有提到。在〈句曲與孫大別〉[89]，洪說自己「早與俗士成怨尤」，他既不逢人投刺，自然落得「閉門冷巷慣飄泊」的下場。

---

[87]（清）洪亮吉：《洪亮吉集》，頁2053。
[88]（清）洪亮吉：《洪亮吉集》，頁2050。
[89]（清）洪亮吉：《洪亮吉集》，頁2055。

一般名賢都是被禮法牢牢縛住，毫不痛快的，所以，他寧與孫共享狂名，「狂客」也可以名留青史的啊！兩人既同病相憐，成為摯友就是順理成章的了。

黃景仁自乾隆四十一年開始與都中名流遊，亦有較長時間客居都門，與洪亮吉的交往不像過往的頻繁，此時與洪亮吉最投契的，就非孫星衍莫屬了。在這年，洪亮吉有九首寄懷孫星衍的作品。從洪亮吉這個時候的詩歌，我們可知孫星衍仍是那麼「狂」，在〈與孫大鳥翅岡主人園〉[90]中，洪先說孫「狂憐骨相存」，孫是否真的「鳶肩火色」，有點像馬周的骨相，我不敢說，但他的放蕩不羈跟馬周相類，就十分明顯了，所以洪於末句說「渾欲醉狂孫」呢！從洪亮吉直呼他作狂孫，可見這時的孫星衍比先前時候更狂。不過，狂狷可能是洪稚存最欣賞的人格，黃景仁如是，孫星衍亦如是，所以，洪孫二人的友情此際就更深厚了。

〈五鼓出句容東門聞孫大已先期走送不值卻寄〉[91]一首，洪亮吉表現得極為沉痛，其實，他只是送行不值，孫先走一步吧！以後見面的機會多著呢！但洪竟說「悲來無端念死生，此別惘惘俱吞聲」，他把有後會之期的生離，說成後會無期的死別般沉痛。稍後洪亮吉在客途中夢到孫星衍，便有〈虞江舟中晝眠夢孫大〉[92]之作，他說自己一生求友之志甚殷，但在朋輩之中，最掛念的就是孫，在離恨縈懷之際，就只有「尋君舊詩諷」，藉讀孫之詩，以解對摯友的思念。思念之

---

[90]（清）洪亮吉：《洪亮吉集》，頁2071。

[91]（清）洪亮吉：《洪亮吉集》，頁2068。

[92] 雨淚忽不停，心傷枕函重。簾帷開虛風，秋陽暴幽夢。悲茲遲遲日，幽鳥時一哢。非無求友志，首疾念予仲。三旬滯鄉邑，百里走相送。放楫余已遠，犖駒爾難鞚。徒云堅後約，待此川澤凍。遠恨一以生，尋君舊詩諷。（清）洪亮吉：《洪亮吉集》，頁2076。

至，甚至在給對方寫信之時，也寫得特別信手的[93]。

　　洪亮吉自乾隆四十一年歲暮居母喪，直到乾隆四十四年才再有詩作，他在這年的友儕贈答作品中，寄孫星衍的仍是為數最多，計有七首，其中〈結交行寄孫大〉[94]，洪亮吉先道出自己與黃景仁、趙懷玉、汪端光的交情，說自己在認識孫之前，是「自問心期只三子」的，但在結識孫後，覺得孫「至性流真淳」，並直接道出「我交數子止可生，不若交子兼幽明。我交數子皆許身，不若許子兼心魂」之語，可見此時他已把孫星衍看作唯一的生死之交。

　　洪亮吉的欣賞孫星衍，並非只因孫的「狂」，孫星衍最值得欣賞的，是他在「狂」之餘，亦流露出真淳的情性！說到這裏，就不得不考慮洪的成長過程了，洪自小讀儒家典籍，儒家只是在不得正道而行之的時候，才欣賞狂狷者，若孫「狂」得有節制，就當然比黃景仁等更接近洪的性格，孫星衍與洪亮吉後來在經學上都有一定成就，這就不是黃景仁可以比較的了。

　　在往後的日子，洪亮吉集中不斷有寄懷孫星衍的作品，乾隆四十五年，他在作客途中，深受孤身漂泊之折磨，所以寄詩約孫星衍老來結鄰而居，並許下「何止與君交一世，此心無昧總相從」[95]、「千里與萬里，兩心同一心」[96]的承諾。

　　乾隆四十五年對洪亮吉來說，是相當艱苦的一年，按年譜述[97]，洪的弟弟靄吉少孤失學，別無他能，只有向姐姐借資學為賈，但累年以來，虧損資本，無力償還，所以洪亮吉於乾隆四十四年把他帶到北

93　〈冬月寄孫大〉：「同心燭不分，懸腕書尤疾。」（清）洪亮吉：《洪亮吉集》，頁2082。

94　（清）洪亮吉：《洪亮吉集》，頁474。

95　（清）洪亮吉：〈客感寄孫大〉，《洪亮吉集》，頁481。

96　（清）洪亮吉：〈憶遠行寄孫大〉，《洪亮吉集》，頁485。

97　（清）呂培：《洪北江先生年譜》。

京，碰碰運氣；可是，靄吉剛到北京，便思鄉成病，以致患上咯血之疾，新歲來臨，疾況轉劇，洪亮吉得典當衣物，才能籌足送弟弟回鄉所需費用。時近上元節，洪亮吉沒有可以外出應酬的衣服，所以在兩個多月的日子，都以抱恙在身為藉口，謝絕一切應酬；他為要贖回衣物，在半年裏為人撰稿、校書，好不容易才掙到一點錢，但家書一到，說故鄉的塋地糾紛需花錢解決，他便得將半數積蓄寄回家了。稍後，他的弟弟病癒，向人借貸，再度北上，他又要為弟弟還清債項。在這段艱苦的日子，洪亮吉的傾聽者，可能就只有孫星衍一個。洪這個時候寫的〈連得孫大書卻寄〉[98]，說「心事累君身累世」，應是孫星衍在這時候心知洪苦況，接連寄書慰問、鼓勵，洪自感因個人之艱苦遭逢而連累摯友擔心，故發此語。若洪的「心事」，使孫星衍也感同身受，就足證兩人是不止相交一世的同心之朋了。

在這年，洪亮吉有〈憶遠行寄孫大〉[99]一首，他說「約君不來暮已朝」、「約君不來春已夏」，洪想約孫到北京相聚，但孫可能真的「苦戀里中樂」（見下文），不想外遊，所以兩人始終只能互相思念。洪在詩中說「千里與萬里，兩心同一心」，他們的友情是不會因隔別千萬里而稍變的。

乾隆四十六年，洪孫兩人終有聚首機會了。是年春，洪亮吉從趙懷玉口中得知孫星衍要到北京來的消息，便立即通知黃景仁、楊芳燦等好友，他在詩中提到，少年時代的孫星衍與黃景仁是最「狂」的，可知在他心目中，孫星衍始終是他時時記掛的朋友；詩中又說「孫郎苦戀里中樂，昨亦樸被辭江干」[100]，他對孫的到京相見，是帶著深切期

---

[98]（清）洪亮吉：《洪亮吉集》，頁482。

[99]（清）洪亮吉：《洪亮吉集》，頁485。

[100]（清）洪亮吉：〈趙大至得孫大入關之信兼聞蔣表弟良卿欲入都城東酒徒無一人居里者感賦此首近簡黃二楊三徐大〉，《洪亮吉集》，頁492。

盼的。可惜，孫星衍方到關中便病倒了，到清明時節，還未進京，故洪亮吉寄上〈清明日關中夢先慈感賦並寄孫大關中二首〉[101]，以代存問。第一首，洪亮吉說自己在寒食節想到去世的母親便傷心不已，夢到母親便眼泛淚光，為表孝心，他要兒女搬到親塋附近居住，並教兒童種白楊樹，以示悲哀；但到最後兩句，竟轉到對孫星衍抱病的擔心，說「天末故人還抱病，風檐此日思茫茫」，他已把對孫的關懷，提升到與親人相若的層次了。在第二首，洪說「各有著書心跡在，未堪終歲作游民」，當中最值得注意的是「各有著書心跡在」一語；往前之作，洪亮吉寫孫星衍，多著眼於他的狂，但此時的孫星衍，似已堅定了著述之念，他的志向既與洪亮吉更為接近，那麼兩人的友情比往前更為深厚，便可想而知了。

　　乾隆四十七年，洪亮吉在西安節署追隨畢沅，年初時，黃景仁、孫星衍也在西安，好友三人有不少機會聚首。孫星衍於是年暮春赴北京，出發前，洪亮吉已不自禁地生發出一點點的離愁別緒，他在〈清明日偶成示孫大〉[102]，說「不斷楊枝縮別情」、「水邊人影柳邊亭」，孫星衍還未動身，他已先離恨縈懷；及至孫真的要走了，他流露的已不止是離愁，而是濃濃的人世滄桑之感！洪在折柳送別之時，回憶到五年前孫星衍為他送行之場景，「人世五年重惜別」[103]，兩人的友情是經得起時間考驗的，歲月的流逝，只會使他們的友誼更深厚；他叮囑孫星衍「才人學道狂應減」，要入京碰運氣，若不收斂輕狂，準會碰壁，他對摯友的性格是瞭如指掌的。孫星衍離開後，洪亮吉回孫的書齋細讀孫的著作，發覺孫雖狀似嗜酒之劉伶，但實際卻有「異才逾郭

---

[101]（清）洪亮吉：《洪亮吉集》，頁492。

[102]（清）洪亮吉：《洪亮吉集》，頁525。

[103]（清）洪亮吉：〈癸卯三月十六日孫大將入都並車送至瀟橋折柳為別因憶己亥春孫大送我石城東畔至此已五年矣感而賦此〉，《洪亮吉集》，頁525。

璞」[104]，故有「應愧故人眈著述，一編留與瀹心靈」之語，可見兩人在鑽研學問的意向上更為吻合，友誼也更鞏固了。

按年譜載[105]，洪亮吉於乾隆四十八年喪一摯友黃景仁，四十九年又喪一好友程晉芳，至五十年，他隨畢沅到河南任事，自此不復有關中唱酬之樂矣。乾隆五十二年正月，洪亮吉與孫星衍一起入京，三月應禮部試不售，五月抵里，十一月應畢沅催促再到河南。

又按《孫淵如先生年譜》[106]，孫於該科中式二十三名進士，殿試後以一甲二名賜進士及第，授翰林院編修，留京供職。從以上資料可知，洪亮吉在乾隆五十二年初與孫共聚一段短日子後，便沒有機會與孫會面。是年歲暮，楊芳燦到大梁，他在〈喜楊大芳燦至大即送梁入都〉[107]一首，說到自己「此時頗復憶孫楚謂淵如」，並為良朋隔越生出「君不見吾徒會合真無幾，更隔十年愁老矣」的感慨；與摯友聚少離多，使洪亮吉更害怕時光流逝，彼此年華漸老，相見的機會恐怕愈來愈少了。稍後的〈酒十首〉[108]，他想到黃景仁與孫星衍「一死一別離」，便連飲酒的興趣也大為消減了。自此以後，洪亮吉雖與孫星衍分隔兩地，但摯友的影子，仍不時在洪亮吉心頭出現。

孫星衍在乾隆五十二年登第後，大部分時間在北京供職，至於洪亮吉，則自乾隆五十五年登第後，只有大約兩年的時間留在北京，自五十七年冬天開始，他便被派到貴州任職；所以，兩人見面的機會不多。在這段時間裏，洪亮吉在詩中仍不時提到孫星衍。

---

[104] （清）洪亮吉：〈歸臥孫大書齋讀所著山海經音義卻寄一首〉，《洪亮吉集》，頁526。

[105] （清）呂培：《洪北江先生年譜》。

[106] （清）張紹南：《孫淵如先生年譜》，頁460。

[107] （清）洪亮吉：《洪亮吉集》，頁616。

[108] （清）洪亮吉：《洪亮吉集》，頁620。

　　乾隆五十四年入都前，洪亮吉有〈有入都者偶占五篇寄友〉[109]幾首詩歌，寄孫星衍一首，他說自孫居京華，自己便懶於作詩，因為已難覓知音者，他埋怨道：「別君居三年，作詩少千首。以此厚怨君，君能識之否？」但他同時又說：「唯我與子心，膠漆難喻之。」自黃景仁歿後，孫可說是他唯一的知音了。洪翌年入都後，在送萬黍維官廣東之作中[110]，有云「即今海內論心交，汪子劍潭憔悴孫郎淵如豪」，孫星衍已由年少的狂變為當時的豪；五十六年，他在酹祭亡僕時，也提到「孫黃暨崔趙，識我交最厚」[111]，道出與孫星衍的友情深厚。

　　乾隆五十七年十月，洪亮吉離京赴貴州任，六十年任滿回京後，旋又奉命典試南陽一帶，他跟孫星衍的下一次聚頭，已是嘉慶三年的事了。在這段日子裏，洪不時有寄懷摯友之作。

　　乾隆五十九年的〈歲暮懷人二十四首〉[112]，洪憶及兩人共歷客途艱苦之往事。乾隆六十年，洪亮吉在〈立春日過襄陽謁羊杜二公祠有懷孫觀察星衍山東〉[113]中，說到目前「君為東國諸侯長，我作南方多士師」，大家已各有成就，但「竹馬共思逃塾歲」，在小時候，兩人也跟一般怕讀書、愛玩耍的孩子一樣，曾有一同逃學的日子啊！在這一年，洪亮吉五十歲，孫星衍四十三歲，洪對多麼多年前的事仍記憶猶新，可見孫在他心目中佔據了無可取代的位置。

　　嘉慶二年，洪亮吉有〈七夕夜坐戲擬古別離詞寄孫大山東〉[114]一作，首四句說「中歲念師友，懼或成晨星。晨星今亦稀，惟剩一啟明」，他說的啟明星，便是孫星衍。人過中年，交游零落，最要好的

---

[109]（清）洪亮吉：《洪亮吉集》，頁632。

[110]（清）洪亮吉：〈送萬大令應馨之官廣東〉，《洪亮吉集》，頁651。

[111]（清）洪亮吉：〈歲除以酒炙酹亡僕竄園并繫以詩〉，《洪亮吉集》，頁688。

[112] 奇寒可憶茅山夜，兩客同驅一蹇驢。（清）洪亮吉：《洪亮吉集》，頁807。

[113]（清）洪亮吉：《洪亮吉集》，頁841。

[114]（清）洪亮吉：《洪亮吉集》，頁888。

朋友，卻長期與己分隔兩地，說來確令人傷感，在「一回思君一回切」之下，只願為殘月伴晨星，以求有多點相見的日子。最後，他忽發奇想，孫是啟明星，他便要做長庚星，雖說兩者昏旦相代，其實是兩位一體；只是他未向上天告語，已使織女黃姑發愁，惹得南極老人大笑。這首雖是戲作，但感情來得極真摯，無疑是洪對孫最深切的思念。

嘉慶三年三月，洪亮吉接得仲弟卒於里門之凶問，引疾歸里，在途中與被奏未諳河務而離任候補的孫星衍有機會一聚，洪即戲贈孫星衍一首[115]，他說「劫外居然勝劫中」，若兩人仍有官務纏身，斷不可能有這次見面的機會；不過，從詩中「少日齊名孫與洪，即今相對儼衰翁」兩句，可見洪在敘友情之餘，也帶著濃濃的滄桑之感。翌年，洪亮吉獲鈕樹玉出示新著《說文新附考》，即賦詩以答[116]，並柬孫星衍，孫星衍既「深究經史文字音訓」[117]，洪亮吉得見新著，當然要與摯友分享了。

洪亮吉於嘉慶四年被遣戍伊犁，次年放歸居里，卒於嘉慶十四年；而孫星衍自乾隆四年六月丁母憂里居，服闋後赴山東任職，十六年引疾歸[118]；十年之間，兩人會面機會不多，但洪亮吉集中仍不時有寄懷孫星衍之作。嘉慶七年的〈山館靜坐憶孫大星衍〉[119]，洪說「舊遊十輩今誰在，最少如君白髮侵」，他想到二十多年前與孫星衍同在句容學署度夏一事，再想到舊遊零落，便更珍惜這個朋友了。

---

[115] 〈臨別戲贈孫大并索和章〉：「時河臣以孫未諳河務奏離本任候補」。（清）洪亮吉：《洪亮吉集》，頁904。

[116] （清）洪亮吉：〈渡湖與鈕布衣樹玉同舟因出其所著說文新附考見示賦贈一首即柬……孫兵備星衍〉，《洪亮吉集》，頁931。

[117] 蔡冠洛：《清代七百名人傳》（北京市：中國書店，1984年），頁1617。

[118] 周駿富：《清史列傳》，第9冊，頁509。

[119] （清）洪亮吉：《洪亮吉集》，頁1316。

　　嘉慶八年，洪亮吉有五首寄懷孫星衍之作，其中〈送孫大星衍仍兵備山左〉[120]，他說孫「一生于我伴長吟」；〈萬卷歸裝圖為孫大賦〉[121]，他說孫「尚喜人間未見書」，他自己則「丹黃別有三千卷，或可釐君校本訛」；由此可見，洪視孫為可以切磋學問，談詩論文的好友。

　　嘉慶十一年的〈得孫大星衍書卻寄〉[122]，洪亮吉告訴孫星衍，「半世相知爾最深」，明白說出自己視孫為最知己者；究其原因，應是洪亮吉自黃景仁於乾隆四十八年去世後，已難覓傾訴對象，而孫星衍除了在性格方面與黃景仁有相似之處，在立志方面，則與洪亮吉更為接近了。

（二）紀遊

　　洪亮吉在三十六歲（乾隆四十六年）前，紀遊詩的數量不多，究其原因，很可能是他早年以讀書為務，再加上母親在堂，自然不能作長時間的遊歷。到他三十一歲時，母親去世，三十六歲得到畢沅的賞識，赴西安節署任幕僚，自此他便有更多時間、機會四處遊歷了

　　洪亮吉第一段大量寫紀遊詩的時間，是乾隆四十六年五月至四十八年五月的兩年多時間，當時，他在西安節署任畢沅幕僚。當時畢沅幕中，尚有吳泰來、嚴長明、錢坫、孫星衍等文人名士[123]，所以他也寫了一些消寒雅集之類的應酬詩；但除此以外，這段時間的《太華凌門集》，在三十一題、三十九首裏，除〈將賦南歸呈畢侍郎六十韻〉外，全都是紀遊詩。

　　洪亮吉第二段大量寫紀遊詩的時間，是乾隆四十八年五月赴運

---

[120]（清）洪亮吉：《洪亮吉集》，頁1388。
[121]（清）洪亮吉：《洪亮吉集》，頁1392。
[122]（清）洪亮吉：《洪亮吉集》，頁1655。
[123]（清）呂培：《洪北江先生年譜》。

城經紀黃景仁之喪至次年正月入都期間的八個多月裏。這段時間的
《中條太行集》中，五十四題、六十五首裏，紀遊的就有四十六題、
五十八首。

　　往後的時間，洪亮吉的紀遊詩愈來愈多了。乾隆五十至五十四
年，洪亮吉輾轉求仕，南北奔波，在五年多的日子，他也寫了不少紀
遊詩，按年譜所載[124]：

> 五十年乙巳　　先生四十歲，……是歲得紀遊詩百首。
> 五十一年丙午　先生四十一歲，……是歲南北紀遊詩約百五十
> 　　　　　　　首。
> 五十三年戊申　先生四十三歲，……九月五日抵武昌節署，時
> 　　　　　　　楊進士倫亦主講於此，時與出遊晴川黃鶴樓諸
> 　　　　　　　勝，唱和甚多。
> 五十四年己酉　先生四十四歲，……因獨遊濟源謁濟廟，至盤
> 　　　　　　　谷，欲往王屋山不果。

其中乾隆五十二年，洪亮吉大部分時間在京，所以無甚紀遊之作，至
於五十三、五十四年，年譜雖不錄紀遊詩的數目，但他既有遊覽、有
唱和，又怎可能沒有紀遊之作？《卷施閣詩》卷八《露巖天笠集》所
錄，為洪亮吉在乾隆五十一至五十四年間之作，當中〈濟源謁濟瀆廟
作並寄錢州倅坫西安〉一首，必然為乾隆五十四年之作，此首以下，
還有〈延慶寺〉、〈盤谷寺〉等十二首紀遊詩，以此推之，洪亮吉是
年最少有十多首紀遊詩。

　　洪亮吉乾隆五十五年登第後，在京供職，直至乾隆五十七年八月
奉命視學貴州，又為他的創作紀遊詩提供了絕佳條件。是年八月至年

124（清）呂培：《洪北江先生年譜》。

終，只是短短四個多月，但《卷施閣詩》卷十二《黔中持節集》就收
錄了近百首紀遊詩，佔同期作品九成以上。他在貴州之任，至乾隆
六十年十一月告竣，在貴州的兩年多，他寫下一百五十一首（組）詩
歌，題材不外是紀遊和消寒雅集兩大類，而紀遊之作，就佔了九十首
（組）以上。

　　嘉慶元年至三年，洪亮吉在京供職，與同儕唱酬、寄贈，以至題
詩題畫之作增多，紀遊之作亦相應減少。直到嘉慶三年三月，他以弟
弟去世引疾歸里，在南歸途中寫了四十多首紀遊詩，次年，高宗升
遐，他北上奔國喪時亦寫了十多首紀遊詩。

　　嘉慶四年八月，洪亮吉被遣戍伊犛，《更生齋詩》卷一《萬里荷
戈集》中的四十二題，說途中見聞的就達三十二題，其中〈伊犛紀事
詩四十二首〉，就是伊犛風土概況的絕佳寫照；次年四月，洪亮吉獲
免還家，寫途中情事的有近四十首，佔是年作品之近半。洪亮吉雖然
不會將此行視為遊歷，但這些作品確實是有特別意義的紀遊詩呢！

　　洪亮吉自嘉慶五年九月抵里後，直至去世，每年皆有出外遊歷，
而每遊必有詩紀之，故洪亮吉諸詩集，紀遊為寫友情外之另一主要題
材。我個人認為，洪亮吉之所以寫下大量紀遊詩，很可能是他的知交
不多，所以寄懷友儕之作，也極有限；此外，他的性格不愛交際應
酬，禮貌性的酬答，他是不願寫的；最後，他生長於乾隆盛世，當
時的社會問題，是不能道破的，否則，他嘉慶四年八月被遣戍伊犛一
事，可能出現得更早。既然要寫的不能寫，他便把滿腔文采寄託於山
川美景及旅遊經歷了。不過，他這些遊歷詩數量雖多，但若與他寫友
情的作品比較，便顯得淡而無味了。

三　洪亮吉與性情詩

　　若說洪亮吉是個性情中人，我相信沒有人會反對，因為他重親情、重友情，甚至對他的僕人，也懷有深情。

　　洪亮吉作於十三、四歲時的〈遣僕篇〉[125]，寫他父親遣下一個僕人，但時值荒年，家境已不許他們多養一個，所以要把僕人遣走。在詩中，他憐憫僕人瘦弱凍餒，每天早起晚睡，勞碌地工作，僕人在臨別之際，「舊巢猶苦戀，清淚滴依依」，若洪亮吉一家人是薄待僕人的話，僕人當不會有這種依依不捨。而由洪亮吉對僕人的憐憫，也可見他並不視之為僕，一個十三、四歲的孩子寫出這樣的詩歌，應是來自他的先天真性情呢！

　　他四十六歲時的〈歲除以酒炙酹亡僕窺園并 以詩〉[126]，更可看到他對亡僕的深情厚意。這首五言詩共一百零四句，洪亮吉自述早年家逢變故，在「親知久相棄」之際，這個亡僕卻不離不棄，身兼他僕職事，洪自是深深感激；後來，洪為他娶婦，但這個新娶回來的妻子，卻嫌他貧困，嚷著要走，可見他對洪的忠誠，是令洪深深感動的。後來，這個亡僕「心希外遇」，並沉溺聲色，但洪把他的不當行為，歸咎於其他僚僕引誘，以及其妻不賢，不能把他留在家裏。到洪亮吉通籍了，最艱苦的日子捱過了，而僕人卻病入膏肓，無藥可療，所以洪亮吉自覺愧對此僕，說「汝行雖廁僕，汝義實兼友」，最終把僕人視為相交一世的朋友，並以酒酹之。

　　洪亮吉五十一歲時，又一個僕人去世了，〈初九日早舊僕朱祿忽

---

[125]（清）洪亮吉：《洪亮吉集》，頁1911。

[126]（清）洪亮吉：《洪亮吉集》，頁688。

遘危疾卒將以是夕斂于旁舍余不忍視之因出巷至胡文學唐寓齋索飲醉甚至二鼓始歸率賦一首〉[127]，從詩題我們已可知道他的感受了。這個僕人已追隨多年，洪亮吉不忍視其殯斂之事，故於凌晨即出門訪友索飲，藉以消愁，這亦是出於對僕人的深情。

　　不過，若把洪亮吉這位性情中人置於性情詩人之列，我是不大同意的；主要原因，是他的詩作只能顯示出他性情的一部分，尤其是在他為官期間，對某些問題簡直是噤口不言。劉聲木《萇楚齋續筆》有「洪亮吉作客詩」一條[128]，洪亮吉說自己深知作客艱難，所以一直卑身與世周旋；他的「不敢忤世顏」，雖然可以避免重蹈黃景仁坎壈終身的覆轍，但目睹蒼生之苦而不敢直言，實是有損賢名的啊！

　　劉德權在《洪亮吉集》[129]的前言，說洪亮吉是個「意志堅強，知難而進」，「對官場的弊端一直是痛恨」的人，對於這一點，我也有同感；可是洪亮吉諷刺時人時事的詩作，最早的是他五十四歲時的〈偶成二十首〉[130]，在這組詩歌中，他說出當時的達官貴人，猶如清談之輩（中有揮塵人），根本沒有把天下事放在心上（思陳天下事，四座皆簡默）；當時號稱賢哲者，只顧個人生死榮辱（何因賢與哲，僅自計生死），目光短淺；經過長期的太平日子，士大夫生活漸趨奢靡（承平百餘載，風俗漸喜誇），士人為求晉身，容易萌生賄賂之事（苞苴之所興，禮節日以奢）；士大夫對衣食細節愈趨講究（飲食與衣

---

[127]（清）洪亮吉：《洪亮吉集》，頁855。

[128] 陽湖洪稚存太史亮吉，詩有句云：「作客二十年，衣食知其難。卑身與周旋，不敢忤世顏。」以太史之宏識博學，驚才絕豔，又生當我朝極盛之世，歷主愛才如渴之賢主人，如畢秋帆制府沅等，宜皆賓至如歸，士大歡樂。今讀其詩，乃知謀生之難，周旋之苦，雖賢者不免，誠可歎也。（清）劉聲木：《萇楚齋隨筆續筆三筆四筆五筆》，頁234。

[129]（清）洪亮吉：《洪亮吉集》，前言頁3。

[130]（清）洪亮吉：《洪亮吉集》，頁940。

服，詭云皆細故），更有大興土木，營樓構宅（不然營土木，樓閣極回互）；在上位者賤視臣下（視下比廝役），掌權者不懂變通，默守成例（操持本不優，又欲守成例），使人才受制於庸才，無發揮之餘地（遂令一世才，受制幾胥吏）。

洪亮吉寫這組詩歌的前一年（嘉慶三年），已引疾歸里，但此年高宗升遐，他赴京奔國喪，並獲旨派充實錄館纂修官，這組詩歌，是他任纂修官期間有感而發之作，他這組作品，很可能是他在官場多年裏一直鬱結於心的話。

嘉慶四年九月，洪亮吉因違例以翰林言事，發戍伊犁，但他的〈書事〉十二首[131]，在「褫服作纍囚」的狼狽情況下，仍要繼續將官場流弊宣之於筆：

當時的官員，用人唯親，有甚麼好處，只會讓自己小圈子內的人分享，健康情況不佳的，辦事能力不濟的，都不影響升遷機會，只要能拉關係，便好辦事了（其三）。

欲為官者，為求晉身，不惜出賣朋友；在下位者若不能得到引薦，就是驚才絕豔，也不可能受到賞識。晉身之後，他們想的只是怎樣繼續向上爬，要汲引哪些眷屬朋友，如何鞏固個人關係脈絡。（其五）

大小官員以至宮監恃寵橫行，視法度為無物，一些受恩寵的，可

---

131 全家俱內侍，甥舅暨婚姻。推轂歸予季，分符引所親。病仍升鼎鼐，敗亦繪麒麟。日晚塵如織，高門接要津。（其三）
漢廷誰巧宦，賣友得呈身。不是懷中奏，難成坐上賓。商量最高秩，汲引幾私人。附傳他時好，崔倪倘後塵。（其五）
怙寵真逾昔，辜恩遽若斯。小車穿殿過，隻騎遶廊馳。地密誰能舉，天高倘未知。監奴益無忌，通籍上軒墀。（其六）
屈指承恩盼，南頭一侍郎。祇緣新歲近，催送侍姬忙。粉墨乖清議，銀黃奪舊章。浪傳收騎過，失足墮匡牀。（其七）（清）洪亮吉：〈書事〉，《洪亮吉集》，頁944。

以騎馬乘車，在宮殿間行走，既無人舉報，皇帝亦未必知道有此等事情發生，那是在上位者監管不力之過。（其六）

一些夤緣晉身的官員，為求長享祿位，一到喜慶時節，便忙著辦禮物、送侍姬，一旦聽到自己要被收押的傳聞，便嚇得手足無措了。（其七）

同年的〈自勵〉[132]，他說不願為俯仰由人的桔橰，也不願做忍氣吞聲的反舌，而要將眼中的不平事統統公之於世！這個時候的他，似乎拚拋頭顱，亦要將多年鬱悶盡情傾吐。

洪亮吉在任上對以上種種問題絕口不提，可能是基於對自身前程的考慮，也可能是恐怕開罪權要，累及家眷，但若連這種真情實感也不敢宣之於筆，那麼，他的詩歌便只能表出他重友誼及愛遊歷的片面了。以此之故，我以為洪亮吉只可算是個肯寫真情的詩人，但他的作品——尤其是早年的作品，就未能全面顯示他的性情了。

第三節　洪、黃兩人的關係

洪亮吉與孫星衍在性格及為學目標方面最為接近，以此洪視孫為最知心之朋友，上文已論之甚詳；至於黃景仁跟洪亮吉之結識以自訂交，上文亦有論及；雖說洪、孫之交應比洪、黃之交更親厚，但洪對黃之珍視，是無庸置疑的。

洪亮吉〈傷知己賦〉[133]注云：「邵先生主龍城書院講席，余偕黃君景仁受業焉。先生嘗呼之為二俊。」洪對「二俊」之譽，是深愜於懷

---

[132] 寧作不才木，不願為桔橰。桔橰亦何辜，俯仰隨汝曹。……（其一）
寧作無知禽，不願為反舌。眾鳥皆啁啾，反舌聲不出。……（其二）（清）洪亮吉：〈自勵〉，《洪亮吉集》，頁947。
[133]（清）洪亮吉：《洪亮吉集》，頁289。

的。自此以後，兩人時有談詩論文，並共同遊歷，又曾在朱筠幕下共事。乾隆三十九年秋，洪、黃二人同往展邵齊燾之墓時，黃託洪在自己身故之後，為己編訂遺集。及後黃景仁到北京等候機會及洪亮吉居母喪，兩人便鮮有見面，但從黃在乾隆四十二年致書著洪安排自己一家赴京，洪多方籌措以遂好友心願，可見兩人之交情並未因久違而轉淡。最後，黃於臨終時想到唯一可以託以後事的，就是洪亮吉，可見兩人關係，非比尋常。

黃景仁歿後，洪亮吉經紀其喪，洪在〈出關與畢侍郎箋〉[134] 中，懇切請求畢沅撫卹亡友家人，並為亡友刊訂遺集，故說兩人為生死之交，並不為過。洪亮吉五十七歲時的〈平生遊歷圖序〉[135]，憶及當年為黃景仁料理後事，深慨「與君交二十年，不見者又二年，竟不獲執手以訣，亦命也」，說到十九年前的舊事，字裏行間猶見酸楚之情，可見他與黃景仁的友情，是至死不渝的。

黃景仁與洪亮吉的友情能維繫多年，跟洪對黃始終抱欣賞態度不無關係。在一般人眼中，黃景仁是狂得難以接近的，但洪亮吉一直視之為特立獨行之獨鶴，這是對黃性格的認同；洪學問精深、諳於制義，黃卻鍾情於詩，對制義不感興趣，但洪對黃的詩歌造詣每加讚許，洪在三十歲時，收到黃的綺懷詩，他自己雖不愛寫豔詞麗句，但還是為他和詩四首，這是對黃才華的肯定。

洪亮吉於乾隆五十五登第，去黃景仁之歿，已有七年日子，由此可見，兩人相交時，皆是布衣之身，是以道德事業相勸勉的君子之交。洪之性情，可督促黃潔身自愛，可惜，他不能一矯黃狂傲之性，黃也因自己性格上的特立獨行換來蹭蹬終身呢！

---

134 （清）洪亮吉：《洪亮吉集》，頁344。
135 （清）洪亮吉：《洪亮吉集》，頁1081。

後記

「生平求友志，休作世情看」，這十個字，可說是黃景仁一生交遊的格言。他自少年時代開始結交的城東諸子，少年同學，以至洪亮吉、汪中等，都跟他在性格、遭際上頗有近似之處，不過，當他覺得友伴們在性格上跟他差距漸大，他便主動稍稍疏遠。汪中與孫星衍，是很好的例子。汪中少負狂名，他最狂放的時候，就是黃景仁跟他最投契的時候，到他折節讀書，專意經術，兩人便不見有文字來往；至於孫星衍，雖跟黃景仁少年相識，但他一直醉心學問，所以，黃景仁也沒有多少寄贈他的作品。

黃景仁之結交朋友，除考慮性格因素之外，也考慮對方的身分地位。邵齊燾對他青睞有加，所以黃景仁沒世不忘師恩；其實朱筠對他也是始終欣賞、多方照顧的，不過，黃景仁也只在萬不得已下，才向朱筠求助，邵、朱兩人最大的分別，就是邵在結識黃景仁時，已辭官而去，但朱則一直有官職在身，這種心態，可是黃景仁自負與自卑的混合物呢！

上述心態，可透過黃景仁入京後的交遊得到進一步證實。他在京師結交了不少名流士大夫，可是，黃對他們罕有投贈，就連頗具個人風骨的吳錫麒、張塤，以及憐其才、憫其遇的蔣士銓，他也看不上眼；至於施晉、余鵬翀等跟他一般流落不遇的士子，卻可跟他建立更親密的儕輩關係。所以，黃景仁的一生不遇，並不是一句「生不逢時」可以概括的，他本身的性格，也要負上一定責任的。

參考文獻

一　古籍

（漢）司馬遷　《史記》《續修四庫全書》　上海市　上海古籍出版社
　　　　　　　1995年

（晉）盧　弼　《三國志集解》　臺北市　藝文印書館

（清）左　輔　《杏莊府君自敘年譜》《北京圖書館藏珍本年譜叢刊》
　　　　　　　北京市　北京圖書館　2006年

（清）阮　元　《蔣心余先生傳》《蔣士銓研究資料集》　南昌市　江
　　　　　　　西人民出版社　1985年

（清）呂　培　《洪北江先生年譜》　洪亮吉　《卷施閣集》《四部備
　　　　　　　要》　上海市　中華書局

（清）汪　中　《容甫先生遺詩》《續修四庫全書》　上海市　上海古
　　　　　　　籍出版社　1995年

（清）吳錫麒　《有正味齋詩集》《續修四庫全書》　上海市　上海古
　　　　　　　籍出版社　1995年

（清）尚　鎔　《三家詩話》《清詩話續編》　上海市　上海古籍出版
　　　　　　　社　1983年

（清）法式善　《梧門詩話》　臺北市　廣文書局　1973年

（清）邵齊燾　《玉芝堂詩文集》《四庫全書存目叢書》　臺南市　莊
　　　　　　　嚴文化事業有限公司　1997年

（清）洪亮吉　《洪亮吉集》　北京市　中華書局　2001年

（清）洪亮吉　《北江詩話》《洪亮吉集》　北京市　中華書局　2001 年

（清）昭　槤　《嘯亭雜錄》　北京市　中華書局　1980 年

（清）翁方綱　《復初齋詩集》《續修四庫全書》　上海市　上海古籍
　　　　　　　出版社　1995 年

（清）畢　沅　《續資治通鑑》《續修四庫全書》　上海市　上海古籍
　　　　　　　出版社　1995 年

（清）畢　沅　《吳會英才集》《清詩紀事》　南京市　江蘇古籍出版
　　　　　　　社　1989 年

（清）袁　枚　《小倉山房詩文集》　上海市　上海古籍出版社　1988 年

（清）袁　枚　《隨園詩話》　南京市　江蘇古籍出版社　2000 年

（清）孫星衍　《孫淵如先生全集》《續修四庫全書》　上海市　上海
　　　　　　　古籍出版社　1995 年

（清）孫星衍　《冶城遺集》《續修四庫全書》　上海市　上海古籍出
　　　　　　　版社　1995 年

（清）張　勛　《竹葉庵文集》《續修四庫全書》　上海市　上海古籍
　　　　　　　出版社　1995 年

（清）陸　嵩　《意苕山館詩稿》《續修四庫全書》　上海市　上海古
　　　　　　　籍出版社　1995 年

（清）陳康祺　《郎潛紀聞初筆二筆三筆》　北京市　中華書局　1984 年

（清）張紹南　《孫淵如先生年譜》《北京圖書館藏珍本年譜叢刊》
　　　　　　　北京市　北京圖書館　2006 年

（清）張維屏　《國朝詩人徵略》《續修四庫全書》　上海市　上海古
　　　　　　　籍出版社　1995 年

（清）黃景仁　《兩當軒集》　上海市　上海古籍出版社　1983 年

（清）楊芳燦　《芙蓉山館文集》《續修四庫全書》　上海市　上海古
　　　　　　　籍出版社　1995 年

（清）趙爾巽 《清史稿》 臺北市 洪氏出版社 1981年

（清）趙懷玉 《亦有生齋集》《續修四庫全書》 上海市 上海古籍
　　　　　　出版社 1995年

（清）蔣士銓 《忠雅堂詩集》《續修四庫全書》 上海市 上海古籍
　　　　　　出版社 1995年

（清）蔣士銓 《清容居士行年錄》《蔣士銓研究資料集》 南昌市
　　　　　　江西人民出版社 1985年

（清）劉聲木 《萇楚齋隨筆》 北京市 中華書局 1998年

上饒師專中文系歷代作家研究室 《蔣士銓研究資料集》 南昌市 江
　　　　　西人民出版社 1985年

二　專書

王英志 《袁枚評傳》 南京市 南京大學出版社 2002年

中華文化復興運動推行委員會 國家文藝基金管理委員會主編 《中
　　　國文學講話》 臺北市 巨流圖書公司 1987年

朱則杰 《清詩史》 南京市 江蘇古籍出版社 2000年

朱庭珍 《筱園詩話》《清詩話續編》 上海市 上海古籍出版社
　　　　1983年

沈　津 《翁方綱年譜》 臺北市 中央研究院中國文哲研究所 2002年

易宗夔 《新世說》 上海市 上海古籍書店 1982年

邵海清、李夢生 《忠雅堂集校箋》 上海市 上海古籍出版社 1993年

周駿富 《清史列傳》《清代傳記叢刊》 臺北市 明文書局 1985年

徐　珂 《曲稗·演臨川夢傳奇》《蔣士銓研究資料集》 南昌市 江
　　　　西人民出版社 1985年

凌善興 《評注清詩讀本》臺北市 大東書局 1926年

陳　述　《蔣心餘先生年譜》《蔣士銓研究資料集》　南昌市　江西人
　　　　民出版社　1985年

清史編委會　《清代人物傳稿》　北京市　中華書局　1984年

黃逸之　《清黃仲則先生景仁年譜》　臺北市　臺灣商務印書館　1970年

黃葆樹　《黃仲則研究資料》　上海市　上海古籍出版社　1986年

詹松濤　《蔣心餘先生年譜》《蔣士銓研究資料集》　南昌市　江西人
　　　　民出版社　1985年

劉　誠　《中國詩學史‧清代卷》　廈門市　鷺江出版社　2002年

劉世南　《清詩流派史》　北京市　人民文學出版社　2004年

蔡冠洛　《清代七百名人傳》　北京市　中國書店　1984年

霍有明　《清代詩歌發展史》　臺北市　文津出版社　1994年

錢仲連　《清詩精華錄》　濟南市　齊魯書社　1987年

錢仲聯　《清詩紀事‧乾隆朝卷》　南京市　江蘇古籍出版社　1989年

魏仲佑　《黃景仁研究》　臺北市　文津出版社　1977年

簡有儀　《蔣士銓及其詩文研究》　臺北市　洪葉文化出版社　2001年

嚴迪昌　《清詩史》　杭州市　浙江古籍出版社　2002年

三　期刊論文

王英志　〈洪亮吉論詩管見〉《文藝論叢》　第21輯　上海市　上海
　　　　文藝出版社　1985年

石　玲　〈袁枚研究的回顧與思考〉《蘭州大學學報》（社會科學版）
　　　　第2期　1999年

吳兆路　〈翁方綱的「肌理」說探析〉《蘭州大學學報》（社會科學
　　　　版）　第3期　1999年

李銳清　〈翁方綱「肌理說」的理論〉《中國文化研究所學報》　第

19期　1988年

尚永亮　〈黃仲則的心態及其詩詞的深層意蘊〉《文學評論》　第5期
　　　　中國社會科學院（文學研究所）　1988年

邵海清　〈論蔣士銓及其詩文〉《杭州大學學報》（哲學社會科學版）
　　　　1993年

胡樂平　〈試論黃仲則的詞〉《華東師範大學學報》（哲學社會科學
　　　　版）　第3期　1989年

徐國能　〈翁方綱杜詩學探微〉《臺北大學中文學報》創刊號　臺北
　　　　縣　臺北大學　2006年

張仲良　〈清代詩歌的兩大特點〉《江漢論壇》　第二期　武漢市　湖
　　　　北省社會科學院　1987年

陳旻志　〈至情祇可酬知己──袁枚與隨園女詩人開啟的性靈詩觀〉
　　　　《鵝湖月刊》　第7期　臺北市　鵝湖月刊雜誌社　2002年

魏　泉　〈論道咸年間的宗宋詩風〉《文史哲》　第2期　上海市　華
　　　　東師範大學　2004年

嚴　明　〈學人與詩人的際會合流──清代「學人之詩」的形成與發
　　　　展〉《中國文哲研究通訊》　第十三卷　第3期　臺北市
　　　　中央研究院中國文哲研究所　2003年

國家圖書館出版品預行編目(CIP)資料

將心託鴻爪,到處一留痕 : 黃景仁交遊考 /

程光敏著. -- 初版. -- 臺北市 : 萬卷樓,

　2012.08　面；　公分. --（文學研究叢書）

ISBN 978-957-739-760-7(平裝)

1.(清)黃景仁 2.傳記 3.學術思想 4.詩評

　　　　782.874　　　　　　　101013533

將心託鴻爪，到處一留痕
——黃景仁交遊考

2012 年 8 月 初版 平裝

ISBN 978-957-739-760-7　　　　　　　　　定價：新台幣 320 元

作　　　者	程光敏	出　版　者	萬卷樓圖書股份有限公司
發 行 人	陳滿銘	編輯部地址	106 臺北市羅斯福路二段 41 號 9 樓之 4
總 編 輯	陳滿銘	電　　話	02-23216565
副總編輯	張晏瑞	傳　　真	02-23218698
責任編輯	吳家嘉	電　　郵	editor@wanjuan.com.tw
責任編輯	游依玲	發行所地址	106 臺北市羅斯福路二段 41 號 6 樓之 3
封面設計	斐類工作室	電　　話	02-23216565
		傳　　真	02-23944113
		印　刷　者	百通科技股份有限公司

如有缺頁、破損、倒裝	網 路 書 店	www.wanjuan.com.tw
請寄回更換	劃 撥 帳 號	15624015